大是文化

大学入学共通テスト 生物が1冊でしっかりわかる本

名師這樣教

生物 考高分

日本最強生物參考書，基礎觀念➕邏輯解題，快速貫通生物，應考就讀這本！

日本最強生物參考書作者
大森徹——著

林佑純——譯

第1部　重點速成

CONTENTS

CONTENTS

本書的特點及使用方式

　　為求能夠不費力、高效率，輕鬆應對新型態測驗中的生物科，本書經過精心的設計與編排。由於基本知識都已列在教科書中了，本書的內容主旨與教科書有所不同。因此，請先透過教科書學習生物的基礎知識（就算沒有完全熟記也沒關係）。

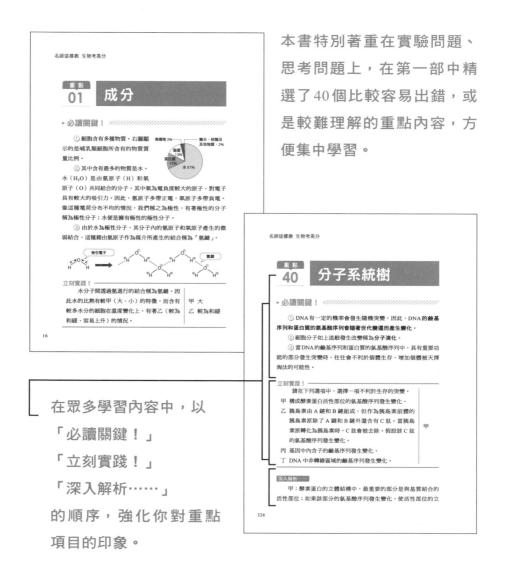

本書特別著重在實驗問題、思考問題上，在第一部中精選了40個比較容易出錯，或是較難理解的重點內容，方便集中學習。

在眾多學習內容中，以
「必讀關鍵！」
「立刻實踐！」
「深入解析……」
的順序，強化你對重點項目的印象。

由於前提是已學習過教科書的內容，本書將強化對各單元的重點理解。例如在複習細胞相關知識的同時，也介紹有關代謝、酵素和演化的內容。這能使原有知識與其他單元的內容緊密相連，並針對跨領域的問題提出解題對策，也是其他參考書不具備的特點。

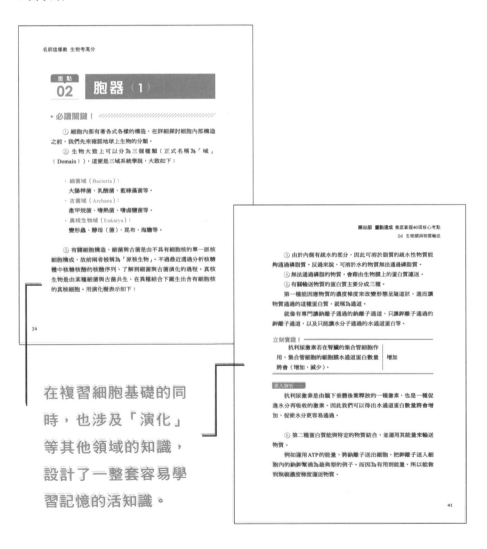

在複習細胞基礎的同時，也涉及「演化」等其他領域的知識，設計了一整套容易學習記憶的活知識。

在說明結束之後，緊接的不是練習題，而是透過「立刻實踐！」來稍微改變知識的方向，或是再次確認先前學習的細節，這也是本書獨有的特點。所以各位可別跳過「立刻實踐！」，請在確實思考後進行回答，再繼續閱讀下去。

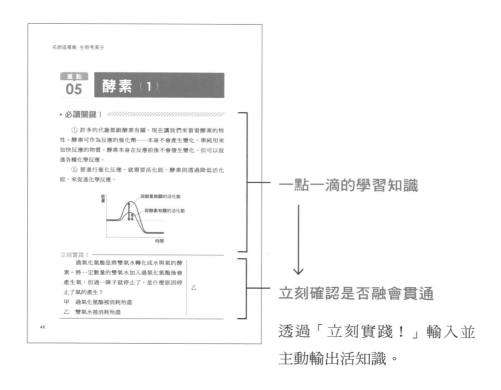

一點一滴的學習知識

立刻確認是否融會貫通

透過「立刻實踐！」輸入並主動輸出活知識。

在每個單元的末尾，還備有「挑戰！」的單元。這裡囊括了新型態測驗中較常見的實驗和思考問題。請不要跳過直接看解答，在閱讀解說時，可進一步了解問題的涵義、思考其中的重點，並且在閱讀解說時，親身體會動腦的過程，藉此自然而然的習得正確的思考和觀察能力。

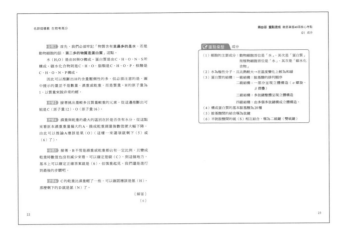

在「挑戰！」單元之後，還有屬於該單元的重點彙整。能夠在最後複習時發揮絕佳的效用。

此外，第二部依照不同主題，提出了在新型態測驗中的解題對策。包括如何判斷對照實驗的類型、大量資料、驗證假設的問題；以及平常不常接觸到的圖表、實驗、對話形式的題目等等，針對同類的題型及主題，進行具體的解說。

重點 01 尋找對照實驗！

▶必讀關鍵！

① 將某種「藥物A」溶解在生理食鹽水中，並注射在小鼠身上。結果小鼠死亡。

② 是「藥物A」造成的！雖然不免直覺這麼想，但原因也可能是出在溶解藥物A的生理食鹽水上，或是注射行為本身。

③ 為了確認這點，就必須進行對照實驗。

假設思考「如何說明問題不是出在生理食鹽水上……」似乎會越想越複雜。其實這邊可以將問題更加簡化。

④ 舉例來說，現在加入X、Y、Z等三個實驗，結果為＋，假如想驗證是否為其原因，就拿掉X，然後在相同的條件下進行實驗，也就是進行對照實驗。假設在拿掉X的情況下進行實驗，得出結果為－，即可知X為其原因。

$$X+Y+Z \longrightarrow +$$
$$Y+Z \longrightarrow -$$

⑤ 除了要確認的內容（本例中為X）外，都必須控制在相同的條件下實驗，也就是說，不能添加另一個W來取代X；除了一個主要驗證對象以外，所有實驗都必須在同樣的條件下進行。

336

本書的一大特點，就是以出題形式及不同主題的問題為主軸，這也是應對新型態測驗不可或缺的重點之一。不僅追求在短期內高效率的吸收知識，也提供了解決實驗問題、思考問題的最佳方法。

推薦序

生物，不要死背！
必須掌握概念、理解邏輯

北一女中師鐸獎生物教師／蔡任圃

2019年啟動了新的12年國教課綱，考試內容增加了素養導向、閱讀理解、實驗操作、表達能力等相關能力的測驗，作者大森徹老師的這本書，正好符合國內新課綱所追求的核心精神——**素養導向的學習與測驗。**

出版社在此時引入此書，正好注入活水，使生物學教育有所借鏡，希望能在課程的教、學與評量中，真正落實先建立正確邏輯，健全核心概念，再了解各生物現象的運作實例，以「一以貫之」、「觀念為重」的方式學習生物學，**而不是將生物學當作背誦的科目。**

在新型測驗中，增加了有關實驗和思考能力的題型，而且除了理解名詞的意義外，還要能推論、比較與應用；此外也**強調跨章節的整合性知識與其應用**，目的就是要學生以綜觀的視野，掌握各觀念之間的連結。大森徹老師就是在這樣的背景寫下這本書。

本書整理了生物學中的40個重要概念，與臺灣高中生物教材大同小異，但即使是課本沒介紹的內容，讀者也可依循作者的說明，憑藉著閱讀此書而建立生物學概念，輕鬆的掌握重點，並能舉一反三、觸類旁通。

　　若是閱讀到臺灣教材所沒有教授的內容，也可作為課外補充資料，因為**「閱讀理解」亦是國內新課綱所追求的素養能力**之一，常常會有許多與課程相關但不是課程內容的素材，被選用成閱讀測驗或素養題的內容，所以這些重要議題的核心概念若是能事先掌握，十分有利於大學入學測驗的準備，並可建立進入大學就讀的基本生物學能力。

　　本書的部分議題是過去課綱有介紹，但新課綱已刪除的生物學領域（如：胚胎發育、動物行為等），這些內容是教師與出題教授們很熟悉的素材，所以有很大的機會成為素養導向，或是探究與實作考題的情境設定。

　　此外，大森徹老師在介紹每個重要觀念後，準備了相對應的練習題目，可幫助你立即檢測觀念是否清晰理解，並提供詳實的題目解析與解題策略，且在書末設計了「題型應試對策」的相關說明，對於建立正確觀念與訓練解題技巧具有強大的功效。

　　若你正對學習生物學覺得苦惱，本書可以提供很棒的指引。讀生物，不要死背專業名詞，必須理解重要的生物學概念、掌握邏輯思維脈絡！

　　（本文作者人稱艦長，國立臺灣師範大學生物學碩士，現為北一女中生物科教師。獲教育部師鐸獎、臺北市特殊優良教師、科展優良指導老師等榮譽，曾擔任臺北市高中生物科輔導團、中山女高數理資優班召集人。著有《生物學學理解碼》。）

前言

給正在為生物苦惱的各位

近年來，生物測驗中有關實驗和思考能力的問題，出現的比例逐漸偏高。在過去傳統測驗中，已經很少出現單純詢問術語的問題，而在新型態的生物考試中，更是幾乎看不到這類題型。

例如，「三羧酸循環（tricarboxylic acid cycle）發生在哪裡？」「答：粒線體受質」，像這樣的問題幾乎不會出現。在新型態的測驗中，只會出現「三羧酸循環會發生於粒線體受質，我們將利用粒線體受質進行以下的實驗……」這類問題。所以即使掌握術語的意思，也完全無法得分。

但，這也不代表特別去背術語不好，假如問題根本不需要相關生物知識，那只會是腦筋急轉彎，而不是生物的測驗。

前提是，學生能否充分理解生物的正確知識，並且能適度活用，而不光只是死背術語。此外，與傳統測驗相比，共同測驗還多了跨章節的題型，例如在一個問題中，同時要求理解代謝、核酸知識、激素和演化的知識。

那麼，我們對這樣的題型又該採取什麼樣的對策？

首先是徹底掌握教科書的內容。所有必要的知識都列在教科書上，因此充分理解是相當重要的一環。只不過，光是閱讀教科書，也很難分辨哪些內容特別重要，或是在測驗當中會怎麼出題，所以依然需要**透過解題步驟，來了解**出題的傾向，並強化對

知識的理解力。

在大致熟悉教科書的內容之後，接下來則需要複習與內容相關的單元和分類；必須擁有綜觀的視野，才能夠進一步掌握各單元之間的關聯。

在這個步驟中，更重要的是如何應對實驗問題與思考問題，這不是硬著頭皮解題就能夠順利達成的。沒有對生物的正確觀念，並練習破解題目的意涵，在思考問題上也很難得分。

因此，在挑戰實驗問題、思考問題之前，學習教科書的內容時，也不應只是專注於被動的輸入知識，而要主動去思考「為什麼？」、「原因出在哪裡？」、「如果是這樣呢？」。

我們該追求的不是死背，而是將可以活用的知識深植在腦海；具備廣闊的視野，理解與其他單元之間的關聯；在學習的同時主動思考具體而言應該怎麼做？答案……就在本書之中。

為了讓各位能夠將活用的知識深植於腦海，理解與其他單元之間的關聯，並且在學習的同時主動思考，書中集結了多種不同的訣竅。

若各位能夠透過本書的內容來應對測驗，取得高分，考上理想的學校，進而朝向目標或夢想邁進，那將是我無上的喜悅。

加油！有我挺你！

最後，在此衷心感謝給予本書寫作機會，KANKI出版的荒上和人先生、盡心編輯的前澤美惠子小姐，以及ALTERNA PRO仔細協助編輯、校對的廣瀨彈先生，還有一直守護著我的妻子（幸子）、女兒（香奈）、愛犬（來夢、香音）、愛貓（美毛、美來、夢音、琴音）。

重點速成
徹底掌握 40 項核心考點

重點 01 成分

▶ 必讀關鍵！ //

① 細胞含有多種物質。右圖顯示的是哺乳類細胞所含有的物質質量比例。

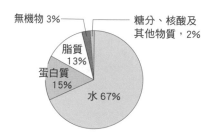

② 其中含有最多的物質是水。水（H_2O）是由氫原子（H）和氧原子（O）共同結合的分子。其中氧為電負度較大的原子，對電子具有較大的吸引力。因此，氫原子多帶正電，氧原子多帶負電。像這種電荷分布不均的情況，我們稱之為極性，有著極性的分子稱為極性分子；水便是擁有極性的極性分子。

③ 由於水為極性分子，其分子內的氫原子和氧原子產生的微弱結合，這種藉由氫原子作為媒介所產生的結合稱為「氫鍵」。

吸引電子

氫鍵

立刻實踐！

水分子間透過氫進行的結合稱為氫鍵。因此水的比熱有較甲（大、小）的特徵，而含有較多水分的細胞在溫度變化上，有著乙（較為和緩、容易上升）的情況。

甲　大

乙　較為和緩

深入解析……

　　比熱指的是一公克的物質，提升1℃所需要的熱量。當比熱越大，就表示該物質不易加熱跟冷卻。

　　④ 哺乳類的細胞中，除了含有量最高的水之外，其次便是蛋白質。蛋白質是由多個胺基酸所組成的長鏈狀肽鏈，並形成複雜立體結構的分子。

　　⑤ 胺基酸如右圖所示，其結構以碳（C）為中心，結合胺基、羧基、氫及側鏈。僅有側鏈會隨著胺酸的不同而產生變化。

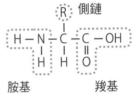

　　⑥ 多個胺基酸間，由一胺基酸的羧基與另一個胺基酸的胺基進行脫水反應，透過CN形成肽鏈結合。

立刻實踐！

　　甘胺酸是側鏈為H的胺基酸，丙胺酸則是側鏈為CH_3的胺基酸。由甘胺酸及丙胺酸2種分子結合時的肽鏈分子量為（16、130、146、164）。原子量設定如下C：12、H：1、O：16、N：14。

146

深入解析……

　　兩者胺基酸的共同部分為NH_2、CH、$COOH$，其分子量為74。由於甘胺酸的側鏈為H，可得出分子量是$74+1=75$，丙胺酸的側鏈為CH_3，可得出分子量是$74+15=89$。

　　兩者的結合雖是$75+89=164$，但胺基酸相互結合時會產生脫水縮合的關係，因此算式變成$164-18=146$。

⑦ 構成蛋白質的常見胺基酸有20種。

立刻實踐！

　　理論上，將100種不同的常見胺基酸，隨機與其他的胺基酸組合，可製造出（20、2000、100^{20}、20^{100}）種類型的蛋白質。

20^{100}

深入解析……

　　以第一個常見胺基酸必為20種中的一種、第二個常見胺基酸必為20種的一種來計算，將100個不同的常見胺基酸進行組合，蛋白質就會有$20 \times 20 \times 20 \times$……（20乘以100次）$= 20^{100}$種類型！

⑧ 蛋白質一級結構是根據胺基酸種類，以及排列順序的方式所形成。這些胺基酸透過肽鍵結合形成多肽鏈，構造上常有摺疊、彎曲的立體形狀。呈現螺旋狀構造的是α螺旋，呈現鋸齒狀摺疊的稱為β摺疊，這種立體構造稱為二級結構，這部分也跟氫鍵有所關連。而構成二級結構的肽鍵若整體呈現折疊，則稱為三級結構。

⑨ 多個三級結構的多肽鏈可經相互結合形成一個蛋白質。透

過這種方式形成的結構就稱為四級結構。但不是所有的蛋白質都存在四級結構。

立刻實踐！

（1）作為去氧核醣核酸（DNA）的核酸序列骨幹的是（一級、三級）結構。

（2）若透過高溫加熱蛋白質，則其（一級、三級）結構會被破壞。

（1）一級
（2）三級

深入解析……

（1）胺基酸透過核酸序列決定其排列順序。

（2）所謂變性，是指氫鍵斷裂，進而使得多肽鍵的立體結構遭到破壞的情況。而變性並不會改變胺基酸的排列。

⑩ 去除半胱胺酸中的H，再跟另一個S結合，我們稱之為二硫鍵（雙硫鍵），此鍵在構成三級結構之中占有一席之地。如上述所提及，由於胺基酸內含有硫（S），因此蛋白質整體是由C、H、O、N、S等五種元素構成。

立刻實踐！

下圖是免疫球蛋白的示意圖。其中以細線（—）表示二硫鍵。

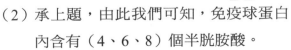

（1）免疫球蛋白屬於（三級結構、四級結構）。

（2）承上題，由此我們可知，免疫球蛋白內含有（4、6、8）個半胱胺酸。

（1）四級結構
（2）8

深入解析⋯⋯

　　免疫球蛋白是透過名為 L 鏈及 H 鏈的多肽鏈，各 2 個所結合而成的構造。上頁圖著色的部分為可變區，白色部分為恆定區。由於二硫鍵是硫之間的結合，因此看到 1 個二硫鍵，就等於有 2 個半胱胺酸。

　　⑪ 右圖為植物細胞含有的物質質量比。對比哺乳類細胞中第二多的物質是蛋白質，植物類細胞中第二多的物質是醣類（碳水化合物）。

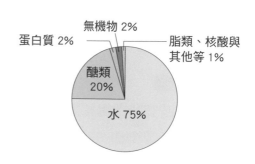

蛋白質 2%
無機物 2%
脂類、核酸與其他等 1%
醣類 20%
水 75%

立刻實踐！

　　植物細胞內碳水化合物比例偏高，主要是因為構成甲（細胞膜、細胞壁）的主要物質是乙（纖維素、磷脂類）的關係。

甲　細胞壁
乙　纖維素

深入解析⋯⋯

　　細胞壁的主成分纖維素，是由多個葡萄糖所結合而成的一種碳水化合物。磷脂類則是細胞膜、粒線體膜等生物膜的主成分。

▶ 挑戰！ ///

下圖1中的A、B、C、D、E為構成人體的主要元素。嘗試從下列六個選項中，選出最符合A、B、C、D、E的元素名稱。

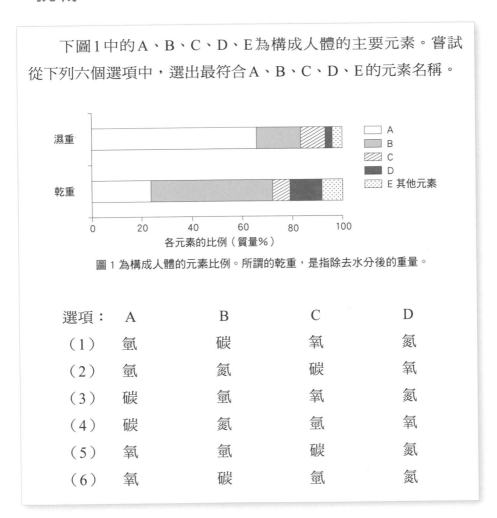

圖1為構成人體的元素比例。所謂的乾重，是指除去水分後的重量。

選項：	A	B	C	D
（1）	氫	碳	氧	氮
（2）	氫	氮	碳	氧
（3）	碳	氫	氧	氮
（4）	碳	氮	氫	氧
（5）	氧	氫	碳	氮
（6）	氧	碳	氫	氮

▶ 按步解題！ ///////////////////////////////////////

步驟1 首先要了解這個問題其實是在**詢問元素的占比**，並非內含物質的比例。若是把題目往一般知識問題方向去想，要記的東西只會變得太多且麻煩。

步驟2 首先，我們必須牢記「物質含有量**最多的是水**、若是動物細胞的話，**第二多的物質是蛋白質**」這點。

水（H_2O）是由H與O構成。蛋白質是由C、H、O、N、S所構成。碳水化合物則是C、H、O，脂類是C、H、O、P，核酸是C、H、O、N、P構成。

因此可以推斷出H的含量壓倒性的多，但必須注意的是，圖中提示的量並不是數量、濕重或乾重，而是質量。H的原子量為1，以質量來說非常的輕。

步驟3 接著挑出量較多且質量較重的元素，從這邊推斷出可能是C（原子量12）、O（原子量16）。

步驟4 濕重與乾重的最大的區別在於是否含有水分。從這點來看原本濕重重量偏大的A，換成乾重測量後數值便大幅下降，由此可以推論A應該是氧（O）（這樣一來選項就剩下（5）或（6）了）。

步驟5 接著，B不管是濕重或乾重都占有一定比例，且變成乾重時數值也沒有減少來看，可以確定是碳（C），到這個地方，基本上可以確定正確答案就是（6），但慎重起見，我們還是進行到最後的步驟吧。

步驟6 C的乾重比濕重輕了一些，可以確認應該是氫（H）。那麼剩下的D就是氮（N）了。

（解答）

（6）

重點彙整　　成分

（1）細胞的主要成分：動物細胞首位是「水」、其次是「蛋白質」
　　　　　　　　　　　而植物細胞首位是「水」、其次是「碳水化
　　　　　　　　　　　合物」

（2）水為極性分子，且比熱較大→在溫度變化上較為和緩

（3）蛋白質的結構：一級結構：胺基酸的排列順序

　　　　　　　　　　二級結構：一部分呈現立體構造（α 螺旋、
　　　　　　　　　　　　　　　β 摺疊）

　　　　　　　　　　三級結構：多肽鏈整體呈現立體構造

　　　　　　　　　　四級結構：由多個多肽鏈構成立體構造。

（4）構成蛋白質的基本胺基酸為20種

（5）胺基酸間的結合稱為肽鍵

（6）半胱胺酸間的硫（S）相互結合，稱為二硫鍵（雙硫鍵）

重點
02

胞器（1）

▶ 必讀關鍵！ ////////////////////////////////////

① 細胞內部有著各式各樣的構造，在詳細探討細胞內部構造之前，我們先來確認地球上生物的分類。

② 生物大致上可以分為三個種類（正式名稱為「域」〔Domain〕），這便是三域系統學說，大致如下：

· 細菌域（Bacteria）：
 大腸桿菌、乳酸菌、藍綠藻菌等。
· 古菌域（Archaea）：
 產甲烷菌、嗜熱菌、嗜鹵鹽菌等。
· 真核生物域（Eukarya）：
 變形蟲、酵母（菌）、昆布、海膽等。

③ 有關細胞構造，細菌與古菌是由不具有細胞核的單一原核細胞構成，故前兩者被稱為「原核生物」。不過最近透過分析核糖體中核糖核酸的核酸序列，了解到細菌與古菌演化的過程。真核生物是由某種細菌與古菌共生，在異種結合下誕生出含有細胞核的真核細胞。用演化樹表示如下：

細菌　　　　真核生物　　　古菌

④ 接下來看看真核生物的細胞核。由下圖我們可以看到，核膜分隔出內外兩層構造，包覆著核仁、染色體。

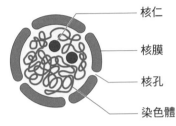

核仁

核膜

核孔

染色體

染色體是DNA先與名為組織蛋白的蛋白質構成的核小體，再經摺疊所形成的染色質纖維。

⑤ DNA為核酸的一種，酸鹼值如其名為酸性。主要是因為構成DNA的核苷酸中，磷酸根會釋出H^+的關係，而留下負電。

立刻實踐！

（1）與DNA結合的組織蛋白是帶（正、負）電。

（1）正

（2）透過電泳來分析DNA碎片，在電場作用下碎片會往（正、負）極移動。

（2）正

深入解析……

（1）由於DNA帶負電，兩者能互相結合來看，那麼組織蛋白就是帶正電。

（2）因DNA帶負電，故會往正極的方向移動。

⑥　真核細胞才有核膜包覆的核。原核細胞不具備核膜、細胞核等構造。但原核細胞也具有DNA。

⑦　當開始細胞分裂時，核膜會碎裂成細小的碎片，核膜和被稱為核的構造會消失。此外，一般來說1個細胞只會有1個細胞核，但即便是真核生物的細胞，也會產生沒有核的細胞，或是擁有多個細胞核的細胞。

立刻實踐！

（1）人類的紅血球（沒有、存在多個）
　　　細胞核。

（2）人體的骨骼肌細胞（肌纖維）裡
　　　（沒有、存在多個）細胞核。

（3）被子植物裡含有多個細胞核的是
　　　（胚囊細胞、中央細胞）。

（1）沒有
（2）存在多個
（3）中央細胞

深入解析⋯⋯

（1）未成熟的紅血球（紅血球母細胞）有細胞核，但在脫去細胞核跟粒線體後，就會成為成熟的紅血球。

（2）骨骼肌細胞是透過多個細胞融合後產生，因此具有多個細胞核。

（2）中央細胞裡有2個名為極核的細胞核。

⑧　接著介紹同樣只存在於真核細胞內的粒線體。三羧酸循環發生於粒線體的基質，電子傳遞鏈則是

皺褶　外膜　內膜　基質

發生在內膜上的過程。

立刻實踐！ ───────────────

（1）細菌（有、沒有）粒線體。

（2）（有、沒有）細菌能透過三羧酸循
　　　環、或電子傳遞鏈來獲得能量。

（1）沒有

（2）有

深入解析……

　　（1）細菌是原核生物，不只沒有細胞核、也不具有粒線體。

　　（2）即便沒有粒線體般的構造，只要有三羧酸循環，或電子
傳遞鏈過程中需要的酶（酵素）或物質，就能進行代謝反應。這
就像即便沒有專屬的書房，只要有唸書必備的道具，不管在哪都
能唸書的道理一樣。好氧菌靠著消耗氧氣呼吸，也就說明他們能
進行三羧酸循環、或是電子傳遞鏈等代謝過程。

　　⑨ 粒線體是好氧菌進入其他生物細胞並共生的結果。這個想
法被稱為共生體學說（內共生理論）。

立刻實踐！ ───────────────

（1）從粒線體擁有的2層膜看來，起源
　　　來自宿主細胞膜的應該是（外膜、
　　　內膜）。

（2）好氧菌是透過（粒線體、細胞膜、
　　　細胞膜基質），進行電子傳遞鏈。

（1）外膜

（2）細胞膜

深入解析‥‥‥

（1）當好氧菌進入其宿主細胞時的過程應該如下圖：

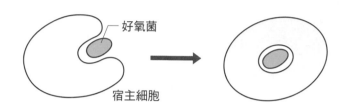

由此可推測出粒線體的外膜應該是宿主細胞的細胞膜，而內膜則是原本好氧菌自己的細胞膜。

（2）真核細胞的電子傳達鏈發生在粒線體內膜，而粒線體內膜是源自好氧菌的細胞膜。因此可推斷出電子傳達鏈就作用在細胞膜的部分。由於細菌屬於原核生物，自然沒有粒線體。

⑩ 接下來介紹的是葉綠體。葉綠體被內外2種膜包覆，這點跟粒線體一樣。此外，內部有著稱為類囊體的扁平袋狀薄膜。除去類囊體剩下的部分為葉綠體基質。

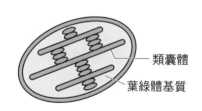

⑪ 葉綠體據推論是由進行光合作用的一種藍綠菌，於細胞內共生並轉化後形成的構造。

立刻實踐！

在先有好氧菌內共生，還是先有藍綠菌內共生這點，一般認為是先有（好氧菌、藍綠菌）內共生。

好氧菌

深入解析……

　　真核生物的細胞內必定有粒線體，但僅有一部分的植物或藻類生物含有葉綠體。因此在演化的過程中，藍綠菌透過共生產生了葉綠體，接著這些含有多量葉綠體的生物如果想跟好氧菌共生，其共通的結論就是必須捨棄葉綠體。

　　自然我們可以推論出，先有好氧菌共生，出現了含有粒線體的真核細胞，接著一部分的生物與葉綠體共生，才演化成含有葉綠體的植物或藻類。

　　⑫ 光合作用主要是植物（苔蘚、蕨類、種子植物）或藻類（昆布、石花菜等）進行，不過某些細菌的種類中，像是紫硫菌、綠硫菌，以及藍綠菌（顫藻或念珠藻屬）等生物也會行光合作用。

立刻實踐！

（1）藍綠菌（有、沒有）葉綠體。

（2）自營生物（只有、不只有）植物或
　　　藻類。

（1）沒有

（2）不只有

深入解析……

　　（1）雖然原核生物不具備葉綠體，但由於藍綠菌含有光合作用必須的色素跟酶，所以還是能進行光合作用。

　　（2）紫硫菌、綠硫菌、藍綠菌都是細菌，雖然並非植物也非藻類，但因為它們能夠進行光合作用，因此屬於「自營生物」的一種。

⑬ 如同先前介紹，粒線體與葉綠體原本是由透過與其他細胞共生所產生的構造，因此內部除了細胞核外，另有獨立的DNA及核糖體，可半自動的進行分裂繁殖。

▶ 挑戰！ //

下圖為根據三域系統理論，進行簡單繪製的生物譜系圖，圖中的虛線連結，表示透過葉綠體或粒線體建立的共生譜系。

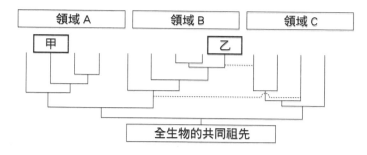

請根據圖片，填入最合適甲、乙的生物名稱。

（1）綠硫菌　　（2）產甲烷菌　　（3）藍綠菌

（4）大腸桿菌　（5）酵母（菌）　（6）馬糞海膽

（7）變形蟲　　（8）地錢苔

▶ 按步解題！ ///

步驟1 首先重點是解出領域A～C分別是什麼。從演化樹來看，領域A、B，都從C的分支中演化出去；前面我們學過生物是從細菌、古菌演化而來，然後由古菌中演化出真核生物，因此從

這裡可以得出C是細菌域，A跟B其中一個是古菌域、另一個是真核生物域。

步驟2 好氧菌及藍綠菌的一種細菌透過內共生，演化出含有粒線體，或是葉綠體的真核生物，因此有著點線連接的領域B為真核生物域，領域A為古菌域，同時得出甲就是（2）。

步驟3 在內共生理論中，先有好氧菌，再有藍綠菌的內共生。因此下方的虛線為好氧菌、上方的則是藍綠菌的內共生。

步驟4 由此可知乙應是含有葉綠體的生物，也就是植物或藻類。故可得出乙應該是（8）。

（解答）

甲 （2）

乙 （8）

重點彙整 細胞核、粒線體、葉綠體

（1）生物分成細菌域、古菌域、真核生物域三個域。其中細菌與古菌為原核生物。
（2）DNA帶負電的原因是內部的磷酸根會釋出H^+。
（3）粒線體和葉綠體都是透過細胞內共生而演化出來的構造，前者是從好氧菌，後者則是藍綠菌。
（4）粒線體與葉綠體均有獨自的DNA，可半自動進行分裂繁殖。

胞器（2）

▶ 必讀關鍵！ //

① 核糖體為進行蛋白質合成的地方，rRNA（核糖體RNA）具有粒狀構造，為構成核糖體的一種分子。

② 不論原核或真核生物均有核糖體，但原核細胞的核糖體比真核細胞的核糖體小。

立刻實踐！

粒線體或葉綠體（甲：含有較小的核糖體、乙：含有較大的核糖體、丙：沒有核糖體）。	甲

深入解析……

粒線體、葉綠體均具有獨自的核糖體，而這些構造是透過好氧菌、藍綠菌等原核細胞經由內共生所產生。因此粒線體、葉綠體所含有的核糖體跟原核細胞一樣都偏小。

③ 內質網為細胞內負責物質輸送的袋狀構造。若表面有核糖體附著，則為附著有核糖體的內質網（粗糙內質網），反之則為無核糖體附著的內質網（平滑內質網）。

④ 於粗糙內質網的核糖體中合成的蛋白質，可快速的被內質網吸收和運送，內質網膜上面的一小部分便會突起，成為含有蛋

白質的囊泡。

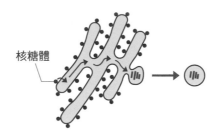

核糖體

⑤ 之後囊泡會朝著高基氏體移動，這些都跟遍布在細胞內構成細胞骨架的微管，以及馬達蛋白有所關連。我們可以想像成列車載著貨物在鐵軌上運行。

囊泡

馬達蛋白　　　　　微管

⑥ 高基氏體為平板扁囊堆疊成的構造，到達這裡的囊泡會與高基氏體膜融合，其內含的蛋白質就轉給了高基氏體。

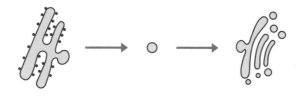

⑦ 高基氏體擁有把運過來的蛋白質附上糖類的加工機制。每完成一項作業，高基氏體膜就會突起一小部分，裡面含有完成加工的囊泡。

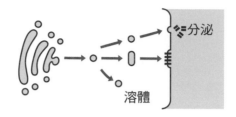

⑧ 完工的囊泡會有部分停留在細胞內部。這些被稱為溶體的囊泡內部呈酸性，且含有水解酶，可將細胞內部產生的不必要物質，或是把從細胞外部吸收的有害物質進行分解（這也被稱為細胞內消化）。

立刻實踐！

（1）溶體的膜有著運送 H^+ 的幫浦，可以協助溶體將 H^+ 運往溶體的（外面、內部）。

（2）由於溶體內產生的酵素為（中性、酸性、鹼性），也被認為是具有多種功效的酵素。

（1）內部

（2）酸性

深入解析……

溶體吸收 H^+ 才呈現酸性。

由於是存在於酸性溶體內的酵素，因此酸性條件下應該更能發揮其功效。

⑨ 為了釐清胞器的功能，首先必須分別取出這些構造才能開始分析；在此使用的方法為「細胞離拆」。首先碾碎細胞（先假設

我們使用的是植物細胞），製作出勻漿後放入試管；接著使用離心分離器，一開始先用較低的1,000G（G即是重力加速度，1,000G就是用1,000倍的重力進行離心分離）作業。這麼一來，構造較大且重量較重的物質就會沉澱在最下面（同時標記為分離成分1）。具體而言其內容物多是細胞核或細胞壁的碎片。

⑩ 取出試管內上層的澄清液，用3,000G離心分離後，可得到的沉澱物主要是葉綠體（同時標記為分離成分2）；接著把管內上層的澄清液取出，用1萬G進行分離，可得到的沉澱物主要是粒線體（同時標記為分離成分3）；最後再把沒有沉澱的澄清液取出，以10萬G進行離心分離，可得到的沉澱物為核糖體、內質網等（同時標記為分離成分4）。剩下沒有沉澱的澄清液（這裡標記為分離成分5），其成分就是無任何構造的細胞質基質。

⑪ 將以上的實驗圖解如下。

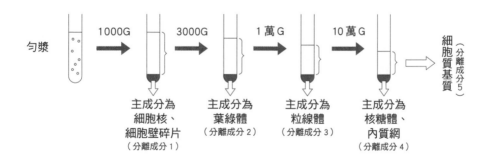

立刻實踐！

　　若實驗使用動物細胞，請問與分離成分1～5的成分構造相異的是哪幾個？　｜　分離成分1和2

　　上述從植物細胞分離出成分 1 的細胞壁碎片，以及成分 2 內含的葉綠體，均不存在於動物細胞內。

　　⑫　分離成分 4 含有核糖體跟內質網。雖然核糖體的構造很小，但內質網卻不算太小的胞器，為什麼要做到第四個步驟才能從沉澱物中取得呢？

　　⑬　事實上，內質網這種由 1 層細胞膜構成的構造在第一階段的碾碎時，就已經是粉碎的狀態了，因此分離成分 4 的沉澱物其實是內質網碎片之類的物質。同樣的道理也可以解釋分離成分 4 的沉澱物，是由 1 層細胞膜構成的高基氏體、溶體及液胞碎片類的物質所構成。反過來說，由 2 層細胞膜所構成的構造，如細胞核、葉綠體及粒線體等，大都維持原本的型態而沉澱。

立刻實踐！

　　下列對細胞離拆的敘述何者正確？

甲　在接近 37℃ 時進行實驗。

乙　在低於 4℃ 的低溫進行。

丙　在浸泡過蒸餾水後進行。

丁　pH 調整為酸性後進行。

乙

深入解析⋯⋯⋯

　　在碾碎階段時，有著 1 層細胞膜的構造，包括溶體等都會被破壞。一旦溶體遭到破壞，好不容易收集起來的葉綠體、粒線體等，都會被其內部的水解酶給分解。因此為了抑止這種酵素的作用，實驗必須在低溫的狀況下進行。

▶ 挑戰！ //

細胞離拆是一種透過離心力，把胞器構造分離的方法。接下來就要透過這種方式，對菠菜的綠葉細胞進行細胞離拆。首先把＊A含有蔗糖的等張液作為緩衝溶液，接著把準備好的菠菜綠葉一起放進杵臼裡搗碎，用紗布濾出已被破壞的組織結構來製作勻漿。最後使用離心分離器，按照下圖1所顯示的順序從勻漿分離出各種胞器。

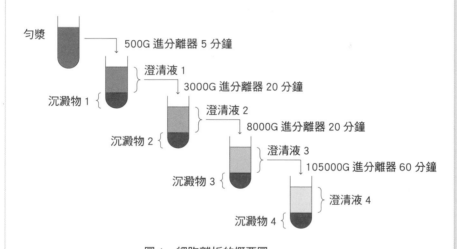

圖 1　細胞離拆的概要圖

問題1 請將下列四項物質填入沉澱物1～4階段，或澄清液4。

　　甲　琥珀酸去氫酶　　　乙　加氧酶

　　丙　組織蛋白　　　　　丁　與糖解作用有關的酵素

問題2 請問下列哪個敘述最符合底線A部分所提到，用蔗糖作為緩衝溶液的理由？

　　① 防止波菜綠葉腐壞

　　② 防止水分自胞器流出導致的脫水現象

　　③ 防止胞器氧化

　　④ 防止水分進入胞器，造成破損

　　⑤ 可提供細胞能量

問題3 請問下列哪個是最適合進行實驗的溫度？

　　（1）-10℃　　（2）4℃　　（3）20℃　　（4）25℃

　　（5）30℃　　（6）37℃　　（7）42℃

▶ 按步解題！

問題1

步驟1 沉澱物1主要是細胞核、細胞壁碎片，沉澱物2為葉綠體，沉澱物3是粒線體，沉澱物4是核糖體及內質網等的碎片，澄清液4為細胞質基質。

甲　琥珀酸去氫酶是作用於三羧酸循環的一種酵素，而進行三羧酸循環的是粒線體基質。因此含有琥珀酸去清酶的沉澱物，必定是含有粒線體的沉澱物3。

乙　加氧酶是作用於卡式循環的酵素，而進行卡式循環的是葉綠素基質。因此含有加氧酶的沉澱物，必定是含有葉綠體的沉澱物2。

丙　組織蛋白是種與DNA結合，構成染色體的蛋白質。由於染色體含有細胞核，因此我們可以在含有細胞核沉澱的沉澱物1中發現組織蛋白。

丁　跟糖解有關的作用都在細胞質基質進行。因此與糖解有關的酵素，我們可以在含有細胞質基質成分的澄清液4中發現。

步驟2　若取出的粒線體、葉綠體外的溶液濃度太低，會使水分侵入構造內部，進而可能讓好不容易取得的構造體膨脹，導致破裂。

步驟3　為了抑制酵素作用確實需要低溫。但-10℃會導致結冰的關係也不合適，故一般來說都在4℃左右的低溫進行實驗。

（解答）

問題1　甲 沉澱物3　乙 沉澱物2　丙 沉澱物1　丁 澄清液4

問題2　（4）

問題3　（2）

📝 重點彙整　核糖體、內質網、高基氏體、溶體

（1）核糖體為合成蛋白質的地方。

（2）內質網為輸送管道。

（3）高基氏體負責加工蛋白質。

（4）於細胞內起到消化作用的是溶體。

（5）細胞離拆出來的胞器順序如下：

　　 細胞核、細胞壁→葉綠體→粒線體→核糖體、內質網等。

重點 04

生物膜與物質輸送

▶ 必讀關鍵！///////////////////////////////////

① 細胞擁有的細胞膜、葉綠體膜、粒線體膜、高基氏體膜、內質網膜等等，由於大都是同種成分構成，因此也被統稱為「生物膜」。

② 生物膜的主要成分為磷脂質，分子圖形多以（ ●— ）的樣式呈現。

圖形中的（ ● ）部分有著親水性，（ || ）的部分則為疏水性。磷脂分子的疏水部分朝向內側，且兩層並排面對面排列。

立刻實踐！

生物膜的磷脂分子排列方式若以下圖表示，請問甲、乙、丙中何者正確？

| 甲 | 乙 | 丙 | | 丙 |

深入解析‥‥‥‥

如②所述，磷脂分子的疏水部分是朝向內側，且兩層並排面對面排列。

③ 由於內側有疏水的部分，因此可溶於脂質的疏水性物質能夠通過磷脂質。反過來說，可溶於水的物質無法通過磷脂質。

④ 無法通過磷脂的物質，會藉由生物膜上的蛋白質運送。

⑤ 有關輸送物質的蛋白質主要分成三種。

第一種能因應物質的濃度梯度來改變形態呈隧道狀，進而讓物質通過的這種蛋白質，就稱為通道。

就像有專門讓鈉離子通過的鈉離子通道，只讓鉀離子通過的鉀離子通道，以及只能讓水分子通過的水通道蛋白等。

立刻實踐！

| 抗利尿激素若在腎臟的集合管細胞作用，集合管細胞的細胞膜水通道蛋白數量將會（增加、減少）。 | 增加 |

深入解析……

抗利尿激素是由腦下垂體後葉釋放的一種激素，也是一種促進水分再吸收的激素。因此我們可以得出水通道蛋白數量將會增加，促使水分更容易通過。

⑥ 第二種蛋白質能與特定的物質結合，並運用其能量來輸送物質。

例如運用ATP的能量，將鈉離子送出細胞，把鉀離子送入細胞內的鈉鉀幫浦為最典型的例子。而因為有用到能量，所以能做到無視濃度梯度運送物質。

立刻實踐！

肌肉細胞（肌纖維）內部的肌質網，含有高濃度的鈣離子。在肌纖維受到刺激時肌質網便會釋放鈣離子，促進肌肉收縮。當刺激消失後，被釋出的鈣離子由肌質網進行回收。上述一連串鈣離子的移動，都與鈣離子通道和鈣離子幫浦有所關連。

甲 通道
乙 被動
丙 幫浦
丁 主動

肌質網釋放的鈣離子是透過甲（幫浦、通道）所進行的乙（主動、被動）運輸。肌質網回收的鈣離子是由丙（幫浦、通道）所進行的丁（主動、被動）運輸。

深入解析……

肌質網內部存放有高濃度的鈣離子，因此釋放鈣離子時是依照濃度梯度進行，故屬於透過通道的被動運輸。若想回收被釋放的鈣離子，回復到原本儲存高濃度鈣離子的肌質網，就必須依靠透過幫浦的主動運輸。

⑦ 另外還有透過粒線體、葉綠體等電子傳遞鏈的質子輸送（幫浦），也屬於可以無視濃度梯度，被動進行的物質輸送。

立刻實踐！

請從下列敘述中選出正確的說明。

甲 透過幫浦的主動運輸需要 ATP。

乙 透過幫浦的主動運輸也有不需要 ATP 的情況。

乙

深入解析⋯⋯⋯

於 ⑦ 提到運用電子傳遞鏈的質子輸送，是透過傳送電子時產生的能量來進行。主動運輸確實需要能量，但使用的並不是源自ATP的能量。

⑧ ⑦ 和 ⑥ 的相同之處在於，皆需要跟特定的物質結合運送蛋白質；然而 ⑦ 沒有用到ATP能量，因此這種運輸方式只能靠其他能量來源（如：濃度梯度）運送物質。例如輸送葡萄糖的葡萄糖載體等等。

⑨ 在這種運輸載體之中，也有透過其他物質的濃度梯度順向移動，使得別種物質得以逆濃度梯度進行運送的載體（也稱為同向運輸載體）。

⑩ 像是右圖中，物質A在依照濃度梯度順向移動時，如果也同時運送物質B，則B會以逆濃度梯度進行輸送。

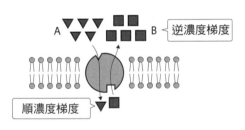

⑪ 小腸上皮細胞有著透過鈉離子的濃度梯度，來輸送葡萄糖的蛋白質；這種蛋白質會利用鈉離子順著濃度梯度流進細胞內的同時吸收葡萄糖。也就是說，葡萄糖是逆向濃度梯度進行運輸。

不過這種吸收葡萄糖的方式，需要調整鈉離子的濃度梯度，鈉鉀幫浦便會運用ATP的能量，將鈉離子往細胞外部輸送，這麼一來細胞內的鈉離子濃度便會降低，達到調整濃度梯度的目的。

這種方式雖沒有直接使用ATP的能量，但有間接使用的關係，所以屬於主動運輸的一種。

立刻實踐！

右圖為小腸上皮細胞膜的構造圖。

細胞膜有三種蛋白質，分別是鈉鉀幫浦（X）、根據葡萄糖濃度梯度進行運送的載體蛋白（Y）、以及利用鈉鉀幫浦的濃度梯度，進行葡萄糖運送的同向運輸載體（Z）。

若X位在圖片中的A，則Y應該位於圖片中甲（B、C）的位置、Z則是位於圖片中乙（B、C）的位置。

甲	B
乙	C

深入解析……

由於圖片中鈉鉀幫浦（A）把鈉離子運輸到細胞外的關係，細胞內鈉離子的濃度便會下降。這時位於圖片中C的蛋白質會透過鈉離子

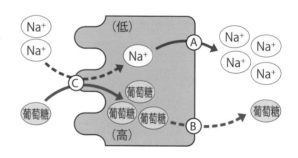

的濃度梯度，讓鈉離子流入細胞，同時也會讓葡萄糖流入細胞內部，使得葡萄糖濃度增加。

因此我們得出C就是同向運輸載體（Z）。接著透過圖片中B蛋白質的作用，使得葡萄糖順著濃度梯度自細胞內部流往外部。從此可得出B就是載體蛋白（Y）。這一連串的結果，使得小腸腸道內的葡萄糖，透過小腸上皮細胞得以運送到血管。

▶ 挑戰！ //

從人類血液取出紅血球，並放入與血漿鈉離子和鉀離子同等濃度的溶液。過一陣子後紅血球內外的鉀離子濃度變得均等。請根據前述回答下列問題。

問題1 上述放有均等鉀離子濃度的紅血球溶液，若加入葡萄糖並保持37℃，試問5分鐘後紅血球內部鉀離子的濃度將如何變化？

　　①變高　　　　②變低　　　　③不變

問題2 在上述鉀離子濃度均等的紅血球溶液中，若加入葡萄糖並保持4℃，試問5分鐘後紅血球內部鉀離子的濃度將會有什麼變化？

　　①由於糖解作用下降，使得ATP的合成量減少，因此鉀離子濃度不會產生變化。

　　②由於糖解作用、三羧酸循環及電子傳達鏈的反應下降，使得ATP的合成量減少，因此鉀離子濃度不會產生變化。

　　③由於鈉鉀幫浦活性化的關係，鉀離子濃度上升。

　　④由於鉀離子通道的活性化，使得鉀離子濃度上升。

問題3 在上述鉀離子濃度均等的紅血球溶液中，把原先打算加入的葡萄糖改放ATP並保持37℃，試問5分鐘後紅血球內部鉀離子的濃度如何？

　　①變高　　　　②變低　　　　③不變

▶ 按步解題！//

問題1

步驟1 首先來想想紅血球內外的鉀離子濃度變得均等的原因吧。一般來說鈉鉀幫浦是將鈉離子送出紅血球外，並將鉀離子送進紅血球內部，這種狀況下鉀離子的濃度應該會偏高。但實際上卻變得均等，所以判斷鈉鉀幫浦可能停止運作了。

步驟2 要讓鈉鉀幫浦活性化需要ATP，要產出ATP，則必須進行呼吸、發酵，而這些行為需要像葡萄糖的材料。原本紅血球內部也可能含有少量葡萄糖，但現況來看這些葡萄糖應該也被消耗殆盡了。沒有了葡萄糖就無法產出ATP，故雖然放在合適的37℃環境下，鈉鉀幫浦仍然沒有恢復活性的跡象。

步驟3 那麼回到問題1，若現在加進了葡萄糖，ATP就能順利恢復產出，自然紅血球的鉀離子濃度就會上升。

問題2

步驟1 在4℃的低溫下多數酵素都無法發揮作用，因此即便有了葡萄糖也無法生成ATP，自然鈉鉀幫浦也無法恢復活性；到這邊就可以把選項集中在 ① 跟 ② 上面了。接著注意問題中所使用的材料，若問題中使用的是一般細胞，答案就是 ② 了。

步驟2 但實驗使用的是人體的紅血球，哺乳類的紅血球並不具備細胞核及粒線體。這是因為從骨髓製造出的未成熟紅血球（紅血球母細胞），在脫去細胞核跟粒線體後，才會成為成熟的紅血球。因此有關三羧酸循環及電子傳達鏈等存在於粒線體的酵素或物質，並不存在於紅血球中。而紅血球是在細胞質基質內，

利用糖解作用的能量來生成 ATP，直到葡萄糖完全轉化成丙酮酸為止。哺乳類的紅血球不具備細胞核及粒線體是相當重要的知識（詳見 P.26）。

問題 3

如要加入物質時，「加到哪裡」相當重要。本問題的狀況是把 ATP 加到溶液裡，也就是紅血球的外側。當把物質放到細胞外側時，該物質能否通過細胞膜便是關鍵。

ATP 無法穿過細胞膜，而運用 ATP 產生的所有反應都必須在細胞內部進行。因此把 ATP 加在細胞外側也無法發揮作用，故鈉鉀幫浦無法重新活化，自然鉀離子濃度也不會產生變化。

（解答）

問題 1 ①　　　　問題 2 ①　　　　問題 3 ③

✍ 重點彙整　　生物膜與輸送物質

（1）生物膜主要是由磷脂質跟蛋白質構成。磷脂親水性的部分朝外，疏水性的部分朝內且兩層並排。

（2）運輸分為主動和被動運輸：

- 被動運輸：順著濃度梯度的移動。例如透過磷脂的物質移動；透過通道的物質移動；依靠輸送體的物質輸送。
- 主動運輸：逆向濃度梯度移動物質。例如利用 ATP 活化幫浦輸送；透過同向運輸載體，利用其他物質的濃度梯度來運送。

重點 05 酵素（1）

▶ 必讀關鍵！ //

① 許多的代謝都跟酵素有關，現在讓我們來看看酵素的特性。酵素可作為反應的催化劑——本身不會產生變化，單純用來加快反應的物質。酵素本身在反應前後不會發生變化，但可以促進各種化學反應。

② 要進行催化反應，就需要活化能，酵素則透過降低活化能，來促進化學反應。

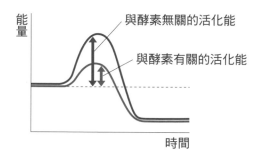

立刻實踐！

過氧化氫酶是將雙氧水轉化成水與氧的酵素。將一定數量的雙氧水加入過氧化氫酶後會產生氧，但過一陣子就停止了，是什麼原因停止了氧的產生？

甲　過氧化氫酶被消耗殆盡

乙　雙氧水被消耗殆盡

乙

深入解析⋯⋯

　　酵素是一種催化劑，其自身並不會產生變化；那麼身為酵素的過氧化氫酶自然不會有被消耗殆盡的情況。因此這個情況下，最有可能的就是雙氧水被消耗殆盡了。

立刻實踐！────────

　　在一定量的雙氧水中加入過氧化氫酶會產生氧，過一陣子反應便停止了。若想確認此原因是否跟雙氧水消耗殆盡有關，應該進行何種實驗，達成何種結果才是最正確的？

甲　重新加入過氧化氫酶，若再度產生氧即是。

乙　重新加入過氧化氫酶後，仍沒有產生氧即是。

丙　重新加入雙氧水，若再次產生氧即是。

丁　重新加入雙氧水後，仍沒有產生氧即是。

　　　　　　　　　　　　　　　　　　　　　　　丙

深入解析⋯⋯

　　要確認主因是否為耗盡雙氧水這點，只要重新加入雙氧水，若再次產生氧，就能得出由於缺乏雙氧水，所以導致氧生成中斷的結論。

　　甲的做法因沒有加入雙氧水，即便加了過氧化氫酶也不會產生氧。而乙的做法是添加過氧化氫酶後也不會產生氧，但這只驗證了氧的生成中斷原因不在過氧化氫酶的消耗，並沒有凸顯出主因其實是雙氧水用盡。

　　③ 酵素的反應物稱為受質，生成的物質稱為產物。例如澱粉酶是將澱粉分解成麥芽糖的酵素，這種情形下澱粉為受質，麥芽

糖是產物。在一定量的澱粉裡添加澱粉酶，經過一段時間後生成的麥芽糖量如下圖所示。

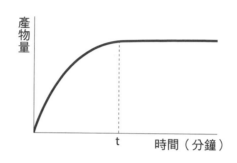

立刻實踐！

　　如上圖所示，在經過 t 分鐘後麥芽糖的量就沒有再上升，請問原因為何？

甲　因為消耗掉了澱粉酶。

乙　因為消耗掉了澱粉。

乙

深入解析……

　　如同先前所提，酵素是一種催化劑，而催化劑是絕不會有被消耗的情況。

　　回到問題，最可能的理由是作為受質的澱粉全數被消耗，轉化成麥芽糖的關係。

立刻實踐！

回到上一個問題的實驗中，若我們把澱粉酶的濃度提升兩倍進行實驗，則右圖哪一種曲線的呈現最貼近實驗結果？

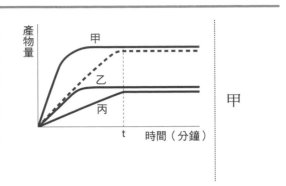

深入解析……

上一題圖表中的t分鐘是加了催化劑後，澱粉全數消耗轉化所需要的時間。簡單說就是做完工作需要的時間。酵素像是做事的工人，如果酵素濃度提升2倍，等於工作人數增加2倍。加上作為受質的澱粉量沒有變動，因此最終產生出的麥芽糖量也不會有變化。若工作的量相同，只要工作人數增加2倍，自然完成的時間只需要原本的 $\frac{1}{2}$。

④ 酵素的主成分為蛋白質。蛋白質在高溫下的立體結構（三級結構）會被破壞（也稱為變性），結果會導致蛋白質無法發揮作用（也稱為去活化）。

雖然溫度越高越能促進分子運動，加速化學反應，但過高的溫度很容易使得作為酵素主成分的蛋白質變性，導致酵素去活化的結果。最能使酵素發揮作用的溫度被稱為最適溫度。**一般酵素的最適溫度是 35～40℃。**

⑤ 酵素的化學反應速率與溫度的關係圖如下頁右圖。

⑥ 但在極度高溫下生存的超嗜熱菌所擁有的酵素中，有著最適溫度為72℃以上的特殊酵素。

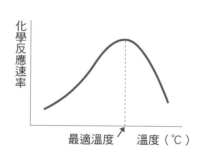

⑦ 酶催化反應也會受到pH值的影響。酵素一般在中性（pH7）時最能發揮作用。例如唾液中澱粉酶的最適pH值便是7。當然也有例外，像是胃液中胃蛋白酶的最適pH值就是2，胰液裡胰蛋白酶的最適pH值是8。

立刻實踐！

於蛋白質內加進胰蛋白酶，並在pH7、溫度35℃的條件下，根據時間與產物量，繪製出如甲的圖表。

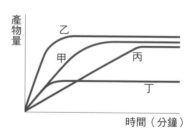

（1）若將溫度調整至25℃進行實驗，試問圖表將變為甲～丁之中的哪一種？

（2）若將pH值調整為8進行實驗，試問圖表將變為甲～丁之中的哪一種？

（1）丙

（2）乙

深入解析……

（1）胰蛋白酶的最適溫度是35～40℃，而25℃不算是最適合的條件，但也不表示完全無法產生反應。

前面曾提到工作與人的例子，寒冬裡一個人在沒有暖氣的房間工作的話，跟正常的完成時間相比自然是偏慢，但只要肯花時

間，還是能把工作完成。而只要工作的量相同，那麼產物的量也不會有變化。

（2）一般酵素最適合的pH值為7，pH8算是相對較不佳的條件；但實驗所使用的酵素是胰蛋白酶，其最適合的pH值就是8，因此可以想像條件比起pH7的時候來的更好。就像處在舒適的房間裡辦公，自然效率提升，更能快速完成工作。不過工作的量並沒有增減，因此產物的量也不會有變化。

⑧ 酵素的主要成分是蛋白質，但隨著種類不同，也有酵素需要蛋白質以外的低分子有機物，這種低分子有機物稱為輔酶。請注意，這並不是酵素的一種名稱！**輔酶是指酵素成分中的低分子有機物**。另外，蛋白質在高溫下容易產生不安定的狀況，但輔酶在高溫下仍能維持穩定。

⑨ 一般而言，輔酶與蛋白質間有著能輕易進行可逆性的「解離與重新結合」的特性。如果將一種由蛋白質和輔酶組成的酵素，放入只有低分子物質才能通過的玻璃紙膜袋中，再把它裝到盛有水的容器，那麼輔酶部分將會與蛋白質分離。最後從玻璃紙膜袋拿出輔酶，袋裡留下的就是酵素的蛋白質部分。上述的操作稱之為「透析」。

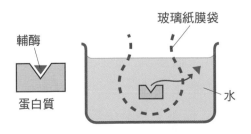

立刻實踐！

　　首先將與酒精發酵有關的酵素放入玻璃紙膜袋，接著浸泡在水槽內。僅將袋中的成分取出後，並不能直接催化酒精發酵，但混合袋中與袋外的成分後，酒精發酵便開始了。請問這中間出現了下列所敘述的哪種狀況，才導致酒精發酵的發生？

甲　把已加熱的袋中成分，與未加熱的袋外成分混合。

乙　把未加熱的袋中成分，與已加熱的袋外成分混合。

乙

深入解析……

　　進行透析時，袋子裡、外的物質分別為高分子的蛋白質，及低分子的輔酶。若按照甲的方式，袋裡的蛋白質只要被煮沸便會失去其作用。如果按照乙的方式，煮沸袋外的輔酶其作用也不會有影響，因此跟袋裡的蛋白質混合後，酵素便再次發揮功效，使得酒精發酵。

▶ 挑戰！

　　將過氧化氫酶預先調整為5℃、15℃、35℃、70℃，之後於35℃的環境下與雙氧水混合，試問下列產生氧的速度（縱軸）與先行加熱溫度（橫軸）的關係圖何者正確？

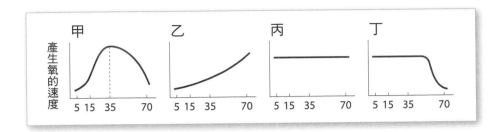

▶ 按步解題！//

步驟1　請不要只看到問題是詢問溫度與反應速率的關係圖表，就做出圖形必定是甲的結論。

在**看圖表前請務必確認橫軸與縱軸**，並仔細**確認圖表是完成何種實驗後繪製的**。

步驟2　在這個實驗中，會把過氧化氫酶預先調整為5℃、15℃、35℃、70℃。接著再於35℃的環境下與雙氧水進行反應。實驗開始時不論是5℃、15℃，甚至是進行反應時的35℃時，酵素都能以同樣的活性產生反應。但預先調整成70℃的過氧化氫酶，會因為主成分的蛋白質變性，即便之後調成35℃的環境，也無法發揮作用了。

這張圖表的重點，在於標示的並不是酵素產生反應時的溫度，而是「預先調整」之後的溫度。

（解答）

丁

重點彙整　酵素（1）

（1）酵素為一種催化劑。

→酶催化反應前後均不會消耗酵素。

→酵素透過降低活化能，來促進化學反應。

（2）酵素的主成分為蛋白質。

→酵素會根據種類的不同，有著不同的最適溫度及最適合的 pH值。

（3）有部分酵素，需要蛋白質以外的低分子有機物（輔酶）。

→輔酶與酵素的蛋白質可輕易進行可逆性的解離、結合。

→輔酶在高溫下能維持穩定。

重點 06 酵素（2）

▶ 必讀關鍵！ ///////////////////////////////////

① 每種酵素均存在發揮其作用的受質，這稱為「受質特異性」（專一性）。就像過氧化氫酶的受質是雙氧水，澱粉酶的受質是澱粉，胃蛋白酶的受質是蛋白質。

② 酵素要發生反應，必須先形成酵素─受質複合體。這時與受質接合的位點稱為活性位點。隨著活性位點的立體構造不同，能與其接合的物質種類也不同，從這邊就可充分看出所謂的受質特異性。

活性位點

酵素　　受質　　酵素─受質複合體　　產物

③ 接下來我們思考一下受質濃度與反應速率的關係。當受質濃度較低時，因酵素與受質接觸的機會較少（酵素─受質複合體較少），故反應速率較緩慢。而當受質濃度提升時，酵素與受質接觸的機會增加（酵素─受質複合體增加），使得反應速率較快。

④ 若酵素長時間與受質接觸，使得受質濃度上升的速度與酵素─受質複合體的形成數接近，則反應速率會逐漸趨緩。

⑤ 上述以圖表顯示如下。

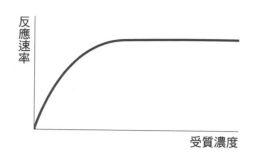

⑥ 將下圖與重點5的 ③ 學習過的圖表進行比對，可以發現形狀非常類似，但是內容完全不同。請小心不要因為圖表相似就搞混了。

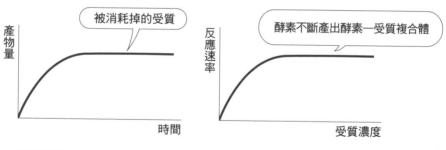

立刻實踐！

在受質濃度與酶催化反應速率的圖表中，若將酵素濃度調整為$\frac{1}{2}$，則圖表將變化為甲～丁之中的何種（圖表中的虛線為酵素濃度1倍）？

丙

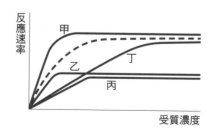

深入解析……

　　若圖表中橫軸表示的是時間，縱軸顯示的是產物量，當酵素濃度調整為 $\frac{1}{2}$ 時，完成工作的所需時間會變成2倍，那麼答案便會是乙。但問題中的圖表橫軸為受質濃度，縱軸為反應速率，表示這個問題是在詢問改變受質濃度（工作量）的話，反應速率（工作效率）的變化。由於工作人數僅有 $\frac{1}{2}$，自然效率也只有 $\frac{1}{2}$。

　　⑦ 接著來討論抑制酵素進行反應的情況吧。若有個與受質很相似的物質，那酵素也會與這個仿製品進行結合，但畢竟不是跟真正的受質結合，因此不會產生產物。當酵素與仿製品結合時，無法與真正的受質結合，故反應速率會變得低落。

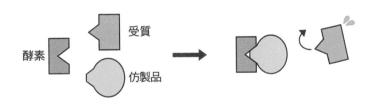

　　⑧ 受質濃度下降時，酵素較容易與仿製品結合，這會使得反應速率大幅下降。不過當受質濃度上升，酵素跟真正的受質結合機率也會提高，從而降低受抑制的程度。

　　⑨ 當受質濃度大幅提升時，酵素幾乎不會與仿製品結合，形成仿製品幾乎不存在的狀態。換句話說，最大反應速率就跟沒有添加仿製品的狀態一樣。

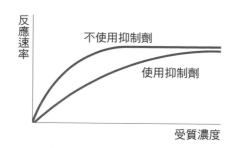

⑩ 這種受質與仿製品為了爭奪相同的活性位點進行競爭的情形，稱之為「競爭性抑制」，而引起這種現象所使用的物質（仿製品）就稱為競爭性抑制劑。當看到問題內容寫著「添加了與受質相似的物質後……」，就要理解其主旨在於競爭性抑制！

立刻實踐！

琥珀酸去氫酶是把琥珀酸脫氫製成延胡索酸的酵素。我們把琥珀酸濃度與產生的延胡索酸濃度間的關係，製成下圖中的虛線部分。

若加入一定量的丙二酸，則圖表將變為下圖中甲～丁之中的何者？注意，丙二酸與琥珀酸在構造上有相似之處。

甲

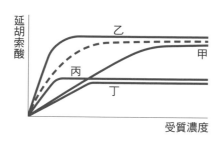

深入解析……

　　以問題的狀況來說，琥珀酸為受質，延胡索酸是產物，而丙二酸是……沒錯！競爭性抑制劑。因此受質濃度較低時比較容易受到抑制，當受質濃度較高時受抑制的程度會降低，到了最大反應速率時，就跟沒有投入抑制劑時相同。

　　⑪ 抑制酶催化反應還有另一種方法，就是把抑制物質投入酵素的非活性位點（別構位）結合。當抑制物質與別構位結合時，使得活性位點的立體構造產生變化，進而讓受質的活性位點難以進行結合，達到抑制酶促反應的效果。

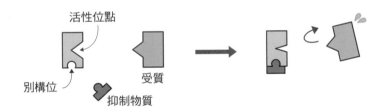

　　⑫ 這種受質與活性位點結合，抑制物質跟別構位結合的關係，兩者不會為了爭奪同一個位置產生競爭，也稱作「非競爭性抑制」。

　　⑬ 與抑制物質結合的酵素由於未能成功與受質結合，故無法發生酶促反應。例如這裡有10個酵素，假設其中2個因為跟抑制物質結合的關係，無法產生酶促反應，那麼跟一開始只有8個酵素是一樣意思。

　　⑭ 若使用非競爭性抑制劑後進行實驗，那麼受質濃度與酵素的反應速度圖表，與酵素濃度較少時的圖表相同。換句話說，當使用非競爭性抑制劑時，酶催化反應會被抑制一定比率，而最大

反應速率也會跟著低下。

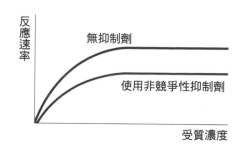

⑮ 除此之外，也有一連串酶催化反應均正常，但最後的產物會跟最開始酵素的別構位結合的關係，使得酶促反應遭到抑制。

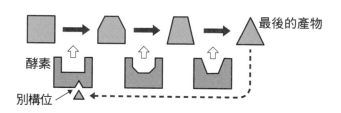

⑰ 以最後產物（結果）來影響酵素反應的初期階段（原因），進而控制整體化學反應進行的方法，稱為「回饋控制」。

⑱ 在一連串的酶催化反應裡透過回饋控制，可在產物較少時經由酶促反應來增加產物量，而當產物增加到一定量時，酶催化反應就會受到抑制，不讓產物量繼續增加，達到將產物維持一定數量的效果。

▶ 挑戰！///////////////////////////////////////

　　透過琥珀酸去氫酶把琥珀酸中產生的氫，與一種名為FAD的輔酶相結合，成為了$FADH_2$。而一種名為亞甲藍（Mb）的藍色物質能跟上述的氫結合，但亞甲藍被還原後，顏色從藍變為無色。

　　現在我們將進行一項實驗，溫度設定為37℃，把含有琥珀酸與亞甲藍的溶液，添加琥珀酸去氫酶，以檢測藍色的深淺，其結果以下面圖表中的虛線部分來顯示。

　　試問以下列（1）跟（2）的條件依序進行實驗，圖表將以甲～丁中的何種曲線呈現？

　　（1）將琥珀酸去氫酶的濃度調整為2倍。
　　（2）在一定量的琥珀酸中加入丙二酸。

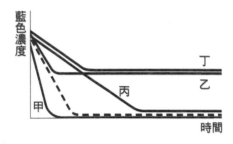

▶ 按步解題！///////////////////////////////////////

　步驟1 先將問題內容繪製成概略圖如下。

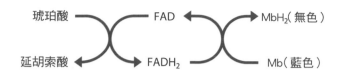

從圖片可以了解酶促反應持續進行時，藍色會變得越來越淺。由於橫軸表示時間，那麼曲線的傾斜程度就是指反應速率。

步驟2

（1）當酵素濃度為2倍時，反應速率也會是2倍，因此變成無色的所需時間（到工作完成為止的時間）將縮短$\frac{1}{2}$。

（2）若添加丙二酸（競爭性抑制劑），則反應速率下降，變成無色的所需時間就會增加。

（解答）

（1）甲

（2）丙

重點彙整 酵素（2）

（1）酵素的活性位點與受質結合，形成酵素—受質複合體。

（2）以類似受質的物質與酵素的活性位點結合，酶催化反應便會被抑制（＝競爭性抑制）。

　　→當受質濃度下降時反應速率雖會下降，但最大反應速率不會改變。

（3）物質與活性位點以外的位置（別構位）結合時，活性位點的形狀會被改變，使得反應受到抑制（非競爭性抑制）。

　　→反應速率會被抑制到一定比率（此時最大反應速率也會跟著下降）。

重點
07
呼吸、發酵的機制

▶ 必讀關鍵！ //

① 呼吸由三個階段的反應構成。

第一階段的糖解作用在細胞質基質內，會使1分子葡萄糖生成2分子丙酮酸。這個過程會消耗2分子ATP，獲得4分子ATP。

另外，在上述過程裡，由於去氫酶的作用，NAD^+被還原並生成$NADH+H^+$。下圖為NAD^+生成NADH跟H^+的過程。

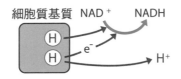

② 根據上圖，作為去氫酶受質的物質，拿走了2個氫原子。

③ 接著把糖解作用簡單彙整如下圖。

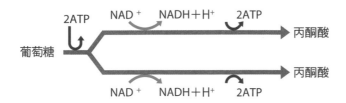

立刻實踐！

請參考上頁圖，於（　　　）中填入係數，於〔　　　〕中填入化學式，來完成糖解作用的方程式。 甲〔　　　〕＋乙（　　　）NAD⁺ 　→　丙（　　）NADH⁺丁（　　）H⁺＋戊 （　　）己〔　　　　〕	甲 $C_6H_{12}O_6$ 乙 2 丙 2 丁 2 戊 2 己 $C_3H_4O_3$

深入解析……

　　甲是葡萄糖。照概要圖所示 NAD^+ 有2個，產生的 $NADH^+$ 與 H^+ 也是2個。那麼戊應該是丙酮酸，但這邊請不要靠死背，嘗試用邏輯來思考答案吧。

　　由於有6個C的葡萄糖被分解成2個，表示丙酮酸的C應該是3個。同樣擁有6個O的葡萄糖被分解成2個，那麼丙酮酸的O便是3個。

　　接著擁有12個H的葡萄糖被分解成2個，原本H應該是6個，但因去氫酶的作用拿走了2個H，因此丙酮酸的H是6-2=4個。

　　④ 呼吸第二階段為三羧酸循環，作用於粒線體基質。由於這個部分相當複雜，其細節部分很少作為知識來出題。

　　⑤ 以結論來說，三羧酸循環透過2分子的丙酮酸，消耗掉6分子的水，產生6分子的 CO_2，同時失去20個H原子。

　　失去的氫中有16個跟 NAD^+ 產生作用，形成 $NADH^+$ 與 H^+，剩下的4個與FAD產生作用，形成 $FADH_2$。同時生成2個ATP。

立刻實踐！

　　請填入（　　）裡的數值，完成三羧酸循環的方程式。

甲 2
乙 6
丙 2

$2C_3H_4O_3+6H_2O+8NAD^++$甲（　　）FAD

$\rightarrow$ 乙（　　）$CO_2+8NADH+8H^++$丙

（　　）$FADH_2$

深入解析……

　　首先葡萄糖所擁有的6個C原子全數透過三羧酸循環轉化為CO_2，因此可以知道CO_2有6分子。

　　另外，葡萄糖擁有的12個H原子，以及三羧酸循環中用於消耗6分子水的12個H原子，總計24個原子之中，有4個在糖解作用中消耗，剩下的20個全數用於三羧酸循環。而這4個與FAD作用，形成$FADH_2$，其餘的都跟NAD^+進行作用，形成$NADH+H^+$。

立刻實踐！

　　1分子的丙酮酸經過三羧酸循環可生出幾分子的ATP？

1分子

深入解析……

　　請不要急著做出「三羧酸循環就是2ATP啦！」的結論。

　　1分子的葡萄糖可產生2分子的丙酮酸，接著再透過三羧酸循環產生2分子的ATP。而問題的內容是「請問1分子的丙酮酸可產生……」，所以產生的ATP自然也是1分子。

　　那麼1分子的丙酮酸透過三羧酸循環產生的CO_2是幾分子？

　　→答案是6分子……不對！是3分子才對喔！

⑥ 呼吸第三階段為作用於粒線體內膜上的電子傳遞鏈。於糖解作用、三羧酸循環產生的氫電子，透過粒線體內膜上的蛋白質被傳遞出去。透過傳遞過程中產生的能量，把基質上的H^+傳輸至外膜與內膜的縫隙（粒線體膜間隙）中。

⑦ 上述的結果使得膜間隙裡的H^+濃度上升，與基質內的H^+產生濃度梯度。接著H^+便會順著濃度梯度，穿過三磷酸腺苷合酶由膜間隙往基質傳遞，這個過程產生的能量將被用來製造ATP（1分子的葡萄糖可合成28ATP）。

⑧ 被傳遞至粒線體內膜的電子最後會跟H^+、氧結合生成水。

⑨ 在粒線體進行的電子傳遞鏈中合成ATP的方法，稱為「氧化磷酸化」。相較於此，發生於糖解和三羧酸循環的ATP製造方法稱為受質級磷酸化。

⑩ 將電子傳遞鏈的概要圖解如下。

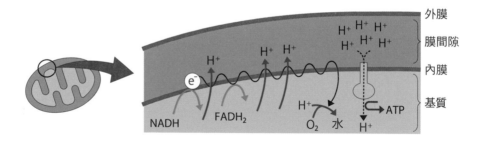

立刻實踐！ ━━━━━━━━━━━━━━━━━━━

請從下列有關H^+傳遞的敘述，選出最正確的答案。

甲　H^+從基質到膜間隙的傳遞為運用ATP的主動運輸。

乙　H^+從基質到膜間隙的傳遞為不運用ATP的被動運輸。

丙　H^+從膜間隙到基質的傳遞為運用ATP的主動運輸。

丁　H^+從膜間隙到基質的傳遞為順從濃度梯度的被動運輸。

丁

深入解析……

甲、乙提到的H^+從基質到膜間隙的移動並非是運用ATP，而是使用電子傳遞時產生的能量。由於有運用能量的關係，自然能夠逆濃度梯度進行傳輸，所以算是標準的主動運輸。

至於丙、丁的部分，H^+由膜間隙到基質的傳遞是順著濃度梯度所進行的被動運輸。

⑪ 酵母（酵母菌）除了呼吸以外也會進行酒精發酵。酵母並非細菌的同類，是與黴菌相似的真核生物。

⑫ 酒精發酵第一階段為糖解，與呼吸作用的糖解大致相同。酒精發酵時，由糖解產生的丙酮酸分解生成CO_2，剩餘的分子（乙醛）接著再跟糖解產生的NADH中的氫結合後生成乙醇。

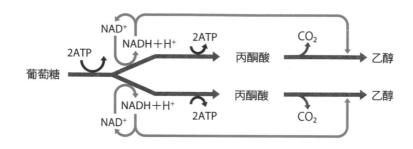

⑬ 酒精發酵的化學式如下。

$$C_6H_{12}O_6 \rightarrow 2CO_2 + 2C_2H_5OH$$

⑭ 乳酸菌能進行乳酸發酵，為細菌的同類；因此乳酸發酵第一階段也是糖解。接著產生的丙酮酸很快的與糖解時產生的NADH中的氫結合，成為乳酸。

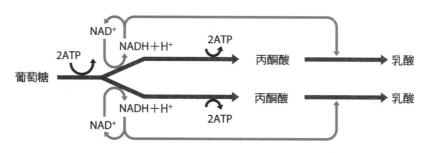

立刻實踐！

在（　）內填入係數，〔　〕內填入化學式，來完成乳酸發酵的化學方程式。

$$C_6H_{12}O_6 \rightarrow 甲（　）乙〔　〕$$

甲　2
乙　$C_3H_6O_3$

深入解析……

乳酸發酵時不會產生CO_2，就結論來說葡萄糖會剛好分成2個。也就是說，C的部分是6的一半，H的部分是12的一半，O的

部分也是6的一半，這樣計算出來就是乳酸的化學式。

⑮ 激烈運動後的肌肉，也會透過乳酸發酵來製造ATP。

▶ 挑戰！ ///

下列甲～戊為呼吸或發酵所產生反應之一部分。

甲 葡萄糖→丙酮酸

乙 三羧酸循環

丙 氫＋氧→水

丁 丙酮酸→乙醇

戊 丙酮酸→乳酸

問題1 請選出所有受質級磷酸化反應。

問題2 請選出作用時會產生CO_2的所有反應。

問題3 請選出於細胞質基質作用的反應。

▶ 按步解題！ ///////////////////////////////////////

步驟1 甲是糖解作用，丙則是電子傳遞鏈。依序解釋的話，甲→乙→丙為呼吸反應、甲→丁為酒精發酵、甲→戊為乳酸發酵反應。

步驟2

問題1 甲、乙製造出的ATP，是受質級磷酸化反應。

問題2　三羧酸循環會產生CO_2，酒精發酵產生丙酮酸之後的化學反應也會產生CO_2。

問題3　糖解作用及發酵反應全都在細胞質基質進行，只有三羧酸循環和電子傳遞鏈在粒線體進行。

（解答）

問題1　甲、乙

問題2　乙、丁

問題3　甲、丁、戊

📝**重點彙整**　　呼吸、發酵的機制

（1）呼吸是由糖解＋三羧酸循環＋電子傳遞鏈構成。

（2）在電子傳遞鏈中，H^+透過電子傳遞的能量，得以用主動運輸的方式從基質被運往膜間隙。

（3）當H^+順著濃度梯度由膜間隙傳遞至基質時，會同時製造出ATP。

（4）於電子傳遞鏈中，最後接收電子的是氧。

（5）發酵反應都在細胞質基質進行。

<table>
<tr><td>重點
08</td><td># 呼吸商實驗</td></tr>
</table>

▶ 必讀關鍵！//

① 呼吸時，吸收氧氣與釋放二氧化碳的體積比，稱為呼吸商，可藉由以下公式求出。

呼吸商＝二氧化碳的體積／氧氣的體積

立刻實踐！

| 某生物吸收10g氧氣，釋放出8g二氧化碳，此時的呼吸商為0.8。這是正確的嗎？ | 錯誤 |

深入解析……

這是錯的！呼吸商並非吸收氧氣與釋放二氧化碳的質量比，而是體積比。假如吸收了10L的氧氣，釋放出8L的二氧化碳，呼吸商才會是0.8。

② 呼吸商的值，會根據呼吸中使用的物質（呼吸基質）有所不同。例如，使用葡萄糖的呼吸是以下反應式。

$C_6H_{12}O_6 + 6H_2O + 6O_2 \rightarrow 6CO_2 + 12H_2O$

③ 呼吸商是體積比，但也可以透過反應式中的莫耳數比來表示。因此，使用葡萄糖呼吸時的呼吸商就會是 $\frac{6}{6} = 1.0$。

立刻實踐！

以下是基本胺基酸白胺酸（$C_6H_{13}O_2N$）分解的反應式。請以這個反應式為基礎，計算呼吸基質為白胺酸時的呼吸商。

$2C_6H_{13}O_2N + 15O_2 \rightarrow 12CO_2 + 10H_2O + 2NH_3$

0.8

深入解析⋯⋯

根據反應式的係數進行計算。

$$呼吸商 = \frac{12}{15} = 0.8$$

④ 使用葡萄糖等碳水化合物時，呼吸商為 1.0。

使用蛋白質（氨基酸）時約為 0.8，脂肪時約為 0.7。請記住以下值：

呼吸基質	呼吸商
碳水化合物	1.0
蛋白質	0.8
脂肪	0.7

立刻實踐！

試將三棕櫚酸甘油酯（$C_{51}H_{98}O_6$）用於呼吸作用，並取呼吸商的值至小數第一位。

0.7

深入解析⋯⋯

這邊不深究有關三棕櫚酸甘油酯這項物質的知識，讓我們簡單將反應式視為化學問題。在呼吸時，需耗費氧氣產生二氧化碳

和水,因此以 $C_{51}H_{98}O_6 + xO_2 \rightarrow yCO_2 + zH_2O$ 來計算出係數。

$X = \frac{145}{2}$,$y = 51$,$z = \frac{98}{2}$,反應式如下。

$2C_{51}H_{98}O_6 + 145O_2 \rightarrow 102CO_2 + 98H_2O$

所以呼吸商為 $\frac{102}{145} \fallingdotseq 0.70$,因此解答為 0.7。這種三棕櫚酸甘油酯是在脂肪分解時產生的一種脂肪酸。

⑤ 以此即可判斷,假如呼吸商為 1.0,則呼吸基質主要為碳水化合物;如果呼吸商是 0.7,主要的呼吸基質即為脂肪。

那麼,假設呼吸商是 0.8,是不是能夠直接推斷呼吸基質是蛋白質呢?

⑥ 假如呼吸基質為蛋白質,呼吸商為 0.8。所以,呼吸商如果是 0.8,呼吸基質就是蛋白質!這樣的推論看似合理,但實際上並非如此。

例如,假設碳水化合物和脂肪都是呼吸基質,透過分解碳水化合物吸收 10 單位 O_2,釋放 10 單位 CO_2,透過分解脂肪吸收 20 單位 O_2,釋放 14 單位 CO_2。

因此呼吸商為……$\frac{10+14}{10+20} = \frac{24}{30}$。什麼!得出的結果也是 0.8。

所以雖然能夠得出「呼吸基質為蛋白質 → 呼吸商是 0.8」的結果,卻無法斷定「呼吸商是 0.8 → 呼吸基質為蛋白質」。

⑦ 接下來,讓我們來看看相關的呼吸商實驗。

現在有以下兩個裝置。

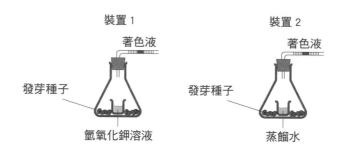

⑧ 這個實驗，通常會使用已發芽的種子和酵母（菌）作為材料。如上圖，在一個裝有發芽種子及酵母的裝置（裝置1）中，放入裝有氫氧化鉀溶液的小燒杯，並在另一個裝置（裝置2）中，放入裝有蒸餾水的小燒杯。

⑨ 氫氧化鉀溶液具有吸收CO_2的作用，會吸收發芽種子透過呼吸產生的CO_2。因此，在裝置1中，發芽種子吸收的O_2體積會隨之減少，造成著色液向左移動該量。

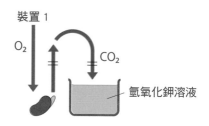

⑩ 在裝置2中，由於沒有置入氫氧化鉀溶液，因此體積會根據O_2的吸收量和CO_2的釋放量之差距而產生變化，造成著色液移動該量。

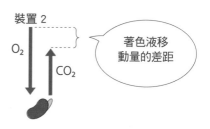

立刻實踐！

使用剛才的裝置進行實驗時，經過一定時間，裝置1的著色液會向左移動5刻度，裝置2的著色液則會向左移動1刻度。計算出裝置內種子的呼吸商。

0.8

深入解析……

　　裝置1中，著色液會移動吸收的O_2量；裝置2中，著色液會移動O_2和CO_2之間的差距量。也就是說，CO_2的釋放量為$5-1=4$刻度。

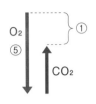

　　因此，呼吸商$=\dfrac{5-1}{5}=0.8$。

▶ 挑戰！ //

　　實驗1準備兩個如下圖所示的裝置，在燒瓶中分別置入等量的發芽種子，在燒瓶I中置入裝有氫氧化鉀溶液的小燒杯，在燒瓶II中則置入裝了水的小燒杯。

　　接下來，完全阻斷光線，將兩個燒瓶放進25°C的恆溫槽中，插入玻璃活栓，透過玻璃管中著色液移動的刻度，測定裝置內氣體的體積變化。結果，在經過一段時間後，燒瓶I內的氣體體積減少了10.0 mL，燒瓶II內的氣體體積則減少了3.0 mL。

　　實驗2在葡萄糖溶液中加入酵母，取代實驗1的發芽種子，進行同樣的實驗。經過一段時間後，燒瓶I內的氣體體積減少了6.0 mL，燒瓶II內的氣體體積則增加了4.0 mL。

問題1 從實驗1的結果中，選出正確的句子。

① 由於呼吸商為1.0，所以呼吸基質為碳水化合物。

② 呼吸商為1.0，但無法斷定呼吸基質。

③ 由於呼吸商為0.8，所以呼吸基質為蛋白質。

④ 呼吸商為0.8，但無法斷定呼吸基質。

⑤ 由於呼吸商為0.7，所以呼吸基質為脂肪。

⑥ 呼吸商為0.7，但無法斷定呼吸基質。

問題2 根據實驗2的結果，酵母釋放的二氧化碳量是多少mL？

① 2 mL ② 4 mL ③ 6 mL ④ 10 mL ⑤ 12 mL

問題3 在實驗2中，酵母在酒精發酵中消耗的葡萄糖，是在呼吸過程中消耗的幾倍？

① 0.7倍 ② 1倍 ③ 2倍 ④ 3倍 ⑤ 4倍

問題4 在實驗2中，以氮氣取代裝置內的空氣來進行同樣的實驗，燒瓶I、II中的氣體體積會產生什麼樣的變化呢？

① I的氣體體積變化消失，II的氣體體積增加。

② I的氣體體積變化消失，II的氣體體積減少。

③ I的氣體體積變化消失，II的氣體體積也不再變化。

④ I的氣體體積減少，II的氣體體積增加。

⑤ I的氣體體積增加，II的氣體體積減少。

▶ 按步解題！///////////////////////////////////////

問題1 在裝置I中測量O_2的吸收量，在裝置II中測量O_2與CO_2的差距，呼吸商 $= \dfrac{(10.0\text{-}3.0)\text{mL}}{10.0\text{mL}} = 0.7$

在這種情況下，可以斷定呼吸基質為脂肪。

問題2 根據裝置I，酵母吸收的O_2為6.0 mL。從裝置II則可得知釋放的CO_2比吸收的O_2多4 mL。因此，釋放的CO_2為6 mL + 4 mL = 10 mL。

問題3 步驟1 由於呼吸基質為葡萄糖，呼吸商應為1.0，酵母透過呼吸釋放的CO_2應為 6.0 mL。也就是說，4.0 mL是酒精發酵時所釋放的CO_2。

呼吸時釋放的CO_2：透過酒精發酵所釋放的CO_2 = 6：4。

步驟2 這邊讓我們回想一下呼吸的反應式。

$C_6H_{12}O_6 + 6H_2O + 6O_2 \rightarrow 6CO_2 + 12H_2O$

即呼吸中，分解1分子的葡萄糖會釋放$6CO_2$。

酒精發酵的反應式則為：

$C_6H_{12}O_6 \rightarrow 2CO_2 + 2C_2H_5OH$

因此在酒精發酵中，分解1分子的葡萄糖會釋放$2CO_2$。

步驟3 如果葡萄糖在呼吸和酒精發酵中分解的葡萄糖量相同，則釋放的CO_2比率為6：2。假如比率變為6：4，原因可能會出在哪裡……？

假如酒精發酵時消耗的葡萄糖是呼吸時消耗的兩倍，則釋

放的CO_2也會翻倍，即$6:2 \times 2 = 6:4$。

問題4 假如氧氣消失，將不會進行呼吸作用。因此，在測量氧氣吸收量的裝置I中，氣體體積的變化會隨之消失。但酵母即使沒有氧氣，也能夠進行酒精發酵。也就是說，由於酒精發酵的過程中會釋放CO_2，因此裝置II中的氣體體積應該會增加。

（解答）

問題1 ⑤　　問題2 ④　　問題3 ③　　問題4 ①

光合作用的原理

▶ 必讀關鍵！ ///////////////////////////////////////

① 光合作用反應主要分為兩個階段，第一階段的反應在葉綠體中的類囊體進行。

② 類囊體進行的反應由三個部分組成：光系統Ⅰ、光系統Ⅱ和電子傳遞鏈。首先，類囊體膜上的光合色素會吸收光，光的能量最終會傳遞至反應中心內的葉綠素a分子。

接著，葉綠素a會釋放出電子。此時，水會被分解，產生氧、氫離子和電子，葉綠素a則接收其中的電子。以上的反應是光系統Ⅱ。

③ 同樣的，吸收光之後葉綠素a釋放出電子，其電子和氫離子與$NADP^+$發生反應時，將產生NADPH和H^+。這種反應屬於光系統Ⅰ。

④ 光系統Ⅱ中釋出的電子，在嵌入類囊體膜中的蛋白質間傳遞，最終抵達光系統Ⅰ的葉綠素a。此外，H^+會透過傳輸電子時所產出的能量，從基質被運送至類囊體內部。

結果造成H^+產生濃度梯度，沿著濃度梯度從類囊體內流動至基質。此時，H^+在ATP合成酶中移動，並將能量合成ATP。

這種反應稱作電子傳遞鏈。

⑤ 類囊體進行的反應如下所示。

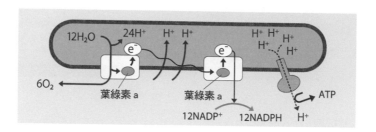

立刻實踐！

關於類囊體進行的反應，下列何者正確？

甲 當受到光線照射，H^+會從類囊體內部被主動運送到基質。

乙 當H^+被運送至類囊體內部，會消耗ATP的能量。

丙 H^+從類囊體內部移動至基質的過程，是屬於被動運送。

丁 H^+非常容易通過類囊體膜的磷脂部分。

丙

深入解析⋯⋯

甲 當受到光線照射時，H^+會從基質被主動運送到類囊體。

乙 會使用到電子傳遞所產生的能量，但不使用ATP能量。

丙 由於H^+依照濃度梯度從類囊體內移動至基質，因此屬於被動運送（正確解答）。

丁 假如H^+能夠輕鬆通過磷脂部分，通常也難以維持H^+的濃度梯度。H^+正是因為濃度梯度的作用，才能在ATP合成酶中移動。

⑥ 在粒線體中也會發生類似的反應。粒線體的電子傳遞鏈中，ATP的合成稱為氧化磷酸化。在葉綠體中，電子傳遞鏈上的ATP合成則稱為光合磷酸化。

立刻實踐！

關於粒線體和葉綠體中的電子傳遞鏈，請從〔 〕中選出正確的選項。

在粒線體的電子傳遞鏈中，主要的電子源是甲〔NADH／水〕，最終接收電子及H⁺的是乙〔氧／NAD⁺〕，但在葉綠體中，電子傳遞鏈的電子源是丙〔NADPH／水〕，最終接收電子及H⁺的是丁〔NADP⁺／氧〕。

在粒線體中，H⁺從戊〔基質／膜間〕主動運送至己〔基質／膜間〕，而在葉綠體中，H⁺從庚〔基質／類囊體內〕主動運送至辛〔基質／類囊體內〕。

甲 NADH
乙 氧
丙 水
丁 NADP⁺
戊 基質
己 膜間
庚 基質
辛 類囊體內

深入解析……

粒線體的電子傳遞鏈中，使用自糖解作用與三羧酸循環產生的NADH或$FADH_2$的氫所持有的電子，最終與氧結合，形成水。在葉綠體的電子傳遞鏈，使用水分子中氫所持有的電子，最終與$NADP^+$結合，成為NADPH。

H⁺使用電子傳遞鏈中產生的能量，從粒線體基質移動至外膜與內膜間，在葉綠體中，則是從基質主動運送至類囊體內。

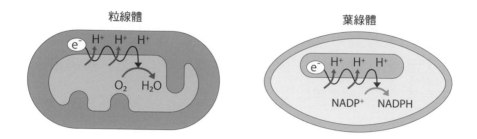

粒線體　　　　　　　　　葉綠體

⑦ 光合作用的第二階段，是在基質進行的卡爾文循環。卡爾文循環使用從外部通過氣孔的CO_2，以及由類囊體反應所產生的ATP和NADPH，合成為像澱粉類的碳水化合物。

⑧ 與 擁 有6分子CO_2和6分子化合物核酮糖-1,5-二磷酸（RuBP含5個碳原子）產生反應，生成12分子的3-磷酸甘油酸（PGA含3個碳原子）。

⑨ 3-磷酸甘油酸被ATP磷酸化，並且被NADPH還原為擁有3個碳原子的化合物甘油醛3-磷酸（GAP）。

⑩ 甘油醛3-磷酸的一部分最終成為具有6個碳原子的化合物如葡萄糖等，剩餘的甘油醛3-磷酸則利用ATP的能量，再度變回核酮糖-1,5-二磷酸。

⑪ CO2與核酮糖-1,5-二磷酸產生反應時，參與的酶是RuBP羧化酶／加氧酶，這種極長名稱的酶，通常簡稱為（RuBisCO）。

⑫ 卡爾文循環的示意圖如下。

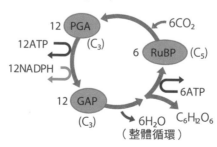

⑬ 用反應式來表示整體光合作用如下：

$$12H_2O + 6CO_2 \rightarrow 6O_2 + 6H_2O + C_6H_{12}O_6$$

立刻實踐！────────────────────
　　光合作用反應所產生的氧氣來自〔CO_2／水〕　｜　水
────────────────────────────

深入解析⋯⋯⋯

在類囊體中，水分解的結果是產生氧氣。因此，光合作用反應所產生的氧氣來自水。

⑭ 關於光合作用反應產生氧氣的來源，有兩個著名的實驗。首先是英國科學家羅賓・希爾（Robin Hill）所進行的實驗。

即使把葉子磨碎，萃取含有葉綠體的汁液，維持在真空狀態照射光線，也不會產生氧氣。但是，若使用容易接收電子的物質，加入硝酸鐵（III）來進行實驗，就會產生氧氣。由於真空狀態不存在CO_2，從同樣會產生氧氣可得知，這些氧氣並非來自CO_2。

⑮ 那麼，為什麼沒添加硝酸鐵就不會產生氧氣呢？這個時候由於沒有CO_2，就不會進行卡爾文循環，NADPH無法返回$NADP^+$的狀態。假如沒有接收電子的$NADP^+$，即使照射到光線，水也不會分解，所以不會產生氧氣。

加入硝酸鐵（III）時，會接收到的是電子而不是$NADP^+$，並且還原成硝酸亞鐵（II）。實驗還顯示，水的分解不僅需要光，還需要容易接收電子的物質。

⑯ 另一個則是美國科學家山姆・魯賓（Sam Ruben），使用氧

同位素（^{18}O）所進行的實驗：

實驗1提供含有^{18}O的水（$H_2^{18}O$）和不含^{18}O的CO_2進行光合作用。

實驗2則提供不含^{18}O的水（H_2O）和含有^{18}O的二氧化碳（$C^{18}O_2$）進行光合作用。

立刻實踐！

魯賓的實驗中，能在氧氣裡發現^{18}O的是〔實驗1／實驗2〕。　　　　　**實驗1**

深入解析……

水的分解會產生氧氣，因此在實驗1會產生含有^{18}O的氧氣，實驗2則不會。從這類實驗可得知，光合作用產生的氧氣是來自於水，而不是CO_2。

▶ 挑戰！ ////////////////////////////////////

實驗1：從葉綠體中取出類囊體，將其浸泡在pH4的液體中一段時間，使類囊體內部也成為pH4。在黑暗無光的條件下，將pH4的類囊體浸泡在含有ADP和磷酸的pH10溶液中。

實驗2：同樣在pH10的溶液中浸泡一段時間後，類囊體內部也成為pH10。在黑暗無光的條件下，將pH10的類囊體浸泡在含有ADP和磷酸的pH4溶液中。

關於這個實驗，從以下選出一個正確的選項。

①由於是在黑暗無光的環境中進行，所以實驗1和實驗2都不會出現 ATP 合成。

②在實驗1中，氫離子從類囊體內流出，隨之合成 ATP。

③在實驗2中，氫離子流入類囊體內，隨之合成 ATP。

▶ 按步解題！//

步驟1 首先，讓我們複習一下正常光合作用中的 ATP 合成。

當被光線照射時，發生電子的傳遞，能量將氫離子主動運送至類囊體內，並且根據產生氫離子的濃度梯度，當氫離子從類囊體內流出時，隨之合成 ATP。

步驟2 以圖解來表示實驗的內容。

pH4 ＝酸性＝氫離子濃度高

pH10 ＝鹼性＝氫離子濃度低

實驗1 由於類囊體內為 pH4，外液則是 pH10，因此類囊體內的氫離子濃度高於外液，結果會使氫離子依循濃度梯度自類囊體內流出。和平常在類囊體中 ATP 的合成過程一樣，氫離子會移動，並且合成 ATP。

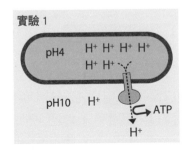

實驗2 由於類囊體內為pH10，外液則是pH4，因此類囊體內的氫離子濃度低於外液，結果會使氫離子依循濃度梯度流入類囊體內。氫離子的移動跟平常在類囊體中ATP的合成過程相反，不會合成ATP。

（解答）

②

📝 **重點彙整**　　光合作用的原理

(1) 水被光系統II分解，產生氧氣。

(2) NADPH由光系統I產生。

(3) H^+隨著電子傳遞主動運送至類囊體內。

(4) 當H^+從類囊體內流出時，會合成ATP。

(5) 卡爾文循環的反應場所為葉綠體內的基質。

淨光合作用速率

▶ 必讀關鍵！///////////////////////////////////////

① 植物在照射到光線時進行光合作用，吸收 CO_2，釋放 O_2。因此，可以透過 CO_2 吸收率或 O_2 的釋放速度，來測量光合作用的速率。

② 例如，將葉子置於密封容器中，用光線照射，使其進行光合作用，並測量容器內 CO_2 或 O_2 的增減。

③ 不過，植物在進行光合作用時，也會同步進行呼吸作用，釋放 CO_2，吸收 O_2。

④ 也就是說，測量的是光合作用吸收的 CO_2 和透過呼吸作用釋放的 CO_2 之間的差距，或是光合作用釋放的 O_2 與呼吸作用吸收的 O_2 之間的差距（紅色代表光合作用，藍色代表呼吸作用）。

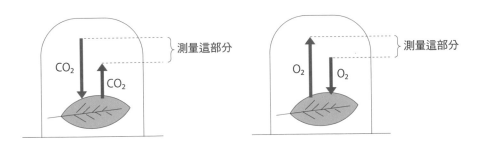

⑤ 由於該測量值不代表正確的光合作用速率，所以包含「非正確值」的意思，稱為淨光合作用速率。

立刻實踐！

　　將葉子放入密閉的容器中，照射某強度的光線時，CO_2減少3mg。在黑暗中CO_2增加2mg。照射某強度的光線時，光合作用所吸收的CO_2量是多少？

5mg

深入解析⋯⋯

　　在黑暗無光的條件下，不會進行光合作用，只進行呼吸作用。增加2mg的CO_2是來自呼吸作用。當照射到光線時，呼吸作用同樣釋放等量的CO_2，但又透過光合作用吸收CO_2，即再減少3mg的CO_2。

　　因此，透過光合作用吸收的CO_2為3mg＋2mg＝5mg。

　　此時透過光合作用吸收而減少的3mg，即為淨光合作用速率，透過光合作用吸收的5mg則為光合作用速率。

　　⑥ 也就是說，「光合作用速率－呼吸速率」是淨光合作用速率，測量出的值也是淨光合作用速率。因此，可以透過以下公式，從測量值（淨光合作用速率）來取得光合作用的速率。

　　光合作用速率＝淨光合作用速率＋呼吸速率

　　⑦ 將光照強度與淨光合作用速率（以CO_2吸收的速度來表示）間的關係繪製成圖表如右。

　　⑧ 右側圖示的狀態。

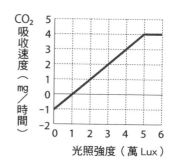

⑨ 也就是說，由於光合作用速率與呼吸速率相等，因此淨光合作用速率為0。當淨光合作用速率為0，光照的強度（以這邊的例子來說為1萬Lux）被稱為光補償點。

⑩ 此外，在上頁圖中，當光合作用速率超過5萬Lux以上，光合作用速率就不會再增加。當處於這樣的狀態時，光照強度（以這邊的例子來說為5萬Lux）被稱為光飽和點。

⑪ CO_2濃度與淨光合作用速率之間的關係如下圖所示。

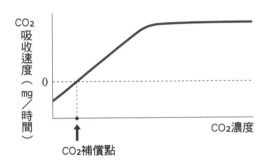

⑫ 當淨光合作用速率為0時，CO_2的濃度被稱為CO_2補償點。此時，光合作用速率和呼吸速率是相等的。

立刻實踐！

　　在密閉的容器中放入綠藻，處於黑暗無光的狀態時，水中的氧濃度會減少。照射一定強度的光線時，水中的氧濃度會增加，但不久就會停止。

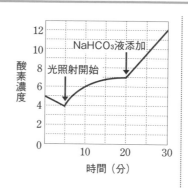

　　若這時候添加$NaHCO_3$（供給CO_2），水中的氧濃度將會再次增加。

　　以上結果如右方圖表所示。關於下底線部分的原因，請選出正確的選項。

甲 光合作用停止。

乙 到達光飽和點。

丙 因為淨光合作用速率與呼吸速率相等。

丁 因為光合作用速率與呼吸速率相等。

深入解析……

　　氧氣在黑暗無光的狀態下會減少，是由於氧氣透過呼吸作用被綠藻所吸收。由於光合作用的運作，照射到光線時，氧氣量會增加，不過也會同步進行呼吸作用。因此，照射到光線所增加的氧氣，是光合作用產生的氧氣，與呼吸作用所吸收氧氣之間的差距。也就是所謂的淨光合作用。

　　氧氣的增加速度會逐漸降低，是因為在密閉容器中，光合作用的運作消耗了CO_2，使得CO_2的濃度降低，光合作用速率也跟

著降低。經過一段時間後，氧氣濃度之所以會停止增加，是由於光合作用速率降低到0。也就是說，CO_2的濃度成為CO_2補償點。

相關過程如下圖所示。不代表沒有進行光合作用。

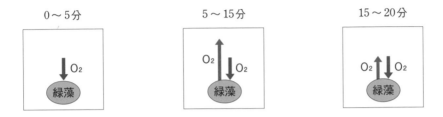

⑬ 一般植物（豌豆、牽牛花、水稻等等）會吸收CO_2，最初生成的物質是擁有3個碳原子的化合物（甘油醛3-磷酸）。這類植物稱為C_3植物。

另一方面，像玉米和甘蔗這類植物，在吸收CO_2之後先產生的物質，是擁有4個碳原子的化合物（草醯乙酸），因此這類植物稱為C_4植物。

⑭ 在C_4植物當中，從CO_2產生C_4的草醯乙酸時，參與的酶十分優秀，容易與CO_2結合（CO_2親和性高），因此，即使不特別張開氣孔，也足以固定住CO_2。

由於縮小氣孔可以抑制水分蒸散，因此這種植物具有較耐旱的特徵。而這種優秀的酶會用於固定越來越多的CO_2，並將大量的濃縮CO_2用於卡爾文循環之中，因此也具有相當強的光合作用能力。

⑮ 以下為C_4植物的光合作用模式。

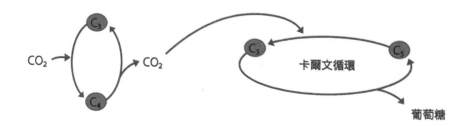

⑯ C_3 植物與 C_4 植物的淨光合作用速率，和 CO_2 濃度之間的關係如下所示。

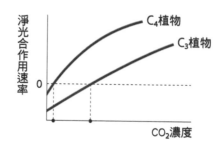

⑰ 由此可見，跟 C_3 植物相比，C_4 植物的 CO_2 補償點非常低。

▶ 挑戰！//

　　將 C_3 植物番薯和 C_4 植物玉米放進同一個容器當中密閉，照射足夠強度的光線之後，測量容器內 CO_2 的濃度如下。

問題1 容器內的CO_2濃度在X暫時停止變化，若這種狀態持續

很長一段時間，那會發生什麼情況？

① 番薯和玉米都會逐漸枯萎。

② 番薯會逐漸枯萎，但玉米不會枯萎。

③ 玉米會逐漸枯萎，但番薯不會枯萎。

④ 番薯和玉米都不會枯萎。

問題2 僅使用番薯進行實驗時，CO_2濃度（Y）與X相比會產生

什麼樣的變化？

① 與X相同 ② 高於X ③低於X

▶ 按步解題！

步驟1 C_3植物及C_4植

物與CO_2濃度和淨光合作用

速率的關係，如右圖所示。

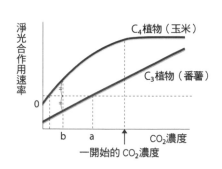

步驟2 一開始，由於番薯和玉米都吸

收CO_2，因此容器中的CO_2急遽減少。

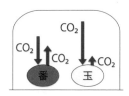

步驟3 過了一段時間，番薯CO_2補償點的CO_2濃度會變成a，但容器內玉米的淨光合作用速率為正值，因此容器內的CO_2濃度也會隨之降低。

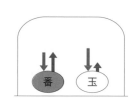

步驟4 容器內的CO_2濃度成為圖表中的b時，玉米吸收的CO_2會與番薯釋放的CO_2相互平衡，因此容器中的CO_2濃度不會產生變化。

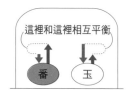

這裡的b等同於問題圖表中的X。

步驟5 因此，即使保持X的濃度很長一段時間，玉米仍然會持續生長，但由於番薯的淨光合作用速率為負值，因此番薯會漸趨枯萎。

步驟6 如果只使用番薯來進行實驗，當番薯達到CO_2補償點Y＝a時，容器中的CO_2不會產生變化。

步驟7 因此，Y應高於X。

（解答）

問題1 ②　問題2 ②

重點
11

各種同化作用

▶ 必讀關鍵！//

① 植物和藍綠菌（顫藻、念珠藻等等）所進行的光合作用中，透過水的分解會產生氧氣。但是，綠硫菌和紫硫菌在行光合作用時，會以硫化氫來代替水，透過硫化氫的分解而產生硫磺。

② 透過反應式來比較，可能更容易理解。

(1) 植物和藍綠菌的光合作用

$12H_2O + 6CO_2 \rightarrow 6O_2 + 6H_2O + C_6H_{12}O_6$

(2) 綠硫菌和紫硫菌的光合作用

$12H_2S + 6CO_2 \rightarrow 12S + 6H_2O + C_6H_{12}O_6$

③ 無論是植物、藍綠菌或是綠硫菌、紫硫菌所進行的光合作用，都會使用到光的能量。

另一方面，以無機物氧化所產生的化學能來進行碳酸同化，即為化學合成作用。

④ 亞硝酸菌、硝酸菌、硫細菌等細菌會進行化學合成作用。化學合成作用也跟光合作用一樣，會合成碳水化合物等有機物，是碳酸同化作用的一種。碳酸同化作用必定需要CO_2，並且最終會透過卡爾文循環合成碳水化合物。

⑤ 化學合成作用的能量來源不是光線，而是無機物氧化所產生的化學能，這一點與光合作用有相當大的差異。

⑥ 在光合作用中，碳酸同化只需等待來自太陽的光線。化學

合成作用所需的能量則是自己創造的，也就是自體發電，等於能夠自行合成碳水化合物，並且為求提供自體發電，進行無機物的氧化反應。

⑦ 進行無機物氧化反應的部分無機物，包括亞硝酸菌的銨離子、硝酸菌的亞硝酸離子、硫細菌的硫化氫，都是使用以下這些反應所產生的能量，來進行碳酸同化作用。

(1) 亞硝酸菌的部分無機物氧化反應式

$2NH_4^+ + 3O_2 \rightarrow 2NO_2^- + 2H_2O + 4H^+$

(2) 硝酸菌進行的無機物氧化反應式

$2NO_2^- + O_2 \rightarrow 2NO_3^-$

(3) 硫細菌進行的無機氧化反應式

$2H_2S + O_2 \rightarrow 2S + 2H_2O$

立刻實踐！

有關植物的光合作用為A，綠硫菌的光合作用相關為B，化學合成作用的相關內容為C，與任何一個無關時為×。

甲	碳水化合物在卡爾文循環中合成。	甲 A、B、C
乙	使用硫化氫取代CO_2。	乙 ×
丙	進行不產生氧氣的光合作用。	丙 B
丁	即使沒有光合色素，也可以進行碳酸同化。	丁 C

深入解析……

甲 無論是植物或綠硫菌進行的光合作用，或是化學合成作用，最終都會透過碳酸同化作用來合成碳水化合物。也就是說，碳水化合物的所有合成過程，都會在卡爾文循環中完成。

乙 綠硫菌會使用硫化氫來代替水，但沒有生物會使用硫化氫來取代CO_2。CO_2對碳酸同化作用而言是必要的。因此答案為×。

丙 綠硫菌的光合作用不會產生氧氣。因此答案為B。

丁 光合色素（如葉綠素等）對於吸收光能來說是必要的。換句話說，要進行光合作用必須具備光合色素。然而，由於化學合成作用不需要光線，所以不需要具備光合色素。因此答案為C。

⑧ 讓我們整理一下。到目前為止學習到的**光合作用和化學合成作用，都會進行碳酸同化作用**。而接下來要學習的項目則是氮同化作用。

⑨ 由無機氮化合物（如銨離子等）合成構成生物體的有機氮化合物（如蛋白質等），這個過程稱為氮同化作用。

⑩ 植物進行氮同化作用的概要如下：

1. 主要從根部吸收硝酸離子或銨離子。吸收硝酸離子時，會還原為銨離子。

2. 銨離子與麩胺酸產生反應，生成麩醯胺酸。

3. 麩醯胺酸與 α-酮戊二酸產生反應，生成2個麩胺酸分子。

4. 麩胺酸與各種有機酸產生反應，生成各種氨基酸。

5. 蛋白質從氨基酸中產生。

⑪ 植物、真菌和細菌類，可以進行這種由無機氮化合物合成為有機氮化合物的氮同化作用（也稱為一次同化）。人類等動物雖

然無法進行這種一次同化，但可以透過食用其他生物，從蛋白質中含有的氨基酸來合成自身的蛋白質；這樣的同化作用稱之為二次同化。

⑫ 從空氣中的氮氣（遊離氮）產生銨離子，稱為固氮作用，固氮作用主要由以下生物進行：

- 根瘤菌：一種與豆科植物的根共生，進行固氮作用的細菌。
- 固氮菌：一種可以單獨進行固氮作用的好氧性細菌。
- 梭菌：一種可以單獨進行固氮作用的厭氧性細菌。
- 念珠藻：一種可以單獨進行固氮作用的藍綠菌。

⑬ 這些生物，都是使用固氮作用產生的銨離子來進行氮同化作用。

⑭ 生物需要碳源及氮源才能夠順利生長。

碳源總共有兩種模式：吸收CO_2並自行合成碳水化合物（透過光合作用or化學合成作用，α型），或是攝取碳水化合物（β型）。

氮源則有三種模式：吸收銨離子與硝酸離子等無機氮化合物進行氮同化作用（A型）、利用固氮作用中產生的銨離子來進行氮同化作用（B型），或是攝取蛋白質進行二次同化（C型）。

⑮ 動物在碳源方面為β型，氮源則為C型。

立刻實踐！

以⑭的模式為基礎，則植物在碳源方面為〔甲〕型，氮源方面為〔乙〕型。固氮菌在碳源方面為〔丙〕型，氮源方面為〔丁〕型。

甲 α
乙 A
丙 β
丁 B

深入解析……

　　由於植物會進行光合作用，碳源為 α 型（甲），會從根部吸收硝酸離子等無機氮化合物進行氮同化作用，因此氮源為 A 型（乙）。

　　由於固氮菌是一種可以單獨進行固氮作用的細菌，因此氮源為 B 型（丁）。那麼碳源呢？由於固氮菌無法進行光合作用及化學合成作用，因此與動物同屬於 β 型（丙）。

▶ 挑戰！ //

　　在(1)、(2)條件下培養時，從甲～己中選擇可以增殖的微生物。

　　(1)含有銨離子但不含碳源的培養液，在黑暗中進行培養。

　　(2)培養液中不含碳源及氮源，透過照射光線來進行培養。

甲 酵母　　乙 綠球藻　　丙 硝酸菌　　丁 亞硝酸菌

戊 固氮菌　　己 念珠藻

▶ 按步解題！ ////////////////////////////////////

　　(1) 只有能自行透過光合作用或化學合成作用，從空氣中的 CO_2 合成碳水化合物的生物，才能在不含碳源的培養液中增殖。在處於黑暗的條件下，無法進行光合作用。因此，只有能進行化學合成作用的生物才能夠增殖。

　　由於培養液中存在銨離子，要說到能利用氧化後產生的能量，來進行碳酸同化作用的化學合成細菌……是的！那就是亞硝酸菌。

　　(2) 由於培養液中不含碳源及氮源，只有可以進行光合作用或化學合成作用，並且能從空氣中的氮進行固氮作用的生物才能夠增殖。有這樣的生物存在嗎……？

　　念珠藻是一種藍綠菌，可進行光合作用。 而且由於能夠進行固氮作用，所以即使在上述的條件下也可以增殖。

（解答）

(1)丁　(2)己

重點 12 DNA的複製

▶ 必讀關鍵！

① DNA會在細胞分裂間期的S期進行複製，此時DNA的雙股螺旋會解開，以兩股單鏈作為模板分別合成新鏈，此複製方式稱為「**半保留複製**」。

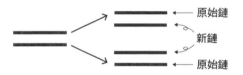

② 美國遺傳學家馬修・梅瑟生（Matthew Meselson）和分子生物學家富蘭克林・史達（Franklin Stahl）透過以下實驗證明了半保留複製的存在。

他們將大腸桿菌培養在含有氮同位素（^{15}N）的培養基中數個世代，使其DNA的鹼基被 ^{15}N 取代，並製造帶有較重DNA的大腸桿菌。

③ 接下來，將上述的大腸桿菌轉移至含有 ^{14}N 的培養基中進行DNA複製。由於作為模板的單鏈含有 ^{15}N，新合成的單鏈含有 ^{14}N，因此該DNA的重量應介於兩股單鏈均含 ^{15}N 的DNA（^{15}N・^{15}N）與兩股單鏈均含14N的DNA（^{14}N・^{14}N）之間。

④ 在實驗中，透過密度梯度離心法，將產生的DNA根據密度差異進行區分。結果，經過一次複製所產生的DNA確實被劃分於（^{15}N・^{15}N）和（^{14}N・^{14}N）之間的位置。

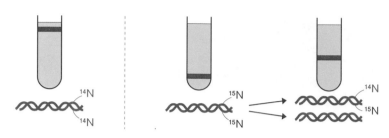

立刻實踐！

　　如上頁的實驗，將含有 ^{15}N 的大腸桿菌轉移至 ^{14}N 培養基中，並進行兩次DNA複製，試求DNA中（$^{15}N \cdot ^{15}N$）：（$^{15}N \cdot ^{14}N$）：（$^{14}N \cdot ^{14}N$）的比例為何？同樣方法，試求第三次複製的DNA比例為何？

第二次
0：1：1
第三次
0：1：3

深入解析……

　　讓我們來實際進行DNA複製吧！

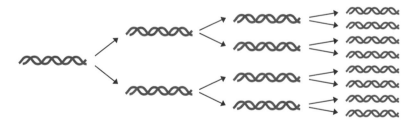

　　因此，第二次複製的DNA比例是

（$^{15}N \cdot ^{15}N$）：（$^{15}N \cdot ^{14}N$）：（$^{14}N \cdot ^{14}N$）＝ 0：2：2 ＝ 0：1：1

　　同樣的，第三次複製的DNA比例是

（$^{15}N \cdot ^{15}N$）：（$^{15}N \cdot ^{14}N$）：（$^{14}N \cdot ^{14}N$）＝ 0：2：6 ＝ 0：1：3

立刻實踐！

如果將含有 ^{15}N 的大腸桿菌轉移至 ^{14}N 的培養基中，然後進行五次DNA複製，該DNA中（$^{15}N \cdot {}^{15}N$）：（$^{15}N \cdot {}^{14}N$）：（$^{14}N \cdot {}^{14}N$）的比例為何？

0：1：15

深入解析⋯⋯

如果實際畫出複製五次DNA的示意圖也太累人了⋯⋯讓我們簡單點思考吧。

如果複製一次會產生2條（2^1）DNA，複製兩次會產生4條（2^2）DNA，複製三次會產生8條（2^3）DNA，第n次的複製會產生 2^n 條DNA。

其中，（$^{15}N \cdot {}^{14}N$）的DNA在第一次複製中有2條，第二次複製中有2條，第三次複製中有2條，第n次的複製中也有2條。其餘全部都是（$^{14}N \cdot {}^{14}N$），所以（$^{14}N \cdot {}^{14}N$）的DNA在第n次的複製中共有（2^n-2）條。

因此，（$^{15}N \cdot {}^{15}N$）：（$^{15}N \cdot {}^{14}N$）：（$^{14}N \cdot {}^{14}N$）＝ 0：2：（2^n-2），題目為複製第五次，因此將n＝5代入，可得出

（$^{15}N \cdot {}^{15}N$）：（$^{15}N \cdot {}^{14}N$）：（$^{14}N \cdot {}^{14}N$）＝ 0：2：（2^5-2）

＝ 0：2：30

＝ 0：1：15

⑤ 讓我們更深入的認識DNA的複製機制吧。

為了結合新的核苷酸使新鏈延伸，首先需要短鏈核苷酸，該短鏈核苷酸稱為引子。

⑥ 結合新核苷酸的酵素（DNA聚合酶）非常任性，只能將新核苷酸結合至核苷酸鏈的3'末端。

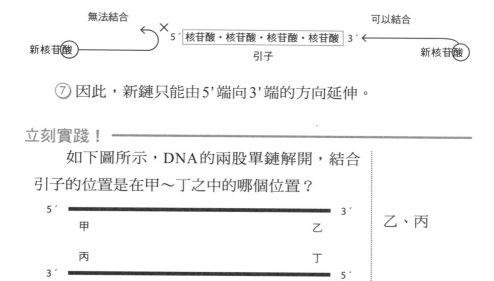

⑦ 因此，新鏈只能由5'端向3'端的方向延伸。

立刻實踐！

　　如下圖所示，DNA的兩股單鏈解開，結合引子的位置是在甲～丁之中的哪個位置？

乙、丙

深入解析……

　　作為模板的DNA單鏈和引子是以相反的方向結合，如果引子與甲或丁結合，新的核苷酸鏈就無法延伸。如果引子與乙或丙結合，新的核苷酸就會與引子的3'端結合，並延伸新的DNA鏈。

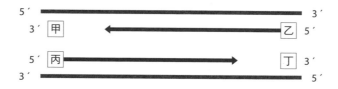

⑧ 如上圖所示，DNA複製分別是在上側和下側的單鏈以相反的方向進行。

⑨ 讓我們來看看DNA雙鏈稍微解開時的複製狀況。

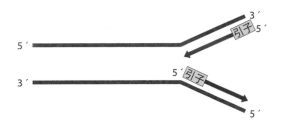

⑩ 當DNA雙鏈再解開一點時，如下圖所示。

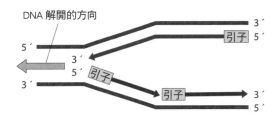

⑪ 如上圖所示，一邊的單鏈（圖中的上側）是朝DNA解開的相同的方向延伸新鏈，另一邊的單鏈（圖中的下側）則是朝DNA解開的相反方向延伸新鏈。

⑫ 此外，上側的單鏈只需要一個引子，就能不斷延伸新鏈，下側的單鏈則需要多個引子，並間斷性的產生稍短的鏈（此複製方式稱為岡崎片段）。

岡崎片段之間，需要透過DNA連接酶連結以完成一條單鏈。與DNA解開的方向同向連續延伸的單鏈稱為前導鏈，而延伸方向與解開方向相反，並連接多個片段所產生的單鏈稱為後隨鏈。

⑬ 實際上，DNA並不是從兩端開始複製，而是**從中間的複製起點往兩端複製**。

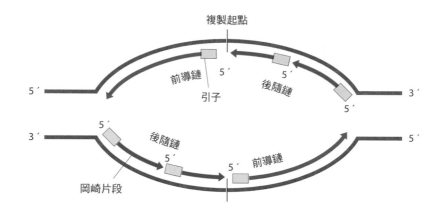

⑭ 另外，原核生物只有一個複製起點，但真核生物則有多個複製起點。真核生物的DNA比原核生物長非常多，因此真核生物可通過多個複製起點，快速複製DNA。

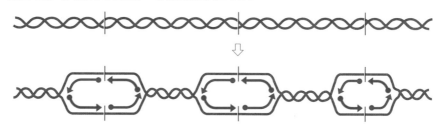

▶ 挑戰！ //

　　假設某個真核生物的DNA是由$3.0×10^7$個核苷酸對所組成，具有400個複製起點，且每個DNA聚合酶可以在一秒鐘內結合125個核苷酸，那麼複製該DNA需要多少分鐘？

▶ 按步解題！ //

　步驟1　假設有個100洞的章魚燒模具，我們每秒鐘能烤5個

章魚燒，請問烤過一輪需要多少秒？答案是100÷5＝20秒。

同樣的，你可以思考這條DNA有多少個核苷酸，然後除以一秒鐘內可複製的核苷酸數量。

步驟2 首先要思考的是，這條DNA是由多少個核苷酸所組成？在這類型的題目中，要注意的重點是題目所給的**數字單位是「個」還是「對」**。

2個成對的核苷酸為一對，因此，一對代表有2個核苷酸，兩對代表有4個核苷酸。在這種情況下，3.0×10^7 對核苷酸代表該DNA是由 $3.0 \times 10^7 \times 2$ 個核苷酸所組成。

步驟3 接下來，讓我們來思考一秒鐘能夠複製多少個核苷酸。一個DNA聚合酶可以結合125個核苷酸。而且，DNA聚合酶能在一個複製起點的四個位置產生作用。

步驟4 根據上述資訊，由於有400個複製起點，因此一秒鐘可以結合 $125 \times 4 \times 400$ 個核苷酸。最後，問題所要求的時間單位並非多少秒，而是多少分鐘，因此必須將答案換算為分鐘。

綜上所述，通過計算可得出

$$\frac{3.0 \times 10^7 \times 2}{125 \times 4 \times 400} \times \frac{1}{60} = 5 \text{分鐘}$$

（解答）

5分鐘

✏️ 重點彙整　　DNA 的複製

(1) 進行DNA複製需要引子。

(2) DNA聚合酶會由5'端向3'端的方向延伸新鏈。

(3) 與DNA解開的方向同向延伸的單鏈稱為前導鏈，與DNA解開的方向相反延伸的鏈稱為後隨鏈。

(4) 後隨鏈所產生的短鏈稱為岡崎片段，將岡崎片段連接在一起的是DNA連接酶。

重點 13 PCR反應

▶ 必讀關鍵！ ///

① PCR反應（Polymerase Chain Reaction）是一種人工複製 DNA的方法，透過以下三個步驟操作。

步驟1 首先將雙鏈DNA加熱至約95°C，使其分離為單鏈。

步驟2 降溫至約55°C，將欲複製的DNA片段的3'端與引子結合。

步驟3 重新提升溫度至72°C，利用DNA聚合酶延伸新鏈。

再次回到 **步驟1** 。

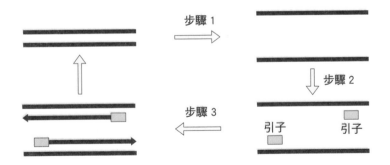

② 該過程中使用的DNA聚合酶，是一種擁有嗜熱菌的耐熱性 DNA聚合酶，因此，在72°C的環境下也不會變性，並且能夠進行反應。

立刻實踐！

在細胞中進行DNA複製需要三種酵素。

甲　解開雙股螺旋的酵素（DNA螺旋酶）。

乙　使新鏈延伸的酵素（DNA聚合酶）。

丙　將岡崎片段連接在一起的酵素（DNA連接酶）。

透過PCR反應進行DNA複製時，不需要甲～丙中的哪種酵素？

甲、丙

深入解析……

在PCR反應中，DNA雙鏈在95°C下被一口氣分離為兩股單鏈，因此並不需要甲的酵素。此外，在細胞中進行DNA複製的情況下，雙股螺旋依序解開的同時，需要丙的DNA連接酶連結在後隨鏈上形成的岡崎片段。但是，PCR反應則是在完全解開DNA雙鏈後才進行複製，由於不會產生岡崎片段，因此也就不需要DNA連接酶。

立刻實踐！

通過PCR反應複製某個雙鏈DNA的片段時，需要多少種類的引子？

2種

深入解析……

例如，當透過PCR反應複製以下的DNA片段時，需要將引子連接至模板股的3'端。

因此，在PCR反應中使用了兩種類型的引子。

立刻實踐！

下圖顯示了某個欲複製的 DNA 單鏈片段，
使用於 PCR 反應的引子是由四個鹼基所組成，
請於下列選項中選擇兩個引子的鹼基序列。

丙、戊

5' AGCT‥‥‥‥‥‥‥‥AACG 3'

甲 5' TCGA 乙 5' TTGC 丙 5' AGCT
丁 5' AACG 戊 5' CGTT 己 5' TTGC

深入解析……

上述問題中只顯示了雙鏈中的其中一股單鏈，雙鏈中的兩股
單鏈如下：

5' AGCT‥‥‥‥‥‥‥‥AACG 3'
3' TCGA‥‥‥‥‥‥‥‥TTGC 5'

將 DNA 雙鏈在95°C 下解開，兩種引子結合的位置如下：

5' AGCT‥‥‥‥‥‥‥‥AACG 3'
TTGC 5'

5' AGCT

3' TCGA……………………TTGC 5'

如果從5'末端開始回答鹼基序列，答案為5' CGTT（戊）和 5' AGCT（丙）。

③ 製作引子時，要讓引子的鹼基序列與欲擴增的片段的鹼基互補，假設你想要擴增下圖中的□□□區域，應該製作結合多少個核苷酸的引子呢？

3' ATCCGA ATCGTA……………ATACCGGGTTAA 5'

5' TAGGCT TAGCAT……………TATGGCCCAATT 3'

④ 若引子是由一個核苷酸（一個鹼基）組成，會發生什麼狀況呢？假設引子的鹼基是A，那麼引子將與具有T的部分互補結合，但是DNA單鏈中有許多T存在，如此一來，引子很有可能會與不需要擴增的部分結合。

⑤ 那麼，如果引子是由兩個核苷酸（假設鹼基是AT）組成，會發生什麼情況？

在DNA單鏈中，與AT互補的TA似乎也是隨處可見，因此由兩個核苷酸組成的引子也是不可行的。

⑥ 讓我們從數學的角度來計算吧。

假設四種鹼基（A、T、G、C）出現在DNA中的機率相同，則T出現的機率為$\frac{1}{4}$，A出現的機率也是$\frac{1}{4}$。

因此，TA 出現的機率則為 $\frac{1}{4} \times \frac{1}{4} = \frac{1}{16}$。

反過來說，當 16 個鹼基排成一列時，就機率來講，TA 很有可能會出現至少一次。

⑦ 同樣的，如果引子是由三個鹼基所組成的序列，偶然出現互補鹼基序列的機率為 $\frac{1}{4} \times \frac{1}{4} \times \frac{1}{4} = \frac{1}{4^3} = \frac{1}{64}$。也就是說，當 64 個鹼基排成一列時，可能會出現一個互補的鹼基序列。而 DNA 中的鹼基數非常多，因此引子只由三個鹼基組成還是不夠的。

⑧ 一般來說，由 n 個鹼基所組成的引子，出現與其互補的鹼基序列的機率為 $\frac{1}{4^n}$。如果將 DNA 鏈的鹼基數乘以該機率，得出的數值小於 1，引子就不會與目標以外的部分結合。

立刻實踐！

有個 DNA 片段由 2.0×10^3 個核苷酸所組成，試問一個隨機由 5 個核苷酸組成的引子，偶然與該 DNA 片段結合的位置可能有幾個？假設四種鹼基的出現機率相同，並用 $2^{10} \fallingdotseq 10^3$ 進行計算。

2個位置

深入解析……

一個引子由 5 個核苷酸所組成，出現與其互補的鹼基序列的機率為 $\frac{1}{4^5} = \frac{1}{2^{10}} \fallingdotseq \frac{1}{10^3}$。

因此，得出 2.0×10^3 個 $\times \frac{1}{10^3} = 2.0$，該引子可能與 DNA 片段的兩個位置偶然結合。

雖然正確計算 2^{10} 的數值會得出 1024，但在近似計算時使用

10^3，在解題上會比較輕鬆。

▶ 挑戰！ ///////////////////////////////////////

　　人類基因組由30億個鹼基對組成，假設有一個引子是由16個鹼基隨機組成，且四種鹼基出現機率相同。在人類基因組中，有多少個鹼基序列可能與該引子互補？請從下列選項中選出最適當的答案。

① 0.75　② 1.5　③ 3.0　④ 7.5　⑤ 15　⑥ 30

▶ 按步解題！ ///////////////////////////////////

步驟1 與16個鹼基互補的鹼基序列出現的機率為：

$$\frac{1}{4^{16}} = \frac{1}{4^5} \times \frac{1}{4^5} \times \frac{1}{4^5} \times \frac{1}{4} = \frac{1}{2^{10}} \times \frac{1}{2^{10}} \times \frac{1}{4}$$

使用近似計算則為 $\frac{1}{10^3} \times \frac{1}{10^3} \times \frac{1}{10^3} \times \frac{1}{4}$，

步驟2 另一方面，DNA中有30億個鹼基嗎？一定要注意題目所給的單位是「個」還是「對」！DNA具有30億個鹼基對＝有60億個鹼基。

1億＝1×10^8，所以可得出鹼基總數為 $60 \times 10^8 = 6 \times 10^9$

步驟3 因此，$6 \times 10^9 \times \frac{1}{10^3} \times \frac{1}{10^3} \times \frac{1}{10^3} \times \frac{1}{4} = 1.5$，答案為②。

如果將引子的鹼基增加至17個，與引子互補的鹼基序列出現的機率將小於 1，代表引子不可能與目標之外的位置結合。

（解答）②

📝 重點彙整　　PCR 反應

(1) PCR反應的步驟

　　1. 在95°C下使DNA雙鏈解開成單鏈。

　　2. 降低溫度至55°C，讓DNA單鏈與引子結合。

　　3. 在72°C時使DNA聚合酶產生作用。

(2) 將欲複製的DNA片段的3'端與引子結合。

(3) 由X個鹼基所組成的DNA，與由n個鹼基隨機組成的引子偶然

　　結合的機率為，X個 $\times \dfrac{1}{4^n}$。

重　點

14 轉錄、轉譯

▶ 必讀關鍵！//

① 真核生物的轉錄發生於細胞核內，從DNA產生mRNA前體，並經由剪接移除與內含子對應的部分，產生mRNA。

生成的mRNA通過核孔進入細胞質，在細胞質中的核糖體上進行轉譯，合成蛋白質。

② 換句話說，遺傳訊息是由DNA→RNA→蛋白質的單向流動。關於這個遺傳訊息的傳遞原則稱為「中心法則」。

③ 進行剪接時，並非所有與外顯子對應的區域都會保留下來，mRNA中殘留的外顯子組合可能發生變化，該現象稱為選擇性剪接。

立刻實踐！

在一個基因區域中，有A～E共五個外顯子和在其之間的四個內含子，A和E的外顯子一定會保留在mRNA中，但其他外顯子則可能被選擇性剪接。請問該基因可能產生多少種類的mRNA？	8種

深入解析……

圖像化後如下，□代表外顯子，■代表內含子。

| A | | B | | C | | D | | E |

　由於 A 和 E 的外顯子一定會保留下來，因此必須選擇是否保留其餘 B～D 的外顯子，每個外顯子都有保留或不保留兩種選擇，因此可得出：

2種×2種×2種＝8種。

　④ mRNA 中相鄰的每三個鹼基為一組，稱為密碼子，每個密碼子對應一個胺基酸，在密碼子中，有三個密碼子未對應任何胺基酸（終止密碼子）。

立刻實踐！
　　在密碼子中，對應胺基酸的密碼子有多少種類？　│　61種

深入解析……

　mRNA 的鹼基共有四種（A、U、G、C），三個鹼基組成一個密碼子，因此共有 4×4×4 ＝ 64 種類型。但是，由於其中三個是未對應胺基酸的終止密碼子，因此對應胺基酸的密碼子共有 64–3 ＝ 61 種類型。

　另一方面，由於構成蛋白質的氨基酸有20種，因此可由此得知，多種密碼子會對應同一種胺基酸。

　⑤ 基因 DNA 是由兩股單鏈所組成，其中一條單鏈在轉錄時會作為模板，作為模板的單鏈被稱為模板股，與其互補的單鏈則稱為編碼股。如果編碼股的鹼基序列是 TCA，模板股的鹼基序列

則為AGT，模板股透過轉錄產生的mRNA為UCA，轉譯就是以mRNA的鹼基序列為基礎進行。

雖然T和U之間存在差異，但mRNA的鹼基序列與編碼股的鹼基序列是相同的，換句話說，編碼股的鹼基序列具有作為遺傳密碼的意義，因此編碼股也被稱為正義（sense）股，模板股則被稱為反義（anti-sense）股。

⑥ 從基因DNA模板股的3'端至5'端逐一轉錄，並從5'端到3'端產生mRNA。此外，mRNA從5'端開始依次轉譯，從N端（有氨基的一側）依序結合胺基酸並形成蛋白質。

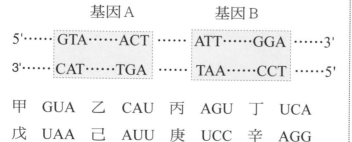

```
┌─────┐   5´   ATG   CCG   … … … …   3´（編碼股）
│ DNA │ {
└─────┘   3´   TAC   GGC   … … … …   5´（模板股）

┌──────┐  5´   AUG   CCG   … … … …   3´
│ mRNA │
└──────┘

┌──────┐  N端   胺基酸  胺基酸              C端（羧基）
│ 蛋白質│
└──────┘
```

立刻實踐！

下方圖示是包含基因的一部分DNA，▭內是要進行轉錄的區域。基因A上側是編碼股，基因B則是下側為編碼股，兩者所產生之RNA的前三個鹼基，從5'末端開始表示分別為下列哪個選項？

基因A 甲
基因B 庚

```
            基因A                基因B
5'……  GTA……ACT  ……  ATT……GGA  ……3'
3'……  CAT……TGA  ……  TAA……CCT  ……5'
```

甲　GUA　乙　CAU　丙　AGU　丁　UCA
戊　UAA　己　AUU　庚　UCC　辛　AGG

深入解析……

在基因A中，上側是編碼股，因此下側為模板股。由於是從模板股的3'端進行轉錄，因此得到的RNA是5' GUA……ACU。

在基因B中，下側是編碼股，因此上側為模板股。由於是從模板股的3'端進行轉錄，因此得到的RNA是5' UCC……AAU。

在這裡需要注意的是，由基因B所產生的RNA並不是5' UAA……！

▶ 挑戰！

製造重複AC（ACACAC……）的人工RNA，並在試管中進行轉譯，會產生由蘇胺酸和組胺酸組成的多肽鏈。

製造重複CAA（CAACAA……）的人工RNA，並進行轉譯，則會產生僅有脯胺酸、僅有天門冬醯胺、僅有蘇胺酸等三種類型的多肽鏈。請從上述實驗判斷，對應組胺酸的密碼子是哪一個選項？

① ACA　　② ACC　　③ CAC

④ CCA　　⑤ AAC　　⑥ CAA

▶ 按步解題！

步驟1 即使排列成ACACAC……但每個閱讀框架只有三個鹼基，因此將讀取為ACA／CAC／ACA……。密碼子有ACA和CAC兩種類型，產生的多肽鏈是由蘇胺酸和組胺酸所組成，因此

我們可判斷，ACA或CAC的其中一個是蘇胺酸，另一個則是組胺酸。

　　步驟2　在重複CAA的情況中，鹼基可能被讀取為CAA／CAA／……該情況的密碼子則為CAA。除此之外，可能會讀取為C／AAC／AAC／……或是CA／ACA／ACA／……。因此可以得知，CAA、AAC、ACA是對應天門冬醯胺、蘇胺酸、麩醯胺酸的密碼子。這兩項實驗中共通的密碼子是ACA，且共通的氨基酸是蘇胺酸，所以可判斷ACA是對應蘇胺酸的密碼子。

　　步驟3　因此，ACACAC……所包含的密碼子中，剩餘的CAC是對應組胺酸的密碼子。

（解答）③

✎ 重點彙整　　轉錄、轉譯

(1) 中心法則：遺傳訊息的傳遞原則是由DNA→RNA→蛋白質。

(2) 從DNA中模板股的3'端進行轉錄往5'端方向產生RNA。

(3) mRNA的三個鹼基為一組（密碼子），一個密碼子則對應一個胺基酸。

重點 15 原核生物的轉錄、轉譯，操縱組理論

▶ 必讀關鍵！ ////////////////////////////////

① 真核生物的轉錄和剪接都是在細胞核中進行，轉譯則是在細胞質中的核糖體上進行。因此，**轉錄和轉譯發生在細胞中的不同位置，且並非同步進行。**

② 但是，細菌等原核生物由於沒有核膜，細胞核和細胞質之間沒有區隔，加上沒有內含子不需要進行剪接，因此轉錄和轉譯可以在同一個位置同步進行。

③ 上述的過程如下圖所示：

轉錄從圖中的 A 點開始，其產生的 mRNA 會延伸。此時，儘管轉錄尚未完成，核糖體會附著在 mRNA 的末端（5'端），並在核糖體移向 3'端的同時進行轉譯。

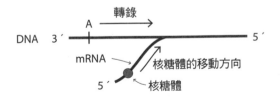

④ 然後，下一個核糖體又會附著在 mRNA 的 5'端上，同一 RNA 將在同時間被多次轉譯。接著，又開始進行了下一次的轉錄，同一基因也將在同時間被多次轉錄。

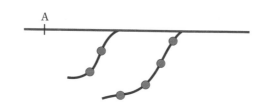

立刻實踐！

下圖是大腸桿菌進行轉錄和轉譯的示意圖。

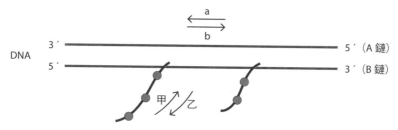

(1) 進行轉錄的方向是a還是b？	(1) a
(2) 模板股是A鏈還是B鏈？	(2) B 鏈
(3) 進行轉譯的方向是甲還是乙？	(3) 甲

深入解析……

　　(1) 轉錄是向RNA的延伸方向進行。

　　(2) 轉錄是從DNA模板股的3'端向5'端進行，因此在該圖中，下方的鏈為模板股。

　　(3) 轉錄是從DNA模板股的3'端向5'端進行，所產生的RNA會從5'端向3'端延伸，核糖體會附著在RNA的5'端，並在核糖體，從5'端移動至3'端的同時進行轉譯。

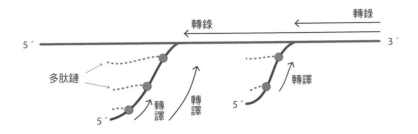

⑤ RNA聚合酶能夠合成RNA，是進行基因轉錄時不可或缺的酵素，與RNA聚合酶結合的DNA區域稱為啟動子。**RNA聚合酶與啟動子的結合是進行轉錄的必要條件。**

⑥ 在原核生物中，多個相關的基因彼此相鄰存在，並可能被一起轉錄。這樣的基因群稱為操縱組。

⑦ 調節基因轉錄的蛋白質稱為調節蛋白，而控制調節蛋白的基因稱為調節基因。

從調節基因產生的調節蛋白中，包括抑制轉錄的抑制蛋白（轉錄抑制因子）和促進轉錄的活化蛋白（轉錄活化因子）。

⑧ 在大腸桿菌等原核生物中，與調節蛋白結合的DNA區域被稱為操作子。

⑨ 大腸桿菌在培養基中沒有葡萄糖而有乳糖時，會合成 β-半乳糖苷酶等三種酵素，將乳糖分解為葡萄糖，利用產生的葡萄糖進行增值。控制這三種酵素的基因組成操縱組（又稱為乳糖操縱組）。

⑩ 當培養基中有葡萄糖而沒有乳糖時，由調節基因產生的調節蛋白（在這種情況時為抑制蛋白）會與操作子結合，並抑制RNA聚合酶與啟動子結合。因此，**當沒有乳糖時，乳糖操縱組不會被轉錄。**

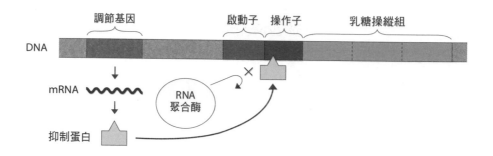

⑪ 當培養基中沒有葡萄糖而有乳糖時，一種由乳糖衍生的物質（乳糖代謝物）便會與抑制蛋白結合，導致抑制蛋白無法與操作子結合。最後，RNA聚合酶會與啟動子結合，並且轉錄乳糖操縱組。

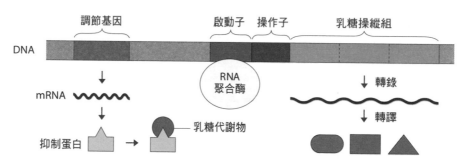

⑫ 上述大量的名詞可能會讓你感到有些混亂，讓我們透過以下問題，再一次釐清思路吧。

立刻實踐！

　　請從〔 〕中選出適當的選項。

(1)從調節基因產生的調節蛋白是〔抑制蛋白／操作子／啟動子〕。

(2)與抑制蛋白結合的DNA區域稱為〔啟動子／操作子〕。

(3)與RNA聚合酶結合的DNA區域稱為〔抑制蛋白／操作子／啟動子〕。

(4)當抑制蛋白與操作子結合時，乳糖操縱組的轉錄會被〔促進／抑制〕。

(5)當抑制蛋白與乳糖代謝物結合時，乳糖操縱組的轉錄會被〔促進／抑制〕。

(1) 抑制蛋白
(2) 操作子
(3) 啟動子
(4) 抑制
(5) 促進

深入解析……

　　(1) 抑制蛋白是一種由調節基因產生的調節蛋白。

　　(2) 抑制蛋白是與被稱為操作子的DNA區域結合。

　　(3) 與RNA聚合酶結合的DNA區域被稱為啟動子。

　　(4) 當抑制蛋白與操作子結合時，RNA聚合酶無法與啟動子結合，因此會抑制轉錄。

　　(5) 當抑制蛋白與乳糖代謝物結合時，抑制蛋白無法與操作子結合，因此，RNA聚合酶會與啟動子結合，並促進轉錄。

▶ **挑戰！** //

　　野生型大腸桿菌的調節基因是 I^+，操作子是 O^+，啟動子是 P^+，乳糖操縱組基因群是 L^+；其各自的變異基因是 I^-（只能產生無法與操作子結合的不完整抑制蛋白），I^C（只能產生可以與操作子結合，但無法與乳糖代謝物結合的抑制蛋白），O^-（只能產生無法與抑制蛋白結合的操作子），P^-（只能產生無法與 RNA 聚合酶結合的啟動子），L^-（只能產生無法合成正常 β-半乳糖苷酶的乳糖操縱組）。

　　將以下基因型的大腸桿菌，培養在含有葡萄糖但不含乳糖的培養基中，在時間 t 時轉移至不含葡萄糖但含乳糖的培養基，並測量正常 β-半乳糖苷酶的合成量，試問(1)～(6)的圖形分別為哪個選項？

(1) $I^+P^+O^+L^+$　　(2) $I^-P^+O^+L^+$　　(3) $I^CP^+O^+L^+$

(4) $I^+P^+O^-L^+$　　(5) $I^+P^-O^+L^+$　　(6) $I^+P^+O^+L^-$

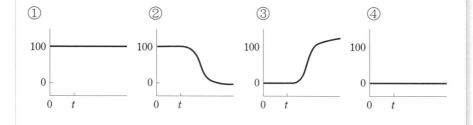

▶ **按步解題！** //

　　(1) 由於野生型大腸桿菌並未產生變異，在沒有乳糖的情況下，並無法合成 β-半乳糖苷酶。而在有乳糖的情況下，乳糖代謝

物將與抑制蛋白結合，導致抑制蛋白無法與操作子結合。最後，RNA聚合酶會與啟動子結合，使乳糖操縱組被轉錄，並合成 β^- 半乳糖苷酶，故選擇圖形3。

(2) 由 I^- 產生的抑制蛋白無法與操作子結合，因此RNA聚合酶會不斷與啟動子結合，並持續合成 β^- 半乳糖苷酶，故應選擇圖形1。

(3) 由 I^c 產生的抑制蛋白無法與乳糖代謝物結合，因此，不僅在沒有乳糖的情況下抑制蛋白會與操作子結合，即使在含有乳糖的培養基中，抑制蛋白也會持續與操作子結合，導致從頭到尾都無法合成 β^- 半乳糖苷酶，故選擇圖形4。

(4) 抑制蛋白無法與 O^- 的操作子結合，因此，RNA聚合酶會不斷與啟動子結合，並持續合成 β^- 半乳糖苷酶，故選擇圖形1。

(5) 如果啟動子發生突變，RNA聚合酶則無法與啟動子結合，導致不能進行轉錄，便無法合成 β^- 半乳糖苷酶，故應選擇圖形4。

(6) 如果乳糖操縱組發生突變，則無法合成正常的 β^- 半乳糖苷酶，故選擇圖形4。

（解答）

(1) ③　(2) ①　(3) ④　(4) ①　(5) ④　(6) ④

重點彙整　原核生物的轉錄、轉譯，操縱組理論

(1) 在細菌等原核生物中，轉錄和轉譯是在同一個位置同步進行。

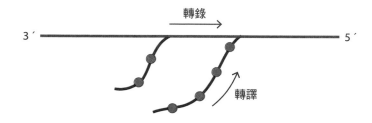

(2) 細菌等原核生物的基因中並沒有內含子，因此不須進行剪接。

(3) 在原核生物中，多個基因可以一起被轉錄，這樣的一組基因群被稱為操縱組。

(4) 由調節基因產生的抑制蛋白與操作子結合，會抑制RNA聚合酶與啟動子結合。

(5) 當抑制蛋白與乳糖代謝物結合時，抑制蛋白將無法與操作子結合，因此，RNA聚合酶便可以與啟動子結合。

重點
16

突變

▶ 必讀關鍵！ /////////////////////////////////

① DNA的鹼基序列可能由於輻射線造成的損害，或複製過程中的錯誤而發生變化，這項變化被稱為突變。

立刻實踐！

在DNA的複製過程中，一種被稱為溴尿嘧啶的物質會取代C，並與G形成配對。如果在下一次複製中，被合併的溴尿嘧啶與A配對，那麼要複製到第幾次才能使GC對變為AT對？

第三次

深入解析⋯⋯⋯

在正常的GC對的第一次複製中，溴尿嘧啶（以下簡稱B）會取代C，產生GB對。這個B在第二次複製中會與A配對，產生AB對。而在第三次複製中，A會與T配對，形成AT對。

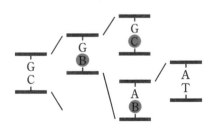

因此，第三次複製時會產生AT對。

② 鹼基序列變化的結果會帶來什麼影響，取決於鹼基序列發生改變的部分產生了何種變化。

③ 鹼基序列的變化包括：某個鹼基被另一個鹼基替換（置換）、增加核苷酸（插入）、失去核苷酸（缺失）。

④ 對應胺基酸的密碼子共有多少種？

鹼基有四種類型，由於一個密碼子是由三個鹼基所組成，因此總共有 $4 \times 4 \times 4 = 64$ 種類型的鹼基組合。但是，其中有三種是沒有對應胺基酸的終止密碼子，因此對應胺基酸的密碼子總共有 $64 - 3 = 61$ 種（請參考第 119 頁）

⑤ 另一方面，構成蛋白質的氨基酸有幾種呢？總共有 20 種，因此 61 種密碼子中，有多種密碼子對應相同的氨基酸。例如，ACU 是對應蘇胺酸的密碼子，但是 ACC、ACA、ACG 等三種密碼子也都是對應蘇胺酸。

因此，即使將 ACU 改為 ACC，也會對應相同的胺基酸，所產生的蛋白質也會與正常的蛋白質完全相同。通常，即使密碼子的第三個字母發生變化，在許多情況下也會對應相同的胺基酸（但並非百分之百）。

⑥ 即使鹼基如上述般被置換，也不會導致對應的氨基酸發生改變，這種置換被稱為「同義置換」。

⑦ 但是，當 ACU 變成 GCU 時，由於 GCU 是對應丙胺酸的密碼子，因此會改變對應的胺基酸種類，所產生的蛋白質的氨基酸序列也產生改變。

⑧ 鹼基被置換而導致其對應的氨基酸種類發生變化，這種置換被稱為「非同義置換」。

⑨ 由於發生非同義置換，導致對應的胺基酸種類產生改變（錯義突變）的情況下，只有該部分的氨基酸會產生變異。但在某些情況下，鹼基可能會被置換為對應終止密碼子的鹼基（無義

突變）。

例如，UAC是對應酪胺酸的密碼子，但當它變為UAA時，由於UAA是終止密碼子，因此會導致轉譯提前終止，該蛋白質的胺基酸數量會少於正常的蛋白質。

⑩ 此外，在蛋白質的立體結構中，如果特別重要部分（如酵素的活性部位）的氨基酸發生變化，導致該部分的立體結構產生重大改變，那麼蛋白質的功能就會受到很大的損害。然而，如果突變是發生在不太重要的部位，蛋白質則能大致發揮正常功能。

⑪ 接下來，讓我們認識發生插入和缺失時的情況吧。

當發生插入或缺失時，密碼子的閱讀框架會產生位移（框移），因此突變點之後的氨基酸序列會與正常的氨基酸序列明顯不同，該現象被稱為「框移突變」。

⑫ 例如，如果以下的鹼基序列中缺失了一個鹼基，由於閱讀框架是由三個鹼基所組成，因此缺失部分之後的所有閱讀框架都會發生錯位，導致其產生的氨基酸序列與正常序列完全不同。

⑬ 框移可能造成新的終止密碼子出現在與原來不同的位置，結果會導致氨基酸序列不僅與原序列的差異很大，還可能變得更短，產生極大的變異。

立刻實踐！

　　假設某個基因有150個核苷酸對，其對應某個蛋白質的50個胺基酸序列。如果產生以下不具備正常功能的變異蛋白質，(1)～(3)的原因分別為哪個選項？

(1)胺基酸的數量50個，核苷酸對的數量150對。

(2)胺基酸的數量20個，核苷酸對的數量150對。

(3)胺基酸的數量25個，核苷酸對的數量149對。

甲　同義置換　　乙　非同義置換（無義突變）

丙　非同義置換（錯義突變）　　丁　插入

戊　缺失

(1)　丙
(2)　乙
(3)　戊

深入解析⋯⋯⋯

　　(1) 由於核苷酸對的數量與正常情況相同為150對，因此發生的突變種類應為置換，而非插入或缺失。雖然胺基酸的數量也與正常情況相同為50個，但從產生了不具備正常功能的突變蛋白質可以得知，該蛋白質具有重要功能的胺基酸發生了變異。因此，從對應的胺基酸種類發生變化，可判斷答案為非同義置換的錯義突變。

　　(2) 由於核苷酸對的數量依然為150對，因此是發生置換，但是胺基酸的數量減少了，所以可由此判斷，鹼基被置換而產生了終止密碼子。

　　(3) 由於核苷酸對的數量減少一對，因此是發生缺失，結果導致發生框移，終止密碼子出現在比正常情況下更靠前的位置。

⑭ 目前為止，我們一直在探討對應胺基酸的鹼基序列發生變化的情形。假設同一基因內，未對應胺基酸的內含子中，一部分的鹼基序列發生改變，mRNA也不會因此產生任何變化，所產生的蛋白質也不受影響。

⑮ 如果沒有正常進行剪接，導致必要的外顯子被去除，除了mRNA變短外，蛋白質也會跟著變短。

⑯ 相反的，如果內含子未被去除而保留下來，則將產生比正常情況更長的mRNA。

⑰ 如果啟動子區域發生突變，導致RNA聚合酶無法與啟動子結合，即使基因本身正常，也可能無法進行轉錄。或者，當轉錄調節區域發生突變時，即使能產生正常的蛋白質，也可能發生轉錄量異常減少或增加的狀況。

⑱ 如上所述，不同區域發生不同種類的變異，會造成各式各樣的影響。

▶ 挑戰！ ///

某種動物的眼睛顏色有紅眼和白眼兩種，在紅眼的個體和白眼的個體1～5中，調查與眼睛顏色相關的基因所產生的mRNA和蛋白質的分子量，其各自的分子量如下頁圖所示，圖中的黑線厚度表示mRNA和蛋白質的數量。

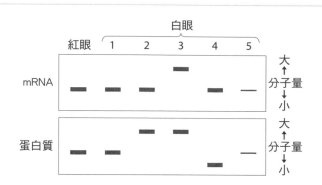

　　白眼個體的1～5中分別發生了何種突變，請從①～⑥選擇最適當的選項。

①沒有正常進行剪接，所以產生了包含內含子的mRNA。

②沒有正常進行剪接，所以產生了未包含部分外顯子的mRNA。

③其中一個鹼基被置換，使終止密碼子改變為對應胺基酸的密碼子。

④缺失其中一個鹼基，導致閱讀框架發生位移，在原來對應胺基酸的部分產生了終止密碼子。

⑤在啟動子的部分發生突變。

⑥其中一個鹼基被置換，具有重要功能的氨基酸被其他胺基酸替代。

▶ **按步解題！**//

　　個體1：其產生的mRNA和蛋白質的分子量與正常分子量相

同，但蛋白質卻無法正常發揮功能，導致眼睛是白眼而非紅眼，由此可判斷，此個體發生了鹼基的非同義置換——錯義突變，故選6。

個體2：其產生的mRNA分子量與正常分子量相同，但產生的蛋白質具有較高的分子量。換句話說，胺基酸的數量增加了，由此可判斷，原本是終止密碼子的部分變為對應胺基酸，故選3。

個體3：mRNA的分子量增加，因此可得知，個體所產生的mRNA中保留了本該被刪除的內含子，故選1。

個體4：mRNA的分子量與正常分子量相同，但產生的蛋白質分子量較小。也就是說，蛋白質中的氨基酸數量比正常更少，由此可知，終止密碼子會出現在比正常情況下更靠前的位置。

有可能是原本對應胺基酸的部分被置換，變為對應終止密碼子，或是由於鹼基的插入、缺失導致發生框移，並產生新的終止密碼子。

透過這個實驗，雖然無法確認是上述兩者中的哪一種突變（可將插入或缺失一個鹼基的mRNA分子量，視為與正常分子量幾乎相同），但在上述選項中，最適當的選項為4。

個體5：mRNA和蛋白質的分子量均與正常分子量相同，但是，細黑線代表其數量較少，因此可能是啟動子區域發生了突變，使得RNA聚合酶難以與啟動子結合，或是轉錄調節區域發生突變，導致轉錄的次數低於正常值。在上述選項中，最適當的選項為5。

選項2並未被選擇，而如果發生了選項2的突變，則會產生比正常情況還短的mRNA，並可能導致蛋白質的胺基酸數量低於正常值。

（解答）

個體1⑥   個體2③   個體3①   個體4④   個體5⑤

📝**重點彙整**   **突變**

(1) 同義置換：鹼基在被置換後仍對應相同的胺基酸。
(2) 非同義置換：
　　錯義突變：鹼基被置換後，變為對應不同的胺基酸。
　　無義突變：鹼基被置換後，變為對應終止密碼子。
(3) 插入、缺失：導致突變部分之後的閱讀框架發生位移（框移）。

重點

17

限制酶圖譜

▶ 必讀關鍵！ ///

① 感染細菌的病毒會將DNA注入細菌的細胞內，並**利用細菌自身的物質來創造新的病毒**，從而**進行增殖**。另一方面，細菌會使用一種稱為限制酶的酵素，來切割外來DNA以保護自己，人們則將這種限制酶用於基因工程。

② 限制酶有許多種類，每種限制酶可以識別不同鹼基序列。

③ 例如，一種稱為 *Bam*H I 的限制酶，能夠識別 $\begin{array}{c} \text{GGATCC} \\ \text{CCTAGG} \end{array}$ 6 個鹼基對，並如 $\text{G} \begin{array}{c} \text{GATCC} \\ \text{CCTAG} \end{array} \text{G}$ 所示進行切割。

④ 另一種限制酶 *Eco*R I，則能夠識別 $\begin{array}{c} \text{GAATTC} \\ \text{CTTAAG} \end{array}$ 6個鹼基對，並如 $\text{G} \begin{array}{c} \text{AATTC} \\ \text{CTTAA} \end{array} \text{G}$ 所示進行切割。

⑤ 限制酶可識別的鹼基對不一定為6個鹼基對，其切割的結果也不一定會成為鑰匙型。例如，一種稱為 ^{Alu}I 的限制酶會識別 $\begin{array}{c} \text{AGCT} \\ \text{TCGA} \end{array}$ 4個鹼基對，並如 $\begin{array}{c} \text{AG} \\ \text{TC} \end{array}$ $\begin{array}{c} \text{CT} \\ \text{GA} \end{array}$ 對其進行切割。

⑥ 雖然限制酶有許多不同種類，但多數限制酶都有一個共通點，你有發現嗎？

例如，請嘗試將 *Bam*H I 可識別的6個鹼基對 $\begin{array}{c} \text{GGATCC} \\ \text{CCTAGG} \end{array}$ 轉半圈，你會發現，鹼基的排列依然是 $\begin{array}{c} \text{GGATCC} \\ \text{CCTAGG} \end{array}$，也就是說，即使你

把它顛倒過來，它依然具有相同的鹼基序列。

⑦ 例如，「我為人人，人人為我」這句話，即使你把它反過來讀也會是一樣的意思！這種句子被稱為回文，而**限制酶能識別的鹼基序列就像回文排列一樣**，真的相當有趣！

立刻實踐！

限制酶*Kpn* I能夠識別的鹼基序列為以下6個鹼基對。

請分別回答甲～壬的鹼基。

甲	C	乙	C
丙	A	丁	T
戊	G	己	G
庚	A	辛	C
壬	C		

深入解析……

從鹼基互補的原則可得知，甲是C，乙也是C、丙是A。但是丁、戊、己呢？

讓我們回想一下限制酶能識別的鹼基對特徵吧！是的，鹼基對是呈現回文般的排列，如果從上方左側開始是GGT，那麼根據回文排列，下方右側開始也將是GGT。

因此，丁是T、戊是G、己也是G，從鹼基互補原則可得知，庚是A、辛是C、壬也是C。

⑧ 在重點13的引子部分中，已經練習了如何計算特定鹼基序列出現的機率，現在讓我們用同樣的方法，來計算能被限制酶識別之鹼基序列出現的機率。

⑨ 在計算與引子互補的鹼基序列出現的機率時，由於引子可能與DNA雙鏈中任一條單鏈結合，因此假設有1,000個鹼基對，則須注意共出有1,000×2個鹼基。但是，由於限制酶能夠識別鹼基對，因此可以使用對為單位進行計算。

⑩ 假設四種鹼基的出現機率相同，鹼基對 $\boxed{\begin{array}{c}T\\A\end{array}}$ 出現的機率則為 $\frac{1}{4}$，換句話說如果有4個鹼基對，該鹼基對就可能出現一次。同樣的，由於鹼基對 $\boxed{\begin{array}{c}TC\\AG\end{array}}$ 出現的機率為 $\frac{1}{4} \times \frac{1}{4} = \frac{1}{16}$，如果有16個鹼基對，該鹼基對則可能出現一次。

立刻實踐！

某個限制酶可以識別並切割 $\boxed{\begin{array}{c}AGCT\\TCGA\end{array}}$ 四個鹼基對。

從理論上來說，當一個由1024個鹼基對所組成的線性DNA被上述的限制酶切割，會產生多少個片段？請以每種鹼基出現機率相同為前提進行計算。

5個

深入解析⋯⋯

假設每種鹼基的出現機率相同，那麼鹼基是A的機率為 $\frac{1}{4}$，鹼基是G的機率也是 $\frac{1}{4}$，以此類推⋯⋯鹼基排列為AGCT的機率是 $\frac{1}{4} \times \frac{1}{4} \times \frac{1}{4} \times \frac{1}{4} = \frac{1}{4^4} = \frac{1}{256}$。換句話說，如果有256個鹼基對，由這四個鹼基對組成的序列可能至少會出現一次，DNA上的一個位置會被限制酶切割。

因此，如果有1024個鹼基對，$1024 \times \frac{1}{256} = 4$，得出DNA上的四個位置會被切割，並產生 $4 + 1 = 5$ 個DNA片段。如果是切割環

狀DNA的四個位置，則會產生4個DNA片段。

立刻實踐！

　　使用與上述相同的限制酶處理另一個DNA片段，並在DNA上的兩個位置進行切割，請以該DNA片段中有30%是G為前提，計算該DNA片段的長度（鹼基對），並選出適當的選項。

丁

甲　256　　　乙　278　　　丙　512　　　丁　556

深入解析……

　　如果DNA的片段中有30%是G，那麼C也是30%，由此可得知，A是20%，T也是20%。因此，G或C的出現機率為$\frac{3}{10}$，A或T的出現機率為$\frac{2}{10}$。鹼基排列為AGCT的機率為$\frac{2}{10} \times \frac{3}{10} \times \frac{3}{10} \times \frac{2}{10} = \frac{36}{10000}$。如果DNA的鹼基對為$X$，可得出$X \times \frac{36}{10000} \fallingdotseq 2$，$X \fallingdotseq 555.6$。

⑪　使用多種類型的限制酶，可以推測限制酶識別的鹼基序列位於DNA片段的哪個位置。

⑫　例如，用限制酶A處理10,000個鹼基對（10 kbp）的DNA片段，切割後產生7,000個鹼基對（7 kbp）和3,000個鹼基對（3 kbp）長度的片段。如果使用另一種限制酶B處理該DNA片段，則會切割為8,000個鹼基對（8 kbp）和2,000個鹼基對（2 kbp）的片段。

⑬　接下來，同時用限制酶A和限制酶B處理該DNA片段，切

割後會產生5,000個鹼基對（5 kbp）、3,000個鹼基對（3 kbp）、
2,000個鹼基對（2 kbp）的片段。

⑭ 讓我們用以上數據，來確定限制酶A和限制酶B識別的位
置吧。

⑮ 由於限制酶A會將DNA片段切割為7 kbp和3 kbp，因此可
假設如下。

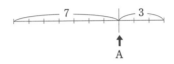

⑯ 接著，讓我們來確認限制酶A和限制酶B兩者切割DNA片
段後的結果，經過兩種酵素處理後，產生了5 kbp、3 kbp、2 kbp
三種片段。這代表單獨由限制酶A產生的7 kbp片段被切割了，也
就是說，在7 kbp的片段中有一個位置被限制酶B切割。因此，能
被限制酶B識別的位置有下列兩種可能。

⑰ 透過單獨使用限制酶B的結果，便可判斷 ⑯ 圖中的兩種可
能性中哪一種是正確的。在可能性①中，僅用限制酶B處理會產
生5 kbp和5 kbp的片段，但由於實際上會產生8 kbp和2 kbp的片
段，因此可以得出可能性②是正確的。

可能性①　　　　　　　　　　　　　　　　可能性②

▶ **挑戰！** //

　　使用某個環狀DNA和三種限制酶 *Pst* I 、 *Hae* II 、 *Eco*R I 進行實驗，使用 *Pst* I 或 *Hae* II 處理環狀DNA會產生 5.0 kbp的片段，使用 *Eco*R I 處理則會產生 2.4 kbp 和 2.6 kbp 的片段。

　　接著，使用 *Pst* I 和 *Hae* II 會產生 0.9 kbp 和 4.1 kbp的片段，使用 *Eco*R I 和 *Pst* I 會產生 1.0 kbp、1.6 kbp、2.4 kbp的片段，而使用 *Hae* II 和 *Eco*R I 則會產生 0.7 kbp、1.9 kbp、2.4 kbp的片段。

　　讓我們根據以上結果來繪製一張圖——顯示該環狀DNA被各種限制酶切割的位置。請回答在圖中A～C處進行切割的限制酶名稱，此外，將 *Pst* I 切割的位置設為0，並以順時針方向計算0與D、E之間的距離，請以kbp為單位進行回答。

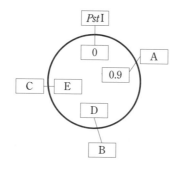

▶ 按步解題！///////////////////////////////////////

步驟1 首先，讓我們確定整個環狀DNA的總長度。

由於使用*Pst*Ⅰ處理僅產生5.0 kbp的片段，因此可得知*Pst*Ⅰ僅識別一個位置，且環狀DNA的總長度為5.0 kbp。同樣的，*Hae*Ⅱ也只會識別一個位置。

步驟2 同時使用*Pst*Ⅰ和*Hae*Ⅱ兩種限制酶處理後，會產生0.9 kbp和4.1 kbp的片段，因此可得出，在圖中距離0為0.9的A是*Hae*Ⅱ識別的位置。

A：*Hae*Ⅱ

步驟3 由於使用*Eco*RⅠ處理會產生2.4 kbp和2.6 kbp兩種類型的片段，代表*Eco*RⅠ可以識別兩個位置。因此，剩下的B和C是*Eco*RⅠ識別的位置。

B：*Eco*RⅠ　　C：*Eco*RⅠ

步驟4 同時使用*Eco*RⅠ和*Pst*Ⅰ處理時，將如左下圖所示進行切割，產生1.0、1.6、2.4的片段。而同時使用*Eco*RⅠ和*Hae*Ⅱ處理時，將如右下圖所示進行切割，產生0.7、1.9、2.4的片段。

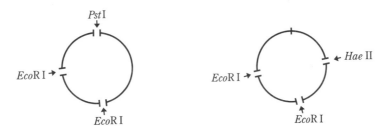

步驟5 兩者共同產生的是D和E之間的片段，共同片段的長度為2.4 kbp，因此可得出，D和E之間的距離為2.4 kbp。

步驟6 使用*Hae*Ⅱ和*Eco*RⅠ處理所產生的片段中有1.9的片

段，使用 Pst I 和 EcoR I 處理會產生 1.0 的片段，因此可以判斷，C 位於 Pst I 的識別位置逆時針方向的 1.0 kbp 處，故 A 和 B 之間的距離為 $5.0 - (0.9 + 2.4 + 1.0) = 0.7$。

（解答）

A　Hae II　B　EcoR I　C　EcoR I　D　1.6　E　4.0

📝 **重點彙整**　　限制酶

(1) 通常限制酶可識別的鹼基序列具有回文結構。

(2) 當可識別 n 對鹼基的限制酶處理具有 X 對鹼基的 DNA 時，該限制酶可切割的位置為 X 對 $\times \left(\dfrac{1}{4}\right)^n$ 個位置（假設每種鹼基的出現機率相同）。

重點 18 基因重組

▶ 必讀關鍵！ //////////////////////////////////

① 使用重點17中學習的限制酶進行基因重組實驗。

② 大腸桿菌等細菌，除了基因組DNA外，還具有小的環狀DNA，該小型環狀DNA稱為質體。使用限制酶處理該質體，並在一個位置進行切割。接著，再使用同樣的限制酶，切割欲轉殖的基因並進行提取。

③ 使用DNA連接酶（在重點12中介紹過）將這些被切割的片段連接在一起，就能完成一個含有目標基因的質體，之後再將該質體轉移至大腸桿菌中進行增殖。

④ 然而在這個階段，除了會產生沒有加入目標基因的質體外，還會產生不含質體的大腸桿菌。

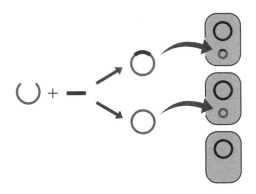

⑤ 我們除了要篩選出含有質體的大腸桿菌外，該質體還必須含有目標基因。

⑥ 這時，我們可使用含有抗生素（例如一種名為氨苄青黴素的抗生素）抗性基因的質體。

一般來說，大腸桿菌等細菌無法在含有抗生素的培養基中增殖。如果大腸桿菌中的質體帶有抗生素抗性基因，那麼該大腸桿菌就能在含有抗生素的培養基中進行增殖。透過在含有抗生素（本例中為氨苄青黴素）的培養基中培養大腸桿菌，就能夠只篩選出質體中含有氨苄青黴素抗性基因的大腸桿菌。

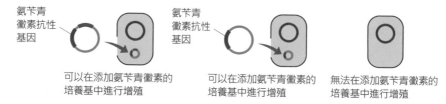

⑦ 此外，假設結合目標基因的位置在另一個抗生素抗性基因（例如一種對四環黴素的抗生素具有抗性的基因）的中間。

⑧ 如果該四環黴素抗性基因被限制酶切割，並與目標基因結合，四環黴素抗性基因將無法發揮作用，但如果目標基因沒有與其結合，並透過DNA連接酶將其復原為完好的四環黴素抗性基因，該基因則能夠對四環黴素產生抗性。

立刻實踐！

使用能在四環黴素抗性基因中間進行切割的限制酶，處理帶有氨苄青黴素抗性基因和四環黴素抗性基因的質體，再用相同的限制酶提取目標基因。將兩者混合並使用DNA連接酶處理，可獲得以下三種類型的大腸桿菌。

A：基因重組成功，細胞內的質體含有目標基因的大腸桿菌。

B：細胞內的質體未含目標基因的大腸桿菌。

C：不含質體的大腸桿菌。

請回答甲、乙的抗生素名稱，丙、丁請從A～C中選擇適當的選項。

首先，將A和B培養在添加 甲 的培養基中，使A和B進行增殖，接著，將A和B培養在添加 乙 的培養基中，結果只有 丙 增殖。

加入了 甲 之後能增殖，但加入 乙 之後無法增殖的是 丁 。

甲	氨苄青黴素
乙	四環黴素
丙	B
丁	A

深入解析⋯⋯

首先，如果一開始就加入四環黴素培養大腸桿菌，不僅會讓C無法增殖，連A都會受到影響。因此，一開始要添加氨苄青黴素進行培養，以去除C。

接下來，當培養在添加四環黴素的培養基時，A將無法增殖，只有B能夠增殖。換句話說，添加氨苄青黴素時可以增殖，但加入四環黴素時無法增殖的大腸桿菌，是細胞內的質體含有目標基因的大腸桿菌。

⑨　近年來，科學家們還採用了一種方法，將GFP（綠色螢光蛋白）基因連接至欲轉殖的目標基因後方。

⑩　由於GFP是一種在紫外線照射下會發出綠色螢光的蛋白質，因此可以透過照射紫外線是否發出螢光，來確認大腸桿菌中是否含有已成功進行基因重組的質體。

欲轉殖的目標基因　　GFP基因　　綠色螢光　　不發出螢光

▶ 挑戰！　///

假設進行下述實驗，將人類的基因A與圖1所示的質體結合，並將該質體轉移至大腸桿菌中。該質體含有氨苄青黴素抗性基因（*amp*ʳ）和乳糖分解酵素基因（*lacZ*），且添加外來基因的區域位於 *lacZ* 的中間。

使用限制酶B切割出人類基因A，並使用相同的限制酶B切割質體，將兩者混合，促進DNA連接酶產生作用，並將該混合液與含有大腸桿菌的培養液進一步混合。

接下來，在含有X-gal（一種當乳糖分解酵素發生作用時會釋放出藍色物質的化合物）和氨苄青黴素的培養基中培養大腸桿菌，將觀察到如圖2所示的藍色和白色兩種菌落（細菌的聚合體）。此外，在該實驗中使用的大腸桿菌原先並不含 *amp*ʳ 或 *lacZ*。

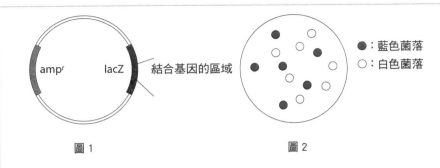

圖1　　　　　　　　　　　　　　圖2

問題1 圖2中的藍色和白色菌落分別是由哪種大腸桿菌的增殖
　　　 而形成？

　　甲　不含質體的大腸桿菌

　　乙　細胞內的質體含有基因A的大腸桿菌

　　丙　細胞內的質體不含基因A的大腸桿菌

問題2 如果在不含氨苄青黴素的培養基中進行同樣的實驗，將
　　　 會出現何種結果？

　　甲　只有藍色菌落增加

　　乙　只有白色菌落增加

　　丙　藍色和白色的菌落均增加

　　丁　藍色和白色的菌落均減少

　　戊　只有藍色菌落減少

　　己　只有白色菌落減少

▶ **按步解題！** //

　　問題1　**步驟1**　在這種情況下，預計會產生以下三種類型的大

腸桿菌。

　　α：細胞內的質體含有基因 A 的大腸桿菌

　　β：細胞內的質體不含基因 A 的大腸桿菌

　　γ：不含質體的大腸桿菌

　　步驟2　雖然問題文章很長，但簡單來說，如果 *lacZ* 有表現，就會變為藍色；如果 *lacZ* 沒有表現，就會變為白色，而不會變成藍色。

　　步驟3　如果大腸桿菌中的質體不含基因 A（β），*lacZ* 就能表現，並形成藍色菌落；如果大腸桿菌中的質體含有基因 A（α），*lacZ* 則無法表現，並形成白色菌落。

　　因此，藍色菌落是丙，白色菌落是乙。

　　由於添加了氨苄青黴素，甲（γ）的大腸桿菌將無法生長，因此不會形成菌落。

　　問題2 如果不添加氨苄青黴素，γ 的大腸桿菌也會增殖並形成菌落，由於 γ 的大腸桿菌不含質體，沒有 *lacZ* 基因，所以無法變為藍色，只能形成白色的菌落。

　　因此，在不添加氨苄青黴素的實驗中，α 和 γ 兩者均會形成白色菌落，故只有白色菌落會增加。

　　　　　　　　　　　　　　　　　　　　　　（解答）

　　　　問題1　藍色：丙　白色：乙　　　問題2　乙

⑪ 雖然有以上的知識就足以解題，但讓我們學習的更深入一點吧。

上述問題透過限制酶「切割出人類基因A」，因為如果直接使用基因A，將無法合成出原本應該從基因A產生的蛋白質，這是為什麼呢？

⑫ 因為人類是真核生物，而大腸桿菌是原核生物。

真核生物的基因中有內含子，在轉錄後會經過剪接產生mRNA。然而，大腸桿菌等原核生物的基因中並沒有內含子，所以也沒有剪接機制。

⑬ 因此，如果直接結合真核生物的基因，大腸桿菌會連同內含子的部分都進行轉譯，最後會產生與原來不同的蛋白質。

⑭ 作為應對方法，我們可將基因A轉錄後完成剪接的mRNA從細胞質中取出，並以此mRNA為基礎，使用「反轉錄酶」進行反轉錄，產生與該mRNA的鹼基序列互補的DNA單鏈，該DNA單鏈稱為cDNA（互補DNA）。

接著，使用DNA聚合酶複製cDNA，產生DNA雙鏈，並使用該DNA雙鏈進行重組實驗。由於該DNA並不包含內含子，因此大腸桿菌將產生與原來相同的蛋白質。

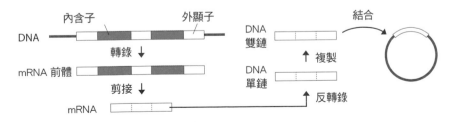

重點彙整　基因重組

(1)像質體這種攜帶目標基因的物質被稱為載體，除了質體之外，在利用植物實驗時經常會使用一種名為根癌農桿菌的細菌。

(2)使用限制酶進行切割，並透過DNA連接酶連結被切割的末端，以結合目標基因。

(3)若想將真核生物的基因置入原核生物，必須將完成剪接的真核生物mRNA進行反轉錄並合成DNA，再將該DNA置入原核生物中。

(4)導入外來基因，並可表現該重組基因的生物，被稱為基因改造生物。

重點
19

細胞分裂

▶ 必讀關鍵！ //

① 細胞分裂的細胞週期分為間期（I期）和分裂期（M期）。

間期又分為三個階段，G_1期（DNA合成前期），S期（DNA合成期），G_2期（分裂準備期）。

② 細胞週期的長度可以透過培養大量細胞，計算細胞數量增加一倍的所需時間而得出。

立刻實踐！

某種細胞的增殖數據如右圖所示，試求其細胞週期的長度？

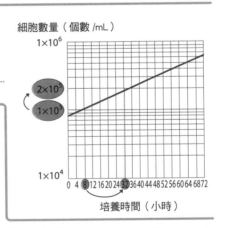

24小時

深入解析……

在藍線上隨機選取一點，例如培養8小時後，細胞數量是1×10^5。

若細胞數量要變為1×10^5的兩倍，也就是2×10^5，是在32小時後。

因此，細胞數量增加一倍的所需時間為32–8＝24小時，24小時就是該細胞的細胞週期長度。

③ 細胞週期的長度可透過以上方式來計算，那麼，我們要如何才能求得間期的長度，或分裂期前期的長度呢？

④ 將一個增殖的細胞群固定在某個時間點（簡單來說，就是殺死細胞並停止細胞週期）。然後，在顯微鏡下觀察細胞，計算處於間期的細胞比例，與處於前期的細胞比例是多少。

⑤ 例如，如果間期所需的時間非常長，那麼當細胞群固定在某個時間點時，處於間期的細胞數量應該會比較多。假設處於間期的細胞比例為80%，則可以判斷間期所需的時間為細胞週期的80%。因此，我們可以透過以下公式計算出每個階段的長度。

各階段所需的時間＝細胞週期的長度×處於該階段的細胞比例。因此，**細胞的比例與該階段所需的時間成正比**。

立刻實踐！ ─────────────

某個細胞群中，每個階段的細胞數量如下表所示，假設該細胞的細胞週期長度為20小時，試求間期和前期分別需要多少時間。

細胞週期	間期	前期	中期	後期	末期
細胞數量	80	10	3	5	2

間期
16小時
前期
2小時

深入解析……

細胞的總數為 80 ＋ 10 ＋ 3 ＋ 5 ＋ 2 ＝ 100

間期的所需時間為 20小時 $\times \dfrac{80}{100} = 16$ 小時

前期的所需時間為 20小時 $\times \dfrac{10}{100} = 2$ 小時。

⑥ 以下是細胞分裂過程中染色體排列和DNA含量的示意圖。

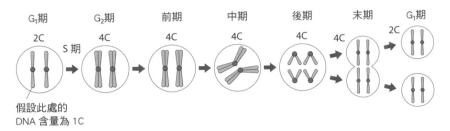

假設此處的
DNA 含量為 1C

⑦ 下圖為⑥圖中的 DNA 含量的變化圖。

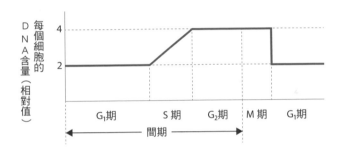

⑧ 讓我們把 ⑦ 的圖表畫成直條圖，橫軸是每個細胞的DNA含量，縱軸則是細胞的數量。

⑨ 你可能會覺得「咦？先前並沒有提到細胞數量啊！」是的，但是 ⑦ 的圖表的橫軸代表了每個階段的所需時間，由於細胞數量的比例與該階段所需的時間成正比，所以橫軸的時間愈長，表示該階段的細胞數量就愈多。

⑩ 因此，如果將 ⑦ 的圖表中橫軸的長度直接作為細胞數量，則可重新繪製成右方的圖表。

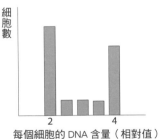

細胞數

每個細胞的 DNA 含量（相對值）

立刻實踐！

在 ⑩ 的圖表中，DNA 含量為 4 的細胞是處於細胞週期中哪個階段的細胞？

G₂ 期和 M 期

深入解析……

DNA含量為2的細胞是G_1期細胞，DNA含量為2～4之間的細胞是S期細胞，DNA含量為4的細胞代表DNA複製已經完成，因此是G_2期和M期的細胞。

⑪ 假設某場實驗將放射性胸苷加入正在增殖的細胞群中一小段時間；而胸苷是一種結合了去氧核糖和胸腺嘧啶的物質，可作為DNA合成的材料。因此，當加入放射性胸苷時，只有S期的細胞（即正在合成DNA的細胞），才會結合放射性胸苷並被標記。

⑫ 之後，在無放射性物質的培養基中繼續培養細胞群，處於S期的細胞最終會結束S期，進入G_2期，然後進入M期，最後，G_2期細胞和M期細胞中也將出現具放射性物質的細胞。

⑬ 如果將細胞群轉移至沒有放射性物質的培養基中，過了5小時後，在M期細胞中檢測到放射性，代表原本處於S期結尾的細胞（圖中的▲）需要5小時才能來到M期開頭，也就是說，G_2

期的長度為5小時。

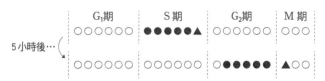

⑭ 如果M期是2小時，那麼M期的細胞在轉移至沒有放射性物質的培養基後，過了7小時將全部變為被標記的細胞。

立刻實踐！

在上述實驗中，將細胞轉移至不含放射性物質的培養基後，所有處於M期的細胞會在幾個小時後全部變為被標記的細胞？假設S期的長度為7小時。 | 12小時

深入解析⋯⋯

將原來處於S期的第一個細胞設為■，在接下來狀態，M期的所有細胞仍然處於被標記，但隨著時間的推移，M期中被標記的細胞會逐漸減少。

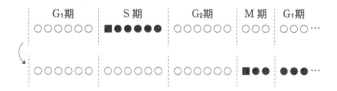

由於S期的長度是7小時，G₂期的長度是5小時，由此可得知，■到達M期開頭的所需時間為 $7 + 5 = 12$ 小時。

▶ **挑戰！** //

> 　　將放射性胸苷加入正在增殖的細胞群中一小段時間，然後把細胞群轉移至不含放射性物質的培養基中培養。下圖顯示了轉移到不含放射性物質的培養基後經過的時間，與 M 期細胞被標記的比例。
>
>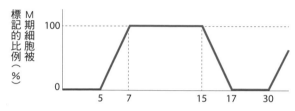
>
> 請根據此圖，求出 G_1 期、S 期、G_2 期、M 期各階段的長度。

▶ **按步解題！** //

　　步驟1 如果將放射性胸苷加入細胞群一小段時間，只有 S 期的細胞會被標記。

　　因此，在這個階段，M 期細胞被標記的比例當然是 0%。

　　步驟2 5 小時後，M 期細胞中開始出現被標記的細胞。

因此，我們可得知G_2期是5小時。

步驟3 7小時後，M期細胞中被標記的細胞比例為100%。

7小時

因此，我們可得知M期是$7-5=2$小時。

步驟4 在15小時前，M期細胞中被標記的細胞比例為100%，過了15小時後，便從100%開始下降。第15小時後的情況如下。

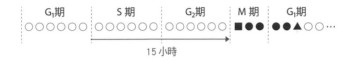

15小時

因此，我們可判斷S期是$15-5=10$小時。

步驟5 17小時後，M期細胞中被標記的細胞比例為0%。

17小時

步驟6 30小時後，M期中再次出現被標記的細胞。

30小時

步驟7 這30個小時包含G_2期（5小時）＋M期（2小時）＋G_1期＋S期（10小時）＋G_2期（5小時），因此，G_1期＝$30-5-2-10-5=8$小時

（解答）

G$_1$　8小時　　　S　10小時　　　G$_2$　5小時　　　M　2小時

📝重點彙整　　細胞分裂

(1) 細胞週期：細胞數量增加一倍所需的時間。

　　間期（G$_1$期＋S期＋G$_2$期）＋分裂期（M期）

(2) 在某個時間點，各個階段的細胞數量之比例與每個階段所需的

　　時間成正比。

(3) 胸苷（去氧核糖＋胸腺嘧啶）在DNA合成過程中會被結合。

重 點
20 減數分裂

▶ 必讀關鍵！ ////////////////////////////////

① 動物的體細胞通常含有兩條大小和形狀相同的染色體，一條染色體繼承自父親，另一條繼承自母親，這種**大小和形狀相同的染色體稱為同源染色體。**

② 一套同源染色體被稱為基因組，**基因組包含維持物種所需的最低限度的遺傳訊息。**如果基因組所含有的染色體數目為n，那麼基因組含有兩套染色體時，其染色體數目則為2n。細胞核中的染色體數目稱為核相，染色體數目為n的狀態稱為單倍體，染色體數目為2n的狀態則稱為二倍體。

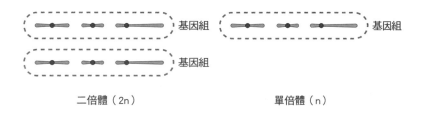

二倍體（2n）　　　　　　　　　單倍體（n）

③ 染色體數目會以2n＝14或n＝8的形式表示。

在這種情況下，n是該細胞中染色體類型的數目。以右圖為例，該細胞有4種類型的染色體，並且分別有2條大小和形狀相同的染色體，總共為8條染色體，因此表示為2n＝8。

立刻實踐！

　　請回答以下細胞的染色體數目，並以 n ＝ 3、2n ＝ 4、3n ＝ 6⋯⋯的形式回答。

(1)　　　　　(2)　　　　　(3)

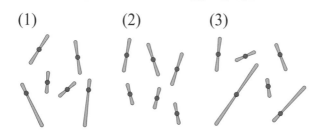

(1) 2n ＝ 6
(2) 3n ＝ 6
(3) n ＝ 6

深入解析⋯⋯

　　讓我們來看看有多少染色體具有同樣的大小和形狀。

　　(1) 同樣大小形狀的染色體分別有 2 條，因此是 2n。總共有 6 條染色體，因此可得出 2n ＝ 6。3 種類型的染色體各有 2 條，所以是 2×3 ＝ 6，此情況下 n 為 3。

　　(2) 染色體的數目與(1)相同為 6 條，同樣大小形狀的染色體分別有 3 條，因此是 3n ＝ 6。此情況下 n 為 2，2 種類型的染色體各有 3 條，所以是 3×2 ＝ 6。

　　(3) 染色體數目一樣是 6 條，但找不到具有相同大小形狀的染色體，也就是說，每種染色體分別只有 1 條。因此得出 n ＝ 6，此情況下，6 種類型的染色體各有 1 條，所以是 1×6 ＝ 6。

　　④ 通常動物的體細胞是二倍體（2n），但如果以二倍體受精，所生出的孩子的染色體套數將為 4n。因此，必須在受精前將染色體套數從 2n 減為 n，此時發生的細胞分裂稱為減數分裂。

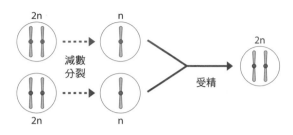

⑤ 減數分裂和有絲分裂之間有三個主要的不同之處。

首先，**減數分裂會連續發生兩次**。在第一次減數分裂之前，有一段S期進行DNA複製，但是在第二次減數分裂前並不會進行DNA複製。

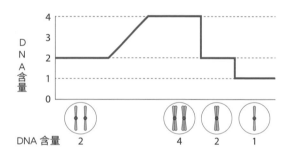

立刻實踐！

　經過減數分裂所產生的子細胞，其 DNA 含量與開始進行分裂之前的細胞相比，前者的 DNA 含量是後者的幾分之一？

$\dfrac{1}{4}$

深入解析⋯⋯

　此時需要注意的是比較的對象，子細胞中的DNA含量與第一次減數分裂前的間期 G_1 期相比是 $\dfrac{1}{2}$，與 G_2 期相比是 $\dfrac{1}{4}$。所求的答案是與「開始分裂之前」的細胞相比，所以是要與 G_2 期相比，因此答案是 $\dfrac{1}{4}$。

⑥ 第二個不同之處是，在**第一次減數分裂的前期，同源染色體會相互配對並複製，產生四分體。**此外，這時**配對的染色體之間會互相交換**DNA，**導致基因重組。**

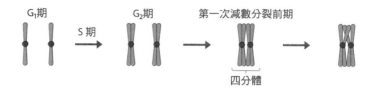

⑦ 最後一個不同之處是，在**第一次減數分裂的後期，彼此配對並複製的成對同源染色體會分離，並分配給子細胞。**最後，染色體套數會從2n減半為n。

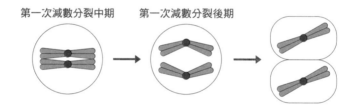

立刻實踐！

(1) 由大量 2n = 6 的母細胞經過減數分裂產生的大量子細胞中，有多少種染色體組合？請以染色體之間沒有互換 DNA 為前提進行回答。

(2) 由一個 2n = 6 的母細胞經過減數分裂產生的四個子細胞中，有多少種染色體組合？請以染色體之間沒有互換 DNA 為前提進行回答。

(1) 8種

(2) 2種

深入解析……

(1) 2n ＝ 6的細胞進行減數分裂的過程如下圖所示。

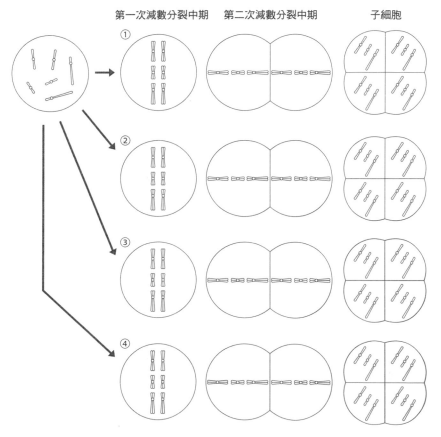

　　在第一次減數分裂中期，染色體可能排列為1、2、3、4等任一種組合，因此總共會產生8種類型的子細胞。

　　但在解題時要將其全部圖示化實在太過累人，因此我們可以如下方所示進行思考。

　　由於2n ＝ 6，因此存在3種類型的染色體，在子細胞中，甲種類的染色可能是 ⌒⌒ 或 ⌒⌒ 的其中一種。

　　乙種類的染色體有兩種可能性。

丙種類的染色體也有兩種可能性。

因此，最後總共會產生2×2×2＝8種
組合。

通常，具有n種染色體的母細胞經過減數分裂會產生2^n種類型的子細胞，然而，這是染色體間沒有相互交換DNA的情況。實際上，在減數分裂中染色體之間會互換DNA，因此會產生非常多種類的子細胞。

(2) 如果有大量母細胞，則會產生1、2、3、4等所有類型的組合，因此總共會產生8種類型的子細胞。但是，如果只產生1，則最後只會產生兩種類型的子細胞，即使是2、3、4等其中一種情況，也同樣只會產生兩種類型的子細胞。

這次的提問中只有一個母細胞，因此只有可能是1、2、3、4中的其中一種，並產生兩種類型的子細胞。**無論有多少條染色體，一個母細胞只會產生兩種類型的子細胞。**然而，這也是染色體間沒有互換DNA的情況，**當染色體間有互換DNA時，一個母細胞會產生四種類型的子細胞。**

▶ 挑戰！ //

在下圖中，A和a是同源染色體，B和b也是同源染色體。

(1) 如果檢查大量母細胞經減數分裂產生的大量子細胞，子細胞中的四種基因型AB、Ab、aB、ab的比例為何？
(2) 一個母細胞經過減數分裂產生了四個子細胞，當檢查其中一個子細胞時，發現該細胞染色體組合為AB，請問其他三個細胞的染色體組合為何？
請以染色體間沒有互換DNA為前提回答以上問題。

▶ 按步解題！ //

(1) 左側的母細胞可能產生以下子細胞。

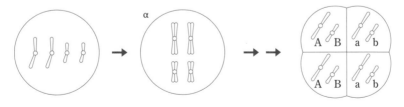

　　染色體在第一次減數分裂中期排列為 α 或 β 是種偶然，如果有大量母細胞，子細胞為 α 或 β 的比例則為5：5。

　　因此，當檢查實驗產生的大量子細胞時，會發現四種類型的子細胞出現比例相同。

(2) 由於只有一個母細胞，所以只有可能是 α 或 β 其中一種情況。其產生的四個子細胞中，其中一個細胞的基因型為 AB，所以可由此得知，染色體的排列方式為 α。因此，其餘三個細胞的基因型分別為 AB、ab、ab。需要注意的是，絕對不會出現 Ab 與 aB 的組合。

（解答）

(1)（AB）：（Ab）：（aB）：（ab）＝ 1：1：1：1

(2) AB、ab、ab

✎ **重點彙整**　　減數分裂

(1) 減數分裂的特徵：

①連續進行兩次分裂（且在第二次減數分裂前，不會進行 DNA 複製）。

②同源染色體會彼此配對並複製，產生四分體（在第一次減數分裂的後期，彼此配對和複製的成對同源染色體會分離）。

③染色體套數減半（染色體數目變為母細胞的一半）。

(2) 減數分裂產生的子細胞的類型（當母細胞有 n 種染色體時）：

①染色體之間沒有互換 DNA 的情況下，由大量母細胞產生的大量子細胞的種類為 → 2^n 種。

②染色體之間沒有互換 DNA 的情況下，由一個母細胞產生的四個子細胞的種類為 → 2 種。

③染色體之間有互換 DNA 的情況下，由一個母細胞產生的四個子細胞的種類為 → 4 種。

重點
21

被子植物的配子形成與受精

▶ 必讀關鍵！/////////////////////////////////////

① 讓我們來認識被子植物形成配子的過程吧。

首先是雌蕊，在雌蕊的子房中，有一種稱為胚珠的囊狀結構，在胚珠中包含胚囊母細胞，**胚囊母細胞透過減數分裂會產生四個細胞，其中三個細胞會退化，只有一個細胞會成為胚囊細胞。**

胚囊細胞經過三次有絲分裂（一開始只有細胞核分裂），形成具有八個細胞核的細胞。之後發生細胞質分裂，形成由七個細胞組成的胚囊，其中包含一個卵細胞、兩個助細胞、三個反足細胞、一個中央細胞。其中，中央細胞具有兩個細胞核，該細胞核稱為極核。

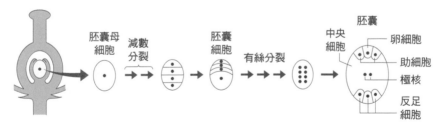

立刻實踐！

(1)一個胚囊母細胞會產生多少個卵細胞？

(2)從一個胚囊母細胞到形成卵細胞，共進行了幾次細胞核分裂？

(3)從一個 G_1 期的胚囊母細胞到形成卵細胞，DNA 共複製了多少次？

(1) 1個

(2) 5次

(3) 4次

深入解析……

（1）一個胚囊母細胞經過減數分裂會產生四個細胞，但其中只有一個細胞會成為胚囊細胞。一個胚囊細胞分裂三次後，會形成由七個細胞組成的胚囊，其中包含一個卵細胞。因此，一個胚囊母細胞會產生一個卵細胞。

（2）一個胚囊母細胞經過第一次減數分裂和第二次減數分裂後，會形成一個胚囊細胞，所以進行了兩次細胞核分裂。由於胚囊細胞經過三次分裂後會形成卵細胞，因此總共會進行 $2 + 3 = 5$ 次細胞核分裂。

（3）從胚囊母細胞到形成卵細胞的DNA含量變化如下圖所示。

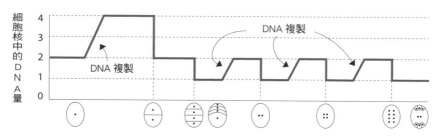

如圖所示，過程中共進行了四次DNA複製，雖然細胞核分裂了五次，但第二次減數分裂前並未進行DNA複製，因此DNA複製的次數為四次。

立刻實踐！

（1）基因型為 Aa 的胚囊母細胞，其產生的胚囊細胞的基因型和其比例是多少？

（2）基因型為 Aa 的胚囊母細胞所產生的一個胚囊中，其中一個極核的基因型為 A，那麼另一個極核的基因型為何？

（1）$A : a = 1 : 1$

（2）A

深入解析......

(1) 胚囊母細胞經減數分裂產生胚囊細胞的過程如下圖所示。

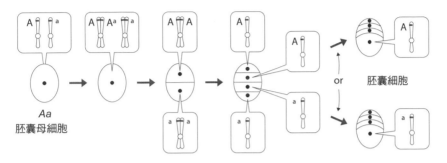

因此,其所產生的胚囊細胞的基因型是A或a其中之一,大量的胚囊母細胞會以1：1的比例產生A胚囊細胞和a胚囊細胞。

(2) 一個胚囊細胞經三次分裂會形成一個胚囊。

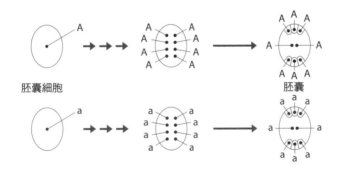

因此,從基因型為A的胚囊細胞所產生的胚囊中,卵細胞和極核的基因型都是A;從基因型為a的胚囊細胞所產生的胚囊中,所有細胞的基因型也都是a。

由於其中一個極核是A,因此另一個極核也必定是A,一個胚囊的中央細胞不可能會產生A和a的極核。

② 接下來讓我們來認識雄蕊。

在雄蕊的頂端，有一種稱為花藥的囊狀結構，其中包含大量的花粉母細胞。花粉母細胞經過減數分裂，形成由四個細胞組成的花粉四分體。最終，構成花粉四分體的花粉細胞會進行有絲分裂，形成兩個大小不同的細胞，大的是管細胞，小的是生殖細胞。

具有這兩個細胞的成熟花粉，在授粉於雌蕊頂端的柱頭時，花粉管會伸長。在此期間，生殖細胞會再進行一次有絲分裂，形成兩個精細胞。如果**將被子植物的精細胞比喻作動物細胞，則是相當於精子的配子**。

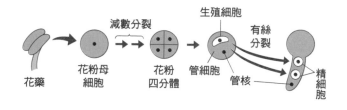

立刻實踐！

(1) 一個花粉母細胞會產生多少個精細胞？

(2) 從花粉母細胞到形成精細胞，共進行了幾次細胞核分裂？

(3) 從 G_1 期的花粉母細胞到形成精細胞，DNA 共複製了多少次？

(1) 8個

(2) 4次

(3) 3次

深入解析……

(1) 一個花粉母細胞經過減數分裂會產生具有四個細胞的花粉四分體，每個細胞會產生成熟的花粉，成熟花粉中的生殖細胞經過一次有絲分裂，會產生兩個精細胞。因此，將產生 4×2 ＝ 8 個精

細胞。

(2) 從花粉母細胞到花粉四分體共進行了兩次分裂,從構成花粉四分體的細胞,到產生生殖細胞和管細胞則經過一次分裂,從生殖細胞到精細胞又經過了一次分裂,因此總共經歷了四次細胞核分裂。

(3) 從花粉母細胞到形成精細胞的DNA含量變化如下圖所示。

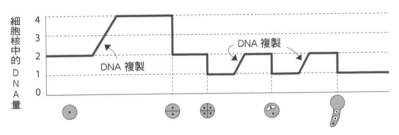

由於在第二次減數分裂前不會進行DNA合成,因此細胞核分裂的次數為四次,但DNA複製的次數則為三次。

③ 下一步終於要受精了!

助細胞分泌的物質會將花粉管吸引至胚囊中,並進入兩個助細胞中的其中一個。花粉管的頂端會破裂,釋放出兩個精細胞,一個精細胞會進入卵細胞,另一個精細胞則會進入中央細胞。

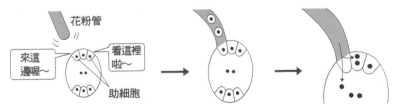

④ 卵細胞和精細胞受精形成受精卵,另一個精細胞則與中央細胞的兩個極核受精,該精細胞的細胞核成為胚乳核。同時在兩個地方進行受精稱為**雙重受精**,這是**僅在被子植物中發生的現象**。

⑤ 一個染色體套數為n的卵細胞，和一個染色體套數為n的精細胞受精而產生的受精卵為2n。另一方面，兩個染色體套數為n的極核，與染色體套數為n的精細胞受精產生的胚乳核為3n。

精細胞（n）＋卵細胞（n）→受精卵（2n）

精細胞（n）＋極核（n）＋極核（n）→胚乳核（3n）

⑥ 受精卵經過反覆的有絲分裂，成為種子內的胚。胚乳核也反覆進行分裂並儲存營養物質，成為種子中的胚乳。

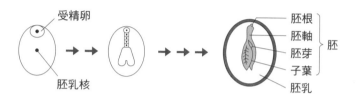

⑦ 有些胚乳核，在持續分裂的途中會退化，最後產生不含胚乳的種子，這種種子被稱為無胚乳種子。

豆科植物（碗豆、大豆）、栗子、牽牛花、油菜、薺菜等植物的種子都屬於無胚乳種子。無胚乳種子有發達的子葉，發芽所需的營養物質都儲存在子葉中。

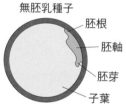

⑧ 種子中的胚最終會在種子發芽時反覆分裂，成為下一株植物體。

▶挑戰！//

將基因型為*Aa*的雄蕊產生的花粉與基因型為Aa的雌蕊進行授粉，獲得大量的種子。其中某個種子內，胚的基因型為Aa，請回答該種子中胚乳的基因型及其比例。

▸ 按步解題！//

步驟1 Aa的雌蕊所產生的胚囊有以下兩種類型。

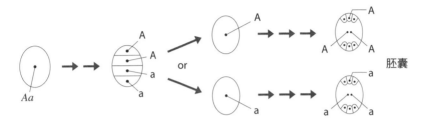

步驟2 Aa的雄蕊所產生的花粉有以下兩種類型。

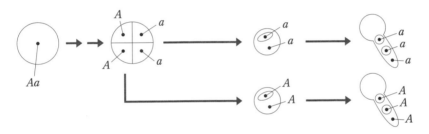

步驟3 使上述兩者進行受精，結果如右表所示。

因此，胚的基因型為Aa的種子中，胚乳的基因型為AAa：Aaa＝1：1。

♀ \ ♂	A	a
卵細胞 → A	A A	A a ← 胚
極核 → A,A	A A A	A A a ← 胚乳
a	A a	a a
a,a	A a a	a a a

（解答）AAa：Aaa ＝ 1：1

✎ **重點彙整**　　被子植物的配子形成與受精

(1) 胚囊母細胞→→胚囊細胞→→胚囊

(2) 花粉母細胞→→花粉四分體→生殖細胞→精細胞

(3) 卵細胞＋精細胞→受精卵→胚→下一株植物體

　　中央細胞（極核＋極核）＋精細胞→胚乳核→胚乳

(4) 無胚乳種子：雖然會進行雙重受精，但最終不含胚乳的種子

　　例如 ：豆科植物、栗子、牽牛花、油菜、薺菜

重點
22

動物的配子形成與受精

▶ **必讀關鍵！** ////////////////////////////////////

① 接下來是動物的配子形成，讓我們從雌性開始認識吧。

在配子形成的早期階段會產生**原始生殖細胞**（2n），該細胞未來會分化為生殖細胞。原始生殖細胞最終會移動至將形成卵巢的區域，並進行有絲分裂，成為卵原細胞（2n）。

卵原細胞進一步反覆進行有絲分裂，並增殖和儲存細胞質，成長為**初級卵母細胞**（2n），初級卵母細胞會進行第一次減數分裂，但此為不等分裂，會產生兩個大小相異的細胞，大的細胞為獨占細胞質的**次級卵母細胞**（n），小的細胞是幾乎不含細胞質的第一極體（n）。

次級卵母細胞會進行第二次減數分裂，但這也是不等分裂，會產生兩個大小相異的細胞，獨占卵黃的為大型卵（n），小的細胞是幾乎不含細胞質的第二極體（n）。第一極體也可能進行第二次減數分裂，分裂成更小的細胞，但也可能不再進行分裂。

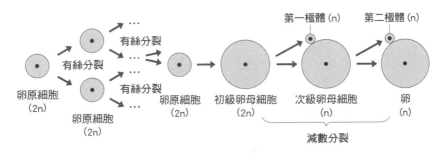

立刻實踐！

(1) 如果一個卵原細胞只進行一次有絲分裂，其產生的初級卵母細胞進行減數分裂後，會產生多少個卵？

(2) 如果一個卵原細胞（G_1 期）只進行一次有絲分裂，從產生初級卵母細胞到產生卵，總共會複製多少次 DNA ？

(1) 2個

(2) 2次

深入解析……

(1) 圖解如下。

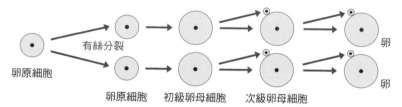

卵原細胞　　有絲分裂　　卵原細胞　　初級卵母細胞　　次級卵母細胞　　卵　　卵

因此，其產生的卵數量為兩個。

(2) DNA 含量的變化如下圖所示。

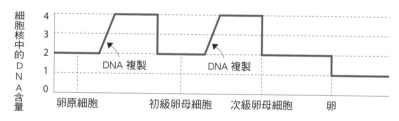

DNA共複製了兩次。

② 接下來是雄性。

在配子形成的早期階段會產生原始生殖細胞（2n），該細胞未來會分化為生殖細胞。原始生殖細胞最終會移動至將形成睪丸的

區域，並進行有絲分裂，成為**精原細胞**（2n）。

　　精原細胞進一步反覆進行有絲分裂並增殖，產生**初級精母細胞**（2n）。到這個階段為止，只是把「卵」取代為「精」，其餘部分都完全相同，但接下來就有所不同了。

　　初級精母細胞進行第一次減數分裂，產生兩個相同大小的**次級精母細胞**（n），兩個次級精母細胞各自進行第二次減數分裂，產生四個相同大小的精細胞（n）。精細胞會拋棄大部分的細胞質，形成鞭毛並轉化為精子。

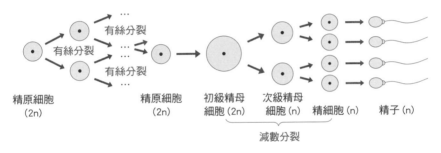

立刻實踐！

(1) 如果一個精原細胞只進行一次有絲分裂，其產生的初級精母細胞進行減數分裂後，會產生多少個精細胞？

(2) 如果一個精原細胞（G_1 期）只進行一次有絲分裂，從產生初級精母細胞到產生精細胞，總共會複製多少次 DNA？

(1) 8個

(2) 2次

深入解析⋯⋯⋯

(1) 圖解如下。

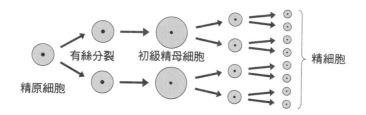

因此，其產生的精細胞數量為 4×2 ＝ 8 個。

(2) DNA 含量的變化如下圖所示。

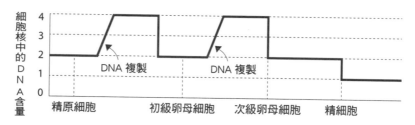

DNA 共複製了兩次。

③ 海膽的精子具有如右圖所示
的構造，頭部包含頂體和細胞核，
中節包含中心粒和粒線體，但幾乎
不含其他細胞質。

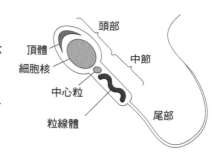

立刻實踐！

(1) 精子的頂體有一種稱為頂體囊泡的囊狀結構，在受精時會分泌含有蛋白質分解酵素等內容物。請問頂體是從精細胞中的哪種胞器產生？

(2) 在鞭毛中，有一種從中心粒延伸出來的細胞骨架，該細胞骨架也是構成紡錘絲的細胞骨架，請問該細胞骨架的名稱為何？

(1) 高基氏體
(2) 微管

深入解析……

　　(1) 題目中提到的「分泌內容物」就是線索，那麼說到與分泌相關的胞器是什麼呢？沒錯，就是高基氏體，高基氏體會轉化為頂體。

　　(2) 細胞骨骼分為三種：肌動蛋白絲、中間絲、微管，其中形成紡錘絲的是微管。

　　④ 受精過程雖然會因動物種類不同而有很大的差異，但現在讓我們先以海膽為例，來學習受精的過程。

　　⑤ 海膽的卵細胞周圍有一層稱為透明帶的構造，首先，精子會接觸透明帶，精子頂體的頂體囊泡則透過胞吐作用釋放其內容物。另一方面，頂體和細胞核之間的肌動蛋白變為纖維狀，並伸展為束狀肌動蛋白絲，形成稱為**頂體突起**的突起狀態，這一系列的反應稱為**頂體反應**。

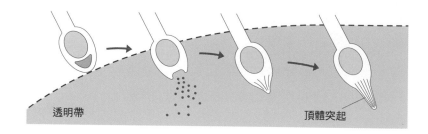

透明帶　　　　　　　　　　　　　　　　頂體突起

⑥ 在卵的細胞膜內部緊鄰著一種名為皮質顆粒的囊狀結構，在細胞膜外側則有卵黃膜。當精子通過透明帶，再通過卵黃膜並到達卵的細胞膜時，精子的細胞膜會與卵的細胞膜融合。

接著，卵的細胞質中鈣離子濃度增加，引起**皮質顆粒的胞吐作用**，在卵黃膜和細胞膜之間釋放內容物，這一系列的反應被稱為皮質反應。最後，卵黃膜從細胞膜分離，並在皮質顆粒釋放的內容物作用下硬化，轉化為受精膜。

⑦ **受精膜可以防止其他精子進入卵細胞**，並具有**保護早期胚胎**的功能。兩個以上的精子進入卵細胞稱為多精入卵，該受精膜的作用就是防止多精入卵發生。

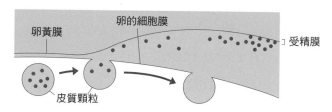

卵黃膜　　卵的細胞膜　　　　　　受精膜

皮質顆粒

⑧ 形成受精膜需要花一些時間，因此在受精膜形成之前，膜電位變化可作為防止多精入卵的方法。

⑨ 當精子到達卵的細胞膜時，鈉離子會進入卵細胞內，細胞內電位將從約 $-70\mathrm{mV}$ 變為約 $+10\mathrm{mV}$。在這種膜電位的狀態下，精子將無法與卵的細胞膜融

精子　　　　受精膜
進入　　　　形成

合。最終，在受精膜形成後，膜電位會恢復到原來的狀態，膜電位的變化能有效的防止多精入卵。

▶ 挑戰！

海膽的精子進入完成減數分裂的卵細胞時就會發生受精，但人類的卵細胞則會暫時停止在第二次減數分裂中期的狀態，而精子就是在這時候進入卵細胞中。

問題1 請回答人類精子進入的細胞名稱。

問題2 如果精子細胞核的DNA含量為1C，那麼下列細胞中的DNA含量為何？

(1) 海膽精子剛進入卵細胞時的DNA含量。

(2) 人類精子剛進入卵細胞時的DNA含量。

▶ 按步解題！

問題1當初級卵母細胞完成第一次減數分裂後，會產生次級卵母細胞和第一極體。因此，進行第二次減數分裂的次級卵母細胞就是精子要進入的細胞。

問題2在減數分裂過程中的DNA含量變化如下圖所示。

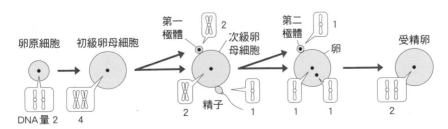

（1）海膽的精子會進入已完成減數分裂的卵（DNA含量為1C），所以在精子進入後，細胞中的DNA含量為 1C ＋ 1C ＝ 2C。

（2）人類的次級卵母細胞，即第二次減數分裂中期的DNA含量為2C，在精子進入後，DNA含量為 2C ＋ 1C ＝ 3C。以人類來說，會在精子進入之後重新開始進行減數分裂，在最終完成減數分裂後，精子的細胞核會與卵的細胞核結合，形成受精卵。

（解答）

問題1　次級卵母細胞　　問題2　(1) 2C　(2) 3C

✐ 重點彙整　　動物的配子形成與受精

(1) 卵原細胞──→初級卵母細胞──→次級卵母細胞──→卵
　　　　　　　　　　↘第一極體　　　　↘第二極體

(2) 精原細胞──→初級精母細胞──→次級精母細胞──→精細胞──→精子

(3) 海膽的受精過程：

　①精子到達透明帶→頂體反應。

　②精子的細胞膜與卵的細胞膜融合。

　→卵的鈣離子濃度增加→皮質顆粒產生胞吐作用（皮質反應）。

　→在皮質顆粒的內容物作用下，卵黃膜從細胞膜分離並轉化為受精膜。

　③防止多精入卵：膜電位變化→形成受精膜。

蛙類的發育

▶ 必讀關鍵！//////////////////////////////////

① 讓我們來認識蛙類的發育過程吧。

② 蛙類的受精卵反覆卵裂，發育為桑甚胚和囊胚，並產生原口和原腸，形成原腸胚。之後，經過神經胚和尾芽胚時期，形成幼體（蝌蚪），並變態為成體。

③ 囊胚或原腸胚的胚表面細胞，將來會分化為何種細胞如下方的發育命運圖（fate map）所示。

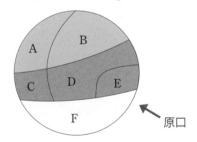

A：預定表皮區域
B：預定神經區域
C：預定側板區域
D：預定體節區域
E：預定脊索中胚層區域
F：預定內胚層區域

④ 在上圖中，預定中胚層是沿著赤道面形成，且中胚層的形成與誘導有關。讓我們從受精卵的階段來了解這個機制吧。

⑤ 許多黑色素會大量分布在未受精蛙卵表層的動物極一側，當精子進入未受精卵時，卵細胞表層會旋轉約30°（稱為表層旋轉），並在精子進入點的另一側形成灰月區。

⑥ 隨著表層旋轉，原本只存在於植物極附近，一種稱為散亂蛋白的物質，會移動至精子進入點的另一側（也就是形成灰月區的一側）。

灰月區

散亂蛋白

⑦ 最初，β-連環蛋白會均勻的分布在整個卵中，並被分解酵素分解。然而，散亂蛋白會抑制 β-連環蛋白被分解，最後，散亂蛋白所在的一側會殘留大量未被分解的 β-連環蛋白，並形成 β-連環蛋白的濃度梯度。

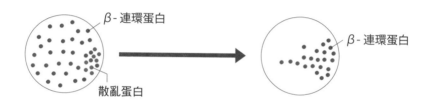

β-連環蛋白

β-連環蛋白

散亂蛋白

⑧ 此外，在植物極一側存在名為 VegT 和 Vg-1 的蛋白質，在囊胚期，VegT 和 Vg-1 會與 β-連環蛋白共同促進一種稱為 Nodal 的基因表現，最後，在預定內胚層區域中，會形成 Nodal 蛋白的濃度梯度。

β-連環蛋白

VegT,
Vg-1

Nodal 蛋白

⑨ Nodal 蛋白會作用於與其相接的動物極一側，並誘導中胚層，此現象稱為中胚層誘導。Nodal 蛋白濃度較高的一側會誘導脊索、體節、側板，產生脊索的一側在未來會形成背側，產生側板的一側在未來則會形成腹側。原腸胚時期，在預定脊索區域稍微

靠近植物極一側的位置會形成原口；因此，這一側在未來會形成背側。

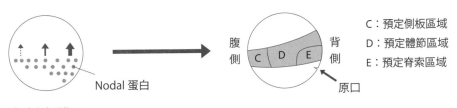

實驗 1：當單獨培養區域 A 時，只會分化出表皮。

實驗 2：當結合區域 A 和區域 C 進行培養時，除了從區域 A 分化出表皮外，還分化出了脊索、體節、側板等中胚層。

實驗 3：將區域 C 分為 C1 和 C2，並分別與區域 A 結合進行培養。當區域 A 與 C1 結合時，會從區域 A 分化出側板；當區域 A 與 C2 結合時，會從區域 A 分化出脊索。

問題 C1 和 C2 中，哪一側是將來的背側？ ｜ C2

深入解析……

　　產生脊索的一側在未來會成為背側，因此在此圖中，C2 在未來會形成背側。

⑩ 表皮和神經是由外胚層產生，此過程也與誘導相關。

⑪ 在預定外胚層細胞之間的間隙中，存在著骨塑型蛋白（BMP）。BMP會與預定外胚層的細胞膜上的受體結合，並促進一種能使外胚層細胞分化為表皮的基因表現。

⑫ 然而，原口背唇（預定脊索區域）會分泌名為Noggin或Chordin的蛋白質，這兩種蛋白質會抑制BMP與受體結合。當BMP無法與受體結合時，會促進一種能使外胚層細胞分化為神經的基因表現。

⑬ 與原口背唇相接的預定外胚層區域會分化為神經，與原口背唇沒有相接的預定外胚層區域則會分化為表皮。這種因原口背唇的作用，而促進外胚層區域分化為神經的現象稱為神經誘導（neural induction）。

立刻實踐！

　　使用蛙類的囊胚期預定外胚層區域進行以下實驗：

實驗1：切割出預定外胚層區域並單獨進行培養。

實驗2：將預定外胚層區域與預定脊索區域結合並進行培養。

實驗3：將預定外胚層區域的細胞分開，清除細胞之間的物質，然後再將細胞結合在一起並單獨進行培養。

問題	在上述的各項實驗中，預定外胚層區域會分化為表皮還是神經？	實驗1	表皮
		實驗2	神經
		實驗3	神經

深入解析⋯⋯⋯

實驗1：在預定外胚層區域，如果沒有來自原口背唇的作用，BMP就會與受體結合，最後預定外胚層將分化為表皮。

實驗2：從預定脊索區域（＝原口背唇）會分泌Noggin或Chordin抑制BMP與受體結合，因此預定外胚層會分化為神經。

實驗3：由於「預定外胚層區域的細胞被分開，且細胞之間的物質被清除掉」，因此存在於細胞之間的BMP被清除而消失了。BMP與受體結合將會使預定外胚層分化為表皮，所以在失去BMP的情況下，預定外胚層將分化為神經。

⑭ 這種誘導現象需要一個誘導者（組織者）和接受誘導的一方，即使誘導者正常發揮作用，如果接受誘導的一方產生變異，或是無法對誘導產生反應，那麼將無法發生誘導現象。

▶ 挑戰！ ///

雞的皮膚是由源於外胚層的表皮，和源於中胚層的真皮所組成，背部和腹部的皮膚形成羽毛，足部的皮膚則形成鱗片。將雞胚背部和足部的皮膚分為表皮和真皮，並如下圖所示，再將這些表皮和真皮彼此交換重組後進行培養。

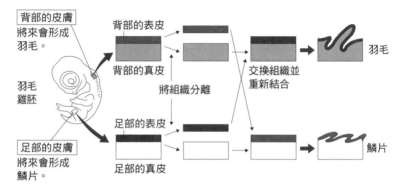

問題 1 從實驗結果來看，決定皮膚分化方向的是表皮還是真皮？

問題 2 結合足部真皮和背部表皮的實驗結果，會根據切割組織時的胚胎天數不同而有所差異，其結果顯示於下表中。胚胎在第幾天時，不具有對誘導作用產生反應的能力？請從以下①～④中選擇一個適當的選項。

使用於實驗的足部真皮的天數	使用於實驗的背部表皮的天數	
	第 5 天的胚胎	第 8 天的胚胎
第10天的胚胎	羽毛	羽毛
第13天的胚胎	鱗片	羽毛
第15天的胚胎	鱗片	羽毛

①第 4 天之前　②第 5 天　③第 5～8 天　④第 9 天之後

▶ 按步解題！//

問題1 原本背部會產生羽毛，足部會產生鱗片。

背部的表皮和足部的真皮結合產生鱗片，足部的表皮和背部的真皮結合產生羽毛。換句話說，如果是使用足部的真皮，就會產生鱗片；如果是使用背部的真皮，則會產生羽毛，因此可判斷真皮擁有決定權。**真皮作為組織者對表皮產生作用，決定表皮該分化為羽毛或鱗片。**

問題2 步驟1 在問題1中，已確定真皮是誘導者，表皮是被誘導的一方。因此，在實驗2中使用的所有真皮都是足部的真皮，照理說應該全部都會形成鱗片。使用第13天和第15天的真皮時，的確形成了鱗片。然而，在使用第10天的真皮進行實驗時，卻沒有形成鱗片，因此可判斷，第10天的真皮還沒有誘導能力。

步驟2 另一方面，具有誘導能力的第13天和第15天的真皮會對第5天的表皮下達命令，使其分化為鱗片。因此，可以判定第5天的表皮具有對誘導產生反應的能力。然而，第8天的表皮即使被具有誘導能力的第13天和第15天的真皮下達命令，也沒有分化為鱗片，而是分化為羽毛。

換句話說，第8天的表皮不再具有對誘導產生反應的能力。由於第5天的表皮具有反應能力，但在第8天時會失去反應能力，因此可以判斷表皮在第5天至第8天之間會喪失反應能力。

（解答）

問題1　真皮　　問題2　3

📝 **重點彙整**　　蛙類的發育

(1)由表層旋轉產生的灰月區，會在未來形成原口背唇和背側。

(2)在囊胚期，預定內胚層區域會誘導與其相接的區域成為中胚層
　　（中胚層誘導）。

(3)在原腸胚期，原口背唇會誘導預定外胚層分化為神經（稱為神
　　經誘導）。

重點 24 母體效應基因

▶ 必讀關鍵！ ///

① 一種名為 Bicoid 的基因，與決定昆蟲的頭尾體軸相關。

② 該基因在形成卵細胞之前的卵母細胞時期，會在卵母細胞周圍的哺育細胞中進行轉錄，所產生的 mRNA 會被運送至卵母細胞，並只存在於卵母細胞的前端。

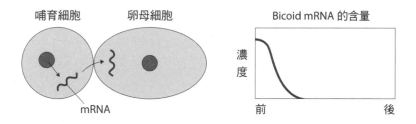

③ 卵母細胞經過減數分裂產生卵細胞，精子進入卵細胞使其受精，在受精完成後，受精卵內的 Bicoid mRNA 會進行轉譯，並產生 Bicoid 蛋白，向後擴散形成 Bicoid 蛋白的濃度梯度。

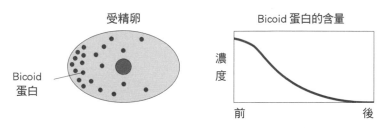

④ 最終，Bicoid 蛋白濃度較高的一側會形成頭部側。如上所述，在受精前的卵細胞中表現的基因稱為母體效應基因。

立刻實踐！

使用快孵化的果蠅胚胎進行實驗，用○表示胚胎前端出現的形態特徵，用 × 表示胚胎後端出現的形態特徵，圖 1 為快孵化的野生型胚胎，圖 2 為快孵化的突變體（缺少 Bicoid 基因）胚胎。

從野生型果蠅的受精卵前端取出細胞質，並注射至缺少 Bicoid 基因的突變體受精卵中如圖 3 所示的 A、B、C 位置，或注射至野生型受精卵中的 A、B、C 位置。

請問以下 (1) ～ (3) 的情況下，發育至快孵化的果蠅胚胎型態分別為何？請從下方甲～丙中分別選擇一個答案。

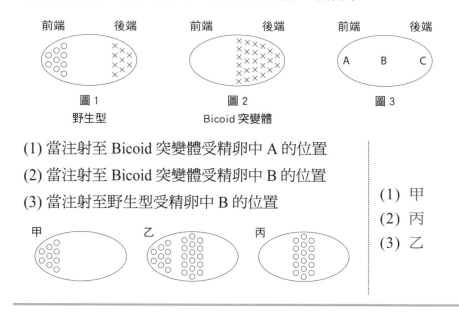

(1) 當注射至 Bicoid 突變體受精卵中 A 的位置
(2) 當注射至 Bicoid 突變體受精卵中 B 的位置
(3) 當注射至野生型受精卵中 B 的位置

(1) 甲
(2) 丙
(3) 乙

深入解析……

由於 Bicoid 突變體中的 Bicoid 基因不正常，無法合成正常的 Bicoid 蛋白，因此無法形成如頭部等前端的形態特徵（圖 2）。

（1）將野生型果蠅的正常 Bicoid 蛋白注入 Bicoid 突變體的 A 位置時，會在該區域形成前端的形態特徵，故答案為甲。

（2）當注入 Bicoid 突變體的 B 位置時，B 的區域會形成前端的形態特徵，故答案為丙。

（3）在野生型果蠅的胚胎中，A 原本就具有前端的形態特徵，所以在注入 B 位置後，在 B 的區域也會形成前端的形態特徵，故答案為乙。

⑤ 假設正常的 Bicoid 基因為 B，喪失功能的 Bicoid 變異基因為 b。如果雌性的同型合子為喪失功能的變異基因，則該雌性所生出的胚胎將全都是頭部缺損的胚胎。

立刻實踐！

延續上述的 Bicoid 基因型設定，異型合子的（基因型為 Bb）雌性和基因型為 bb 的雄性，兩者交配所生出的胚胎中，沒有形成頭部的胚胎所占的百分比是多少？	0%

深入解析……

Bb 和 bb 交配所產生的胚胎基因型和比例為 $Bb：bb＝1：1$。由於沒有 B 就無法形成頭部，因此有 50％ 的胚胎頭部缺損……如果這麼想就大錯特錯了！

由於 Bicoid 基因是母體效應基因，因此在受精與和減數分裂之前就會表現並產生 mRNA。由於雌性基因是 Bb，具有正常的 Bicoid 基因 B，因此正常的 Bicoid mRNA 會存在於卵母細胞的前端。

即使減數分裂產生了基因型為 b 的卵細胞，細胞中也早已存

在正常的Bicoid mRNA。而且，即使基因型為b的卵細胞與基因型為b的精子受精產生bb的受精卵，由於細胞中具有正常的Bicoid mRNA，所以該mRNA可以被正確轉譯，並合成正常的Bicoid蛋白。因此，無論產生的胚胎是Bb還是bb，該胚胎都會形成頭部。

所以，頭部有缺陷的胚胎所占的百分比為0%！

⑥ 除了Bicoid基因外，一種名為Nanos的基因也與決定昆蟲的頭尾體軸相關，Nanos也是母體效應基因，Nanos mRNA位於卵母細胞的後端。受精後，Nanos mRNA被轉譯，其生成的蛋白質會擴散並形成濃度梯度，Nanos蛋白濃度較高的一側會形成尾部側。

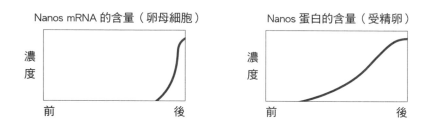

⑦ 根據這些母體效應基因所產生的蛋白質濃度梯度，接下來會表現的是分節基因。

⑧ 首先，溝痕基因會表現並大致劃分區域，接下來，配對規則基因會表現出7道條紋，而體節極性基因則會表現出14道條紋，並區分為14段體節。

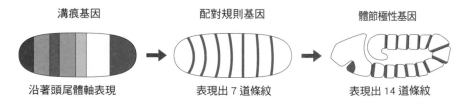

⑨ 在分節基因之後表現的是同源異形基因，同源異形基因會決定每個體節的型態。

⑩ 當同源異形基因發生變異，就會導致形成的器官產生不同於正常器官的突變。

⑪ 例如，在形成觸角的位置上形成腿，該現象稱為觸角足突變。或是本來只該長出2隻（1對）翅膀的果蠅，變成長出4隻（2對）翅膀，該現象稱為Ultrabithorax突變。

⑫ 如上所述，這些由同源異形基因引起的突變稱為同源異形突變。

▶ 挑戰！ //

果蠅胚胎的頭尾體軸在卵細胞未受精時就已經確定，幾個母體效應基因在沿著頭尾體軸的體結構造（頭部、胸部、腹部等）形成中發揮了重要作用。圖1顯示了母體效應基因X、Y、Z的mRNA和其轉譯產生的蛋白質X、Y、Z的分布。

由於在卵細胞形成的過程中，母體效應基因X的mRNA分布偏向卵細胞的前端，因此受精後轉譯產生的蛋白質X會從卵細胞的前端向後端擴散，形成濃度梯度。

　　另一方面，母體效應基因 Y 的 mRNA 分布偏向卵細胞的後端，所以轉譯產生的蛋白質 Y 會從卵細胞的後端向前端形成濃度梯度。而母體效應基因 Z 的 mRNA 會在卵細胞中均勻分布，但轉譯後產生的蛋白質 Z 卻分布不均。如上所述，源自母體效應基因的蛋白質會在胚胎中各自形成濃度梯度。

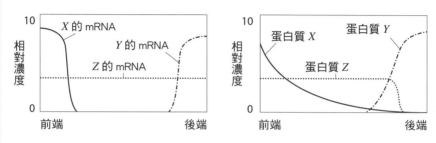

圖 1　基因 X、Y、Z 的 mRNA 與蛋白質 X、Y、Z 的分布

　　當母體效應基因 Y 的 mRNA 注入胚胎的後端時，母體效應基因 Y、Z 的 mRNA 以及蛋白質 Y、Z 的分布如圖2所示。請判斷母體效應基因 Z 的 mRNA 分布和蛋白質 Z 分布不同的原因，並從以下甲～戊中選擇一個正確答案。

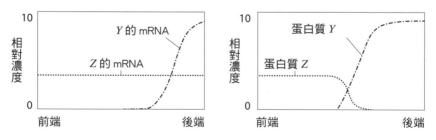

圖 2　當母體效應基因 Y 的 mRNA 注入胚胎的後端後，基因 Y、Z 的 mRNA 以及蛋白質 Y、Z 的分布。

甲　X 的 mRNA 會促進 Z 的 mRNA 進行轉譯。

乙　Y 的 mRNA 會抑制 Z 進行轉錄。

丙 　Y的mRNA會促進Z的mRNA進行分解。

丁 　蛋白質Y會抑制Z的mRNA進行轉譯。

戊 　蛋白質X會促進Z的mRNA進行合成。

▶ 按步解題！//

步驟1 從圖1可以看出，Z的mRNA分布均勻，但後端卻沒有產生Z的蛋白質，該現象有兩種可能性。

可能性1：沒有前端產生的蛋白質X，Z的mRNA就無法進行轉譯（蛋白質X會促進Z的mRNA進行轉譯）

可能性2：在後端產生的蛋白質Y，會抑制Z的mRNA進行轉譯。

步驟2 僅從圖1來看，上述兩種狀況都可能發生。這時候就要參考圖2了，由於Y的mRNA被注射至後端，因此後端Y的mRNA會比正常多更多，並產生大量的蛋白質Y。結果，只有在靠近前端的部分才能產生Z的蛋白質。由此可判斷，蛋白質Y會抑制Z的mRNA進行轉譯。由於X的mRNA與圖1相同，所以X與Z的轉譯並無關聯。

因此，答案為可能性2。

步驟3 接著，讓我們來按順序檢視選項吧。

甲、戊：X與蛋白質Z分布不均無關，因此該選項錯誤。

乙：Z的轉錄發生在Y的蛋白質產生之前，因此該選項錯誤。

丙：在圖2的左側，存在Y的mRNA的地方也有Z的mRNA，而Z的mRNA並沒有被分解，因此該選項錯誤。

丁：由於產生的蛋白質Y抑制了Z的mRNA進行轉譯，因此存在蛋白質Y的區域將無法產生蛋白質Z。

（解答）

丁

✍重點彙整　　昆蟲的發育和基因

(1) 在受精前的卵細胞中表現的基因稱為母體效應基因。

　　 例如 ：Bicoid基因、Nanos基因。

(2) 在Bicoid蛋白濃度較高的一側為前端，Nanos蛋白濃度較高的一側為後端。

(3) 在發育過程中表現的基因。

　　母體效應基因→分節基因→同源異形基因。

(4) 同源異形基因的變異會引起同源異形突變。

　　 例如 ：觸角足突變、Ultrabithorax突變。

胚胎幹細胞、嵌合體、基因剔除小鼠

▶ 必讀關鍵！ //

① 哺乳動物發育過程中，對應囊胚時期的胚胎稱為囊胚。

囊胚是由包圍於外層的滋養外胚層和內細胞團所組成，**滋養外胚層主要會成為未來的胎盤**，而**胚胎則是由內細胞團的細胞所產生**。

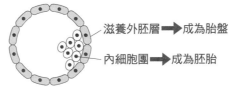

滋養外胚層 ➡ 成為胎盤

內細胞團 ➡ 成為胚胎

② 在這個時期，取出內細胞團的細胞，在經過人工培養後可製造出胚胎幹細胞（Embryonic Stem Cell，ES細胞），**胚胎幹細胞具有分化為胎盤以外的各種細胞的能力**。

③ 將從純系黑毛小鼠（基因型為 *BB*）製造出的胚胎幹細胞，混入純系白毛小鼠（基因型為 *bb*）的囊胚的內細胞團中，結果生出了混合 *BB* 和 *bb* 兩種細胞的小鼠。由 *BB* 組成的部分會長出黑毛，而由 *bb* 組成的部分則會長出白毛，形成黑色和白色的斑紋。

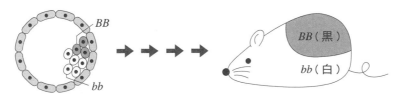

BB

bb

BB（黑）

bb（白）

④ 如同上述的小鼠般，在一個個體中混合了不同基因型的細

胞，此種個體稱為嵌合體。

立刻實踐！

將純系白毛小鼠的八細胞期胚胎與純系黑毛小鼠的八細胞期胚胎混合並使其發育，會產生兩種細胞以相同數量混合在一起的囊胚，最後產生子代小鼠。所產生的子代中包含一隻黑毛小鼠、一隻白毛小鼠、六隻黑白相間的小鼠。請問內細胞團中的多少個細胞能夠產生一隻小鼠？

3 個

深入解析……

透過上述方式，即使不使用胚胎幹細胞也能製造嵌合體，接下來讓我們按照順序來解題。

首先，假設內細胞團中的一個細胞可以產生一隻小鼠。如果該細胞的基因型是 BB，出生的將是黑毛小鼠，如果是 bb 則是白毛小鼠，但絕對不會產生 BB 和 bb 混合的嵌合小鼠。而實際上，最後產生了黑白相間的小鼠（即嵌合體），因此內細胞團中的一個細胞能產生一隻小鼠的假設是錯誤的。

那麼，接著假設兩個細胞可以產生一隻小鼠。如果第一個細胞是 BB，第二個細胞也是 BB，出生的將是黑毛小鼠，其機率為 $\frac{1}{2} \times \frac{1}{2} = \frac{1}{4}$。同樣的，白毛小鼠的出生機率也是 $\frac{1}{4}$。

產生黑白相間（嵌合體）小鼠的機率則為 $1 - \frac{1}{4} \times 2 = \frac{1}{2}$。

但實際上產生嵌合小鼠的機率為 $\frac{6}{1+1+6} = \frac{3}{4}$，因此該假設也是錯誤的。

我們可以透過同樣的方式假設三個細胞、四個細胞……但讓我們用更簡單的方式來思考吧。

如果從n個細胞可以產生一隻小鼠，那麼產生黑毛小鼠的機率為 $\frac{1}{2^n}$，產生白毛小鼠的機率也是 $\frac{1}{2^n}$。因此，產生黑白相間小鼠的機率則為 $1-\frac{1}{2^n}\times2$。

實際上，由於產生黑毛小鼠的機率為 $\frac{1}{1+1+6}=\frac{1}{8}$，所以 $\frac{1}{2^n}=\frac{1}{8}$。

或者是，產生黑白相間小鼠的機率為 $\frac{3}{4}$，所以 $1-\frac{1}{2^n}\times2=\frac{3}{4}$。

計算後得出 n＝3，因此內細胞團中的三個細胞可以產生一隻小鼠。

⑤ 哪一部分的細胞是 BB，哪一部分是由 bb 的細胞所產生都屬於偶然。有時生殖母細胞也可以成為嵌合體，在這種情況下，BB 和 bb 的生殖母細胞是以何種比例混合也是屬於偶然。

⑥ 由 BB 的母細胞所產生的生殖細胞為 B，由 bb 的母細胞所產生的生殖細胞則為 b。

因此，嵌合小鼠最終產生的配子會是 B 或 b。

立刻實踐！

　　將從純系黑毛小鼠（*BB*）製造的胚胎幹細胞混入純系白毛小鼠（*bb*）的囊胚中，產生出嵌合小鼠。這些嵌合小鼠的生殖母細胞也是嵌合體，如果這些嵌合小鼠之間進行交配，會產生什麼毛色的小鼠？黑毛相對於白毛為顯性，請以此為前提進行回答。

黑毛或
白毛

深入解析……

　　雄性嵌合小鼠的精子是 *B* 或 *b*（但其比例不一定是 *B*：*b* ＝ 1：1）。同樣，雌性嵌合小鼠的卵細胞也是 *B* 或 *b*。因此，出生的子代小鼠將是 *BB*、*Bb*、*bb* 的其中之一。

　　BB 和 *Bb* 都是黑毛小鼠，而 *bb* 則是白毛小鼠。因此，其出生的子代毛色只有可能是黑毛或白毛，絕不會產生嵌合體。此外，黑毛小鼠和白毛小鼠的出生機率是偶然，因此我們並無法得知兩者的確切比例。

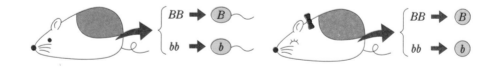

　　⑦ 以人工的方式，被剔除某一特定基因功能的小鼠稱為基因剔除小鼠。

　　⑧ 為了製造剔除基因 *G* 的基因剔除小鼠，首先要利用基因重組操作，破壞純系黑毛小鼠（*BB*）一對基因 *G* 中的其中一個基因 *G*，製造該純系黑毛小鼠的胚胎幹細胞，並將該胚胎幹細胞移植到基因 *G* 正常的純系白毛小鼠（*bb*）的囊胚中，使其在子宮內發育

並產生嵌合小鼠。**從嵌合小鼠和正常純系白毛小鼠交配產生的子代中**，透過基因分析選擇一對基因 G 中的其中一個基因 G 被破壞的個體。

立刻實踐！

| 底線處交配所產生的 12 隻子代小鼠中，有 8 隻是黑毛小鼠。在這些小鼠中，有多少個體含有被破壞的基因 G ？ | 4隻 |

深入解析⋯⋯⋯

將被破壞的基因 G 記作 G'，則胚胎幹細胞基因型為 $BBGG'$。囊胚所提供的純系白毛小鼠的基因型為 $bbGG$。將混有上述兩種細胞的嵌合小鼠和純系白毛小鼠（$bbGG$）進行交配，其結果如下。

	BG	BG'	bG
bG	$BbGG$	$BbGG'$	$bbGG$

在黑毛小鼠（$BbGG$ 和 $BbGG'$）中，有一半具有被破壞的基因 G（G'），因此答案為4隻。

⑨ 接下來，**將其中一個基因 G 被破壞的雌雄個體間進行交配**，所產生的子代小鼠中，同源染色體上的一對基因 G 都被破壞的個體就是基因剔除小鼠。

立刻實踐！

| ⑨ 底線處產生了 12 隻子代小鼠，在這些小鼠中有多少隻是基因剔除小鼠？ | 3隻 |

深入解析……

　　此為$BbGG'×BbGG'$的交配，由於G的基因是由$GG'×GG'$的交配所產生，因此產生的子代小鼠為$GG：GG'：G'G' = 1：2：1$，其中，$G'G'$是基因剔除小鼠，因此答案為$12\,隻×\frac{1}{4} = 3\,隻$。

▶ 挑戰！ //

　　為了了解基因B的功能，我們決定製造一隻基因剔除小鼠。首先，將基因B的一部分序列與GFP（綠色螢光蛋白）基因進行重組，製造出基因B'。

　　接下來，將基因B'置入小鼠的胚胎幹細胞中，將帶有基因B'的胚胎幹細胞注射至具有正常基因B的同型合子囊胚中，使其發育並產生嵌合小鼠。

　　在這些嵌合小鼠中，我們能得到一部分的精子中具有基因B'的雄性（F_0世代）。將該嵌合小鼠與野生型雌性（基因型為BB）進行交配，產生F_1世代，並讓F_1世代中基因型為BB'的個體之間進行交配，產生F_2世代，而F_2世代中會產生基因型為$B'B'$的基因剔除小鼠。

　　接著觀察基因剔除小鼠，結果在卵巢發現綠色螢光。此外，基因剔除小鼠的卵巢與野生型小鼠的卵巢相比非常小，並且未觀察到配子形成。

　　在基因型為BB'的雌性個體中，觀察到與基因剔除小鼠同樣的綠色螢光，但其卵巢大小和配子形成都是正常的。

　　　而在所有的雄性個體中都沒有觀察到綠色螢光，配子的形成也皆正常。除了卵巢外，其他部分並沒有觀察到任何異常。

問題　根據實驗內容推測以下選項何者正確。

①基因 B 位於 X 染色體上。

②基因 B 會抑制卵巢的發育。

③基因 B 會抑制卵母細胞進行減數分裂。

④在野生型小鼠中，基因 B 會於卵巢表現。

▶ 按步解題！//

　　步驟1　在這種情況下，胚胎幹細胞的基因型為 BB'，囊胚所提供的基因型為 BB，上述兩者交配產生的嵌合小鼠（F_0）與 BB 交配所產生的 F_1 世代具有 BB 和 BB' 兩種類型。

　　使其中的 BB' 個體間進行交配，所產生的 F_2 世代的比例為 $BB : BB' : B'B' = 1 : 2 : 1$。其中，$B'B'$ 為基因剔除小鼠，基因 B 完全不具備功能，結果造成卵巢無法發育，因此可由此判斷，基因 B 是與卵巢發育相關的基因。

　　步驟2　現在讓我們按順序檢視問題的選項。

　　①由於在具有 B' 的雌性中可觀察到綠色螢光，但在雄性中觀察不到綠色螢光，因此你可能會認為基因 B 在 X 染色體上。那麼接下

來，讓我們假設基因 B 在 X 染色體上，並再實驗一次。

能夠產生 B' 精子的雄性基因型為 $X^B Y$，正常的雌性基因型為 $X^B X^B$，那麼兩者所產生的子代將為 $X^B X^{B'}$ 與 $X^B Y$，由於雄性並不包含 B'，因此在雄性中不會觀察到綠色螢光。

實驗中，BB' 個體之間會進行交配，並製造出基因型為 $B'B'$ 的基因剔除小鼠。如果雄性沒有 B'，就無法產生 $B'B'$ 的子代小鼠，因此，基因 B 在 X 染色體上的假設錯誤。

②基因 B 未發揮作用導致卵巢無法發育，換句話說，如果基因 B 發揮作用則卵巢就會正常發育，因此該選項錯誤。

③基因 B 未發揮作用導致卵巢無法發育，因此未形成配子。如果基因 B 發揮作用，卵巢應該會發育並形成配子，因此該選項錯誤。

④原本基因 B 就是只在卵巢表現的基因，即使基因 B 的一部分序列替換為 GFP 並製造出基因 B'，該基因 B' 也只會在卵巢表現並發出綠色螢光。由於基因 B 和基因 B' 都不會在睪丸表現，因此即使雄性有基因 B'，也不會觀察到綠色螢光。

（解答）4

✍ **重點彙整**　嵌合體、基因剔除小鼠

(1)在一個體中混合了不同基因型的細胞，此個體稱為嵌合體。

(2)以人工方式剔除某一特定基因功能的小鼠稱為基因剔除小鼠。

花的形態變化、X染色體去活化

▶ 必讀關鍵！ //////////////////////////////

① 花的形態變化與 A 基因、B 基因、C 基因三種類型的基因群有關。

② 當只有 A 基因發揮作用時會形成花萼，當 A 基因和 B 基因兩者發揮作用時會形成花瓣，當 B 基因和 C 基因兩者發揮作用時會形成雄蕊，當只有 C 基因發揮作用時則會形成雌蕊。

最後，從外側會依序形成花萼、花瓣、雄蕊、雌蕊，其之間的關聯如下圖所示。

③ 此外，A 基因和 C 基因會抑制彼此的基因表現。

在 A 基因表現的地方，C 基因的表現會被抑制；而在 C 基因表現的地方，A 基因的表現會被抑制。

反之，當 A 基因未發揮作用時，C 基因就會表現；C 基因不發揮作用時，A 基因就會表現。

立刻實踐！

在 A 基因發生突變的植物中，從外側會依序在甲、乙、丙、丁的區域，分別形成何種構造？

甲	雌蕊
乙	雄蕊
丙	雄蕊
丁	雌蕊

深入解析……

原本在區域甲會形成花萼，但由於 A 基因發生突變，因此 C 基因會取代 A 基因在此區域表現，結果形成雌蕊。

原本在區域乙會形成花瓣，但 C 基因取代 A 基因在此區域表現，因此在 B 基因和 C 基因兩者的作用下，最後會形成雄蕊。

區域丙、丁原先就是 A 基因不會表現的區域，所以即使 A 基因發生突變也不會產生影響，區域丙一樣會形成雄蕊，區域丁則形成雌蕊。

因此，從外側會依序形成雌蕊、雄蕊、雄蕊、雌蕊。

立刻實踐！

某株植物中，與花的形態發生相關的基因 A、B、C 中的其中一個基因發生變異，從外側依序形成花萼、花瓣、花瓣、花萼，請問發生突變的基因是 A、B、C 中的哪一種？

C 基因

深入解析……

原來會形成花萼和花瓣的區域，正常形成了花萼和花瓣，因此在該區域中發揮作用的 A 基因和 B 基因並沒有發生變異。

原本應該形成雄蕊和雌蕊的區域，形成了與原來不同的結

構，因此可以判斷，在形成雄蕊和雌蕊的區域產生作用的 C 基因發生了突變。

當 C 基因發生變異時，A 基因會取代 C 基因在應該形成雄蕊的區域中表現，因此在 B 基因和 A 基因的作用下會形成花瓣。

A 基因會取代 C 基因在應該形成雌蕊的區域中表現，因此會形成花萼。

④ 哺乳動物的性別決定方式為XY系統，雌性具有XX性染色體，雄性具有XY性染色體。在雌性哺乳動物中，兩條X染色體的其中一條會在發育早期隨機失去活性。

⑤ 假設在某種哺乳動物中，A（a）基因位在X染色體上，並有基因型為 $X^A X^a$ 的雌性。一般來說，A相對於a為顯性，因此 $X^A X^a$ 的表現型應為〔A〕。

但是，在雌性哺乳動物中，其中一條X染色體會失去活性，因此表現型會如下圖所示。

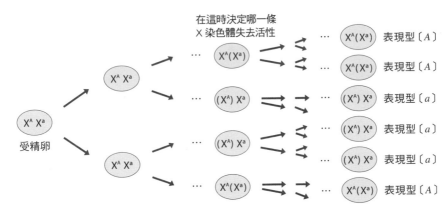

該雌性個體中，有一部分表現型為〔A〕，另一部分表現型為〔a〕。如果A是黑毛的基因，a是白毛的基因，那麼身體的一部分會形成黑毛，另一部分形成白毛，產生黑毛白毛相間的個體。

⑥ 這種現象有一個眾所皆知的例子，那就是三色貓。因為具有白色、橘色、黑色三種不同的毛色，故名為三色貓。

決定是否產生白毛的基因位於體染色體上，如果基因型有A便會產生白毛，如果基因型為aa便不會產生白毛，橘毛的基因B和黑毛的基因b則位於X染色體上。

立刻實踐！

從以下選項中，選擇所有會產生三色貓的基因型。

甲　AaX^BX^B　　乙　aaX^BX^b　　丙　AAX^BX^b

丁　AaX^BX^b　　戊　AAX^BX^bY

丙、丁、戊

深入解析……

形成一隻三色貓需要三種基因，其分別是產生白毛的基因A、產生橘毛的基因X^B、產生黑毛的基因X^b。

甲　由於沒有X^b，因此甲不是一隻三色貓，而是一隻只有橘毛和白毛兩種毛色的貓。

乙　由於沒有A，因此乙不是一隻三色貓，而是一隻只有橘毛和黑毛兩種毛色的貓。

丙　由於同時存在A、X^B、X^b，因此會產生白毛，X^B會在某些部分表現並產生橘毛，而X^b也會在某些部分表現並產生黑毛，形成一隻具有三種毛色的三色貓。

丁　無論基因型是AA或Aa都會產生白毛，所以該選項也是一隻三色貓。

戊　由於有A、X^B和X^b，因此該選項是一隻三色貓。此外，這隻貓帶有一條Y染色體，因此是雄性。性染色體通常為X^X或XY，所以染色體的基因型為XXY是一種染色體發生異常的情況，故雄性三色貓非常罕見。

立刻實踐！

橘毛的雌性（X^BX^B）與黑毛的雄性（X^bY）交配產生了一隻X^BX^bY的雄性。這是由於減數分裂時，發生了染色體無法正常分離的染色體不分離現象，請問是父母中的哪一方發生了染色體不分離的現象？

父親

深入解析……

產生的X^BX^bY應是從母親得到X^B，從父親得到X^b和Y。正常情況下，父親會形成具有X染色體的精子或具有Y染色體的精子，而不會形成同時具有X染色體和Y染色體的精子。因此，父親很可能在精子形成過程中發生了染色體不分離的現象。

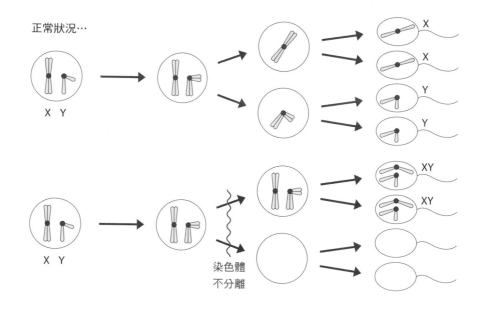

正常狀況…

染色體
不分離

▶ 挑戰！////////////////////////////////////

　　雌性哺乳動物在受精後的某個時期，體細胞的兩條X染色體中，其中一條會被去活化，該染色體上的基因並不會表現。

在發育的早期階段（大約相當於蛙類的囊胚期），每個細胞會隨機決定父親或母親的X染色體中哪一條要去活化。一旦其中一條X染色體被去活化，由該細胞分裂形成的子細胞也將保持X染色體去活化的狀態。

　　現在，我們假設存在於大鼠X染色體上的某個等位基因是基因P和基因Q，其分別對應於P型酵素和Q型酵素。

問題1　根據劃底線的部分，請選擇一個在正常情況下不可能存在的個體。

①具有P型酵素的雄性。

②具有P型酵素的雌性。

③具有Q型酵素的雄性。

④具有Q型酵素的雌性。

⑤同時具有P型酵素和Q型酵素的雄性。

⑥同時具有P型酵素和Q型酵素的雌性。

問題2 根據劃底線的部分，將只具有P型酵素的雄性與只具有Q型酵素的雌性進行交配，產生子代大鼠，使用子代大鼠的表皮細胞製造克隆（由單個細胞衍生的細胞群），請問可能會產生什麼樣的克隆？請分別為雄性和雌性選擇一個適當的選項。

①只會產生僅具有P型酵素的克隆。

②只會產生僅具有Q型酵素的克隆。

③只會產生同時具有P型酵素和Q型酵素的克隆。

④產生僅具有P型酵素的克隆，或是僅具有Q型酵素的克隆。

⑤產生同時具有P型酵素和Q型酵素的克隆，或是僅具有P型酵素的克隆。

⑥產生同時具有P型酵素和Q型酵素的克隆，或是僅具有Q型酵素的克隆。

⑦產生同時具有P型酵素和Q型酵素的克隆、僅具有P型酵素的克隆、僅具有Q型酵素的克隆之中的其中一種。

▶ 按步解題！//

問題中所指的是「正常情況」，因此我們不須要考慮染色體異常的狀況。

問題1 **步驟1** 雄性共有X^PY和X^QY兩種基因型，其中X^PY是僅具有P型酵素的雄性①，X^QY則是僅具有Q型酵素的雄性③。

步驟2 雌性有X^PX^P、X^QX^Q、X^PX^Q三種基因型，其中X^PX^P是僅具有P型酵素的雌性②，X^QX^Q是僅具有Q型酵素的雌性④，在基因型為X^PX^Q的情況下，X^P在某些細胞中會表現並產生P型酵素，X^Q則會在其他細胞中表現並產生Q型酵素，因此該個體會成為同時具有P型酵素和Q型酵素的雌性⑥。正常情況下，雄性只有一條X染色體，所以無法產生同時具有P型和Q型酵素的雄性⑤。

問題2 **步驟1** 僅具有P型酵素的雄性是X^PY，僅具有Q型酵素的雌性是X^QX^Q，因此兩者交配後會產生X^PX^Q或X^QY的子代，培養X^QY的細胞只會產生Q型酵素（因此雄性的答案為②）。

步驟2 當培養X^PX^Q的細胞時，你可能誤以為會產生P型和Q型兩種酵素，但這是錯誤的！表皮細胞中的其中一條X染色體已經被去活化，因此，某些表皮細胞僅會表現出X^P，其他表皮細胞則只會表現出X^Q。

步驟3 如果培養僅表現出X^P的表皮細胞，只會產生P型酵素；如果培養僅表現出X^Q的表皮細胞，只會產生Q型酵素。因此需要注意的是，雌性的表皮細胞會培養出④，而不是③。

（解答）

問題1 ⑤　　　問題2 雄性 ②　　雌性 ④

✎ 重點彙整　花的形態變化、X 染色體去活化

(1) 只有A基因→花萼；A＋B基因→花瓣；B＋C→雄蕊；只有
C→雌蕊。

(2) 雌性哺乳動物中，在發育的早期階段，兩條X染色體中會有一
條被去活化。

(3) 減數分裂期間，若發生染色體無法正常分離的染色體不分離現
象，將會導致配子的染色體數目多於或少於正常的染色體。

重點 27 視覺器

▶ 必讀關鍵！ //

① 人體中有各種接受器，在這個章節中讓我們先來認識視覺器（眼睛）。

② 從正上方觀看人眼的水平剖面如下圖所示。

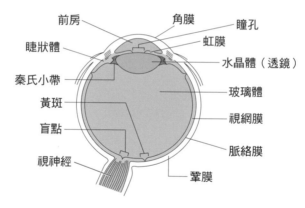

前房	角膜	瞳孔
睫狀體		虹膜
秦氏小帶		水晶體（透鏡）
黃斑		玻璃體
盲點		視網膜
視神經		脈絡膜
		鞏膜

立刻實踐！

②的眼睛剖面圖是右眼還是左眼？　　右眼

深入解析……

該圖是沿水平面切割眼睛，並從正上方觀看的剖面圖。視神經最終會將訊息傳送至大腦，因此，② 的圖示是右眼的剖面圖。

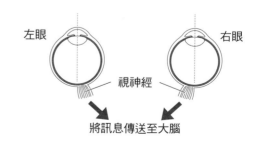

③ 下圖是視網膜的局部放大圖。

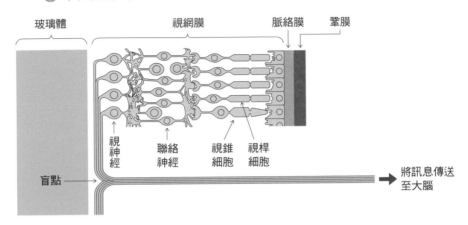

④ 視網膜如上圖所示，後方有視覺細胞（視錐細胞、視桿細胞），視神經在視網膜的表面一側（玻璃體一側）。視覺細胞接收到的訊息會透過聯絡神經傳送至視神經。視神經束會穿過視網膜並離開眼睛形成出口，而該出口就是盲點。視神經在盲點結為束狀，但由於沒有視覺細胞，因此即使在此處形成影像，也無法感知光線。

立刻實踐！

　　在眼前放置如下圖所示的圖板，並只用左眼看這張圖，當聚焦於★時，●會從視野中消失。這是因為當★成像於黃斑上時，●成像於盲點上。

10毫米

　　假設從●到★之間的距離為 10 公分，眼球的直徑為 2 公分，從圖板到眼睛的距離為 20 公分，那麼從黃斑到盲點的距離為多少毫米？

將題目圖示化後如右圖所示。

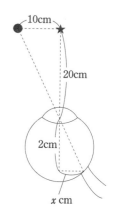

如果單純將底邊為20公分，高度為10公分的三角形和一個底邊為2公分，高度為x公分的三角形視為相似三角形。

10公分：20公分＝x公分：2公分，因此，x＝1（公分）

問題所求之單位為毫米，因此答案為10毫米。

⑤ 視覺細胞中的視錐細胞會集中分布於黃斑，視桿細胞則是分布在黃斑之外的周邊區域。

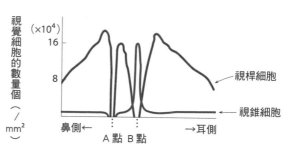

⑥ 視覺細胞的分布如右圖所示。

立刻實踐！

上圖中的 A 點和 B 點的名稱為何？

A 點　盲點
B 點　黃斑

A點並不存在視錐細胞和視桿細胞，因此可以判斷A是盲點。而B點未分布視桿細胞，但視錐細胞卻集中分布於B點，因此B點是黃斑。

⑦ 當我們從明亮的地方突然進到黑暗的地方時，一開始什麼都看不見，但過了一段時間後就能慢慢看清了，這種現象稱為暗適應，該現象如右圖所示。

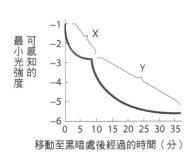

縱軸：可感知的最小光強度

橫軸：移動至黑暗處後經過的時間（分）

⑧ 在人移動至黑暗處後，照射各種強度的光，並測量人所能感知的光強度。這張圖表的縱軸是「可感知的最小光強度」，簡而言之，圖表中的數值愈小（圖表中的數值愈往下），可以看見的光線就愈弱，這就是暗適應的漸進性。

⑨ **發生暗適應是因為視覺細胞的敏感度增加**（簡單來說就是變得更加敏感），當我們進入黑暗的地方時，首先會出現視錐細胞敏感度增加的反應（上圖的 X 部分），接著出現視桿細胞敏感度增加的反應（上圖的 Y 部分）。其中，**最主要的是視桿細胞的反應。**

立刻實踐！

如果進行與上述相同的實踐，但只將光照射在視網膜的黃斑部位，請問會出現什麼樣的圖表？

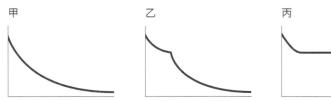

甲　　　　　乙　　　　　丙

丙

深入解析……

視錐細胞集中分布在黃斑，但黃斑並不存在視桿細胞，所以，只向黃斑照射光線意味著只有視錐細胞會產生反應。因此，X

223

的部分雖然會產生反應，但 Y 的部分卻不會產生任何反應，故答案應選丙。

▶ 挑戰！ //

視覺是由光刺激作用於眼睛所產生的一種感覺，光線經過眼球前端的角膜和水晶體產生折射，聚焦成像於視網膜。

在人類的視網膜中，(a)有視錐細胞和視桿細胞，(b)上述兩種細胞對光的反應和在視網膜上的分布是不同的。此外，盲點中並沒有視錐細胞和視桿細胞，因此在盲點無法感知到光。

問題 1 關於底線(a)的部分，當視桿細胞和三種類型的視錐細胞（紅錐細胞、綠錐細胞、藍錐細胞）呈現出如下圖所示的光的波長和吸光量的關係時，請從下列①～⑧中分別選擇一個最適合 甲 ～ 丙 的選項。

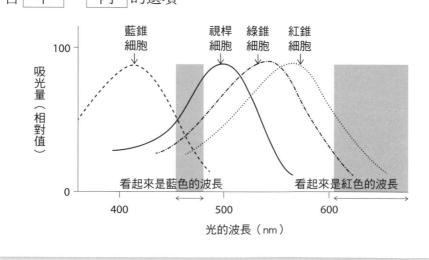

　　有天，捷克的生理學家普爾基涅（Jan Purkinje）在一個開著紅色和藍色花朵的公園散步。他注意到在白天，紅色花朵看起來比藍色花朵顯得更加明亮清晰，但到了傍晚，隨著太陽下山，藍色花朵卻變得比紅色花朵更加清晰可見。

　　這個現象是因為，在人的視網膜中，紅錐細胞比藍錐細胞更多，隨著天色變暗，會導致 ┌ 甲 ┐ 發生，並提升 ┌ 乙 ┐ 細胞的敏感度，此外，被識別為 ┌ 丙 ┐ 色的光波長與視桿細胞中高吸光量的波長接近。

	甲	乙	丙
①	明適應	視錐	藍
②	明適應	視錐	紅
③	明適應	視桿	藍
④	明適應	視桿	紅
⑤	暗適應	視錐	藍
⑥	暗適應	視錐	紅
⑦	暗適應	視桿	藍
⑧	暗適應	視桿	紅

問題2 關於底線(b)的部分，當你想用肉眼觀察夜空中某顆較暗的星星時，能夠使用何種方法？請從以下①～④中選擇一個最適當的選項。

①睜大眼睛看著星星，以便讓更多的光線進入你的眼睛。

②到附近有明亮路燈的地方看星星，以便讓更多的光線進入你的眼睛。

③觀測星星時，將視線的中心（黃斑中心）對準星星。

④觀測星星時，避免將視線的中心（黃斑中心）對準星星。

▶ 按步解題！ //

問題1　正如問題中提到的，人類有三種視錐細胞，並根據每種視錐細胞的吸光度比例來識別顏色的不同。

甲：天色變暗時發生的現象當然是暗適應。

乙：雖然視錐細胞也有稍微參與暗適應，但主要發揮作用的還是視桿細胞。

丙：當天色變暗時，視桿細胞的敏感度會增加，並提升識別為藍色的波長的吸光量。所以，藍色會變得比紅色還要更清晰可見。

問題2　視錐細胞是識別顏色時不可或缺的細胞，但無法對弱光產生反應。另一方面，視桿細胞雖然無法識別顏色，卻能對弱光產生反應。視錐細胞大量分布在黃斑，而視桿細胞則大量分布在黃斑周圍。

因此，黃斑中的視錐細胞無法感知微弱的星光，但在周圍分布的視桿細胞卻能夠感知弱光，因此答案為4。

（解答）

問題1　⑦　　問題2　④

> 📝 **重點彙整** ╲ 視覺器
>
> (1) 視錐細胞：主要在強光下作用，可以識別顏色。
>
> 　　視桿細胞：主要在弱光下作用，無法識別顏色。
>
> (2) 暗適應：主要發生在視桿細胞的敏感度增加時。

重點 28 興奮的傳導、傳遞

▶ **必讀關鍵！** //

① 神經元的膜電位主要與以下四種類型的蛋白質作用有關。

- ・鈉鉀幫浦
- ・非電位敏感型鉀離子通道
- ・電位敏感型鉀離子通道
- ・電位敏感型鈉離子通道

② 鈉鉀幫浦會利用細胞內的 ATP 將
鈉離子輸送至細胞外，並將鉀離子輸送
至細胞內。結果形成了鈉離子在細胞外
較多而在細胞內較少，與鉀離子在細胞
內較多而在細胞外較少的濃度梯度。

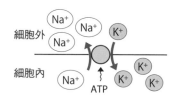

③ 在靜止狀態下，電位敏感型鉀離子通道和電位敏感型鈉離
子通道都會關閉，**只有非電位
敏感型鉀離子通道為開啟狀
態**。鉀離子會順著濃度梯度通
過非電位敏感型鉀離子通道，
從細胞內流向細胞外，這種帶
電離子的移動會產生電位。

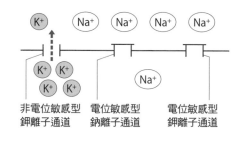

在這種情況下，陽離子向細胞外移動會導致細胞外為正電
位，細胞內為負電位，產生電位差，該現象稱為**靜息電位**。

④ 當細胞外為正電位時，作為陽離子
的鉀離子會變得難以移動，在鉀離子的移動
到達一定程度後，外部電位和移動的力量會
達成平衡，這決定了靜息電位的大小。

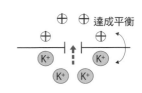

⑤ 當神經元受到的刺激超過
閾值，在先前關閉的電位敏感型
鈉離子通道會開啟，鈉離子便會
順著濃度梯度從細胞外流向細胞

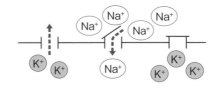

內。這一次的情況是鈉離子向細胞內移動，因此細胞內變為正電
位，細胞外變為負電位。**膜電位發生逆轉的狀態被稱為興奮。**

⑥ 但電位敏感型鈉離子通道很快就會關閉，接著，電位敏感
型鉀離子通道會開啟。最後，鉀
離子會順著濃度梯度從細胞內流
向細胞外，重新回到細胞外為正
電位，細胞內為負電位的靜息電位。

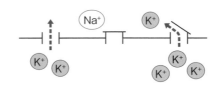

⑦ 這一系列的電位變化被稱為動作電位，細胞內的膜電位變
化如下圖所示。

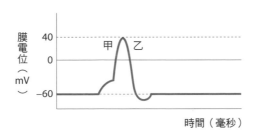

立刻實踐！

(1) 在⑦圖中，甲的部分是哪種離子正在往哪個方向移動？	(1) 鈉離子往細胞內流入
(2) 在⑦圖中，乙的部分是哪種離子正在往哪個方向移動？	(2) 鉀離子往細胞外移動
(3) 動作電位的最大值是多少？	(3) 100 mV

深入解析……

(1) 細胞內的電位狀態由負轉為正，是因為電位敏感型鈉離子通道打開，鈉離子流入細胞內。

(2) 當電位敏感型鈉離子通道關閉，而電位敏感型鉀離子通道開啟時，鉀離子便會從細胞內移動至細胞外，並且重新回到靜息電位。

(3) 興奮狀態下的細胞內外電位差並非動作電位，因此，不能照搬圖表上的40mv作為答案。**從靜止狀態開始的電位變化才是所謂的動作電位**，由於電位是從−60mV變為＋40mV，因此動作電位的最大值為100mV。

⑧ 當神經元的一部分軸突產生興奮時，與兩側相鄰的靜止部位之間會產生電位差；興奮部位和靜止部位之間會流動著微弱的動作電流。

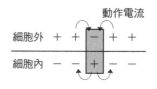

⑨ 這會使兩側相鄰的部位受到刺激並變得興奮。另一方面，最初興奮的部位會立即恢復為靜息電位。

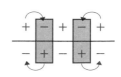

⑩ 接著，興奮的部位與下一個相鄰的靜止部位之間會流動著

動作電流，使下一個相鄰的靜止部位變得興奮，如上述般依次傳導興奮被稱為興奮的傳導，軸突所產生的興奮會傳導至兩側。

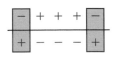

⑪ 此外，在興奮剛結束時，電位敏感型鈉離子通道會變為無法開啟的狀態，因此**暫時無法產生新的興奮**，這種狀態稱為**不應期**，不應期能夠防止興奮再次出現。

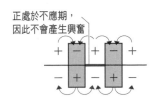

正處於不應期，
因此不會產生興奮

⑫ 當刺激低於閾值時，不會產生興奮，但當**刺激高於閾值時，即使刺激的強度進一步增強，興奮的程度也會保持不變**，該現象被稱為「**全有全無律**」。刺激強度和興奮程度之間的關係如右圖所示。

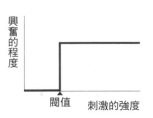

⑬ 那麼，刺激的強弱是以何種形式傳遞呢？

一種方式是，隨著刺激增強，雖然興奮的程度並不會改變，但產生**興奮的頻率卻有所增加**（見下圖）。

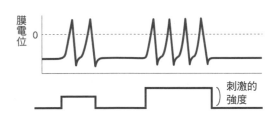

⑭ 而另一種方式是，由於神經包含了大量具有不同閾值的神經元，**隨著刺激的增加，興奮的神經元數量也會隨之增加**。

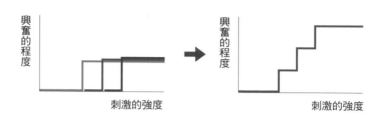

立刻實踐！

　　使用一個神經元，透過改變刺激強度來測量
細胞內的膜電位，將得出什麼樣的圖表？

甲、丙

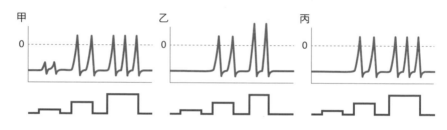

深入解析……

　　在一個神經元中，刺激低於閾值並不會產生動作電位，但可能會產生甲圖中的微弱興奮。此外，即使給予超越閾值的強烈刺激，動作電位的大小也不會改變，因此乙是錯誤的。

　　丙圖中，即使給予高於閾值的刺激，動作電位的大小也沒有改變，但興奮的頻率卻隨之增加，因此答案為丙。

⑮ 當興奮傳導至軸突末端（又稱為神經末梢）時，電位敏感型鈣離子通道會開啟，細胞外的鈣離子便會順著濃度梯度流入細胞內。

　　當神經末梢的鈣離子濃度增加時，突觸小泡會與神經末梢的細胞膜（稱為突觸前膜）融合，儲存在突觸小泡中的神經傳遞物

會被釋放至突觸間隙（胞吐作用）。

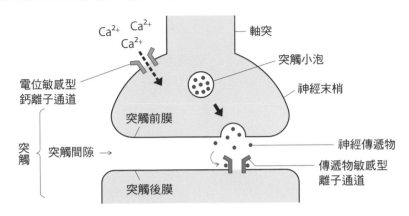

⑯ 神經傳遞物會與下一個神經元的樹突或細胞體的細胞膜（稱為突觸後膜）上的受體結合。

受體有很多種類，但最常見的類型是傳遞物（配體）敏感型鈉離子通道。

當神經傳遞物與下一個神經元結合後，傳遞物敏感型鈉離子通道將開啟，鈉離子會順著濃度梯度流入細胞內，使下一個神經元變得興奮。

⑰ 根據神經傳遞物的類型，傳遞物敏感型氯離子通道可能會開啟，使氯離子流入細胞。在這種情況下，由於陰離子流入細胞，細胞內部將存在更多負電，導致很難產生興奮。釋放這種神經傳遞物的神經元稱為**抑制性神經元**。

⑱ 透過神經傳遞物傳遞興奮稱為興奮的傳遞。

興奮是從帶有突觸小泡的軸突末端傳遞至下一個細胞，只能在單一方向進行傳遞。

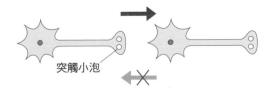

突觸小泡

▶ 挑戰！//////////////////////////////////////

下圖為三個神經元相連的結構示意圖，◯ 的部分對應的是細胞體。在這三個神經元a～f的六個位置上，插入測量膜電位的電極，並在中央的箭頭（⬇）處給予足夠強度的刺激。此時的a～f中，哪些位置會記錄到與興奮相關的膜電位變化？

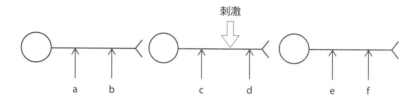

▶ 按步解題！//////////////////////////////////

軸突產生的興奮首先會傳導至兩側，因此，興奮會被傳導至c和d。傳導至圖中右側的興奮，會再透過神經傳遞物將興奮傳遞至右側的神經元，隨後傳導至右側神經元的軸突。因此興奮有被傳至e和f。

另一方面，從 ⬇ 往左側傳導的興奮，無法從細胞體經由突觸傳遞至軸突末端，因此興奮並無法傳至a或b。

（解答）

c、d、e、f

📝 **重點彙整**　興奮的傳導、傳遞

(1) 鉀離子流出細胞外→細胞外為正電位，細胞內為負電位。

(2) 鈉離子流入細胞內→細胞內為正電位，細胞外為負電位。

(3) 單一的神經元適用全有全無律。

(4) 隨著鈣離子流入軸突末端，突觸小泡會釋放出神經傳遞物。

(5) 興奮的傳導在同一神經元內為雙向，但兩神經元間興奮的傳遞只能單向進行。

重點 29

神經路徑

▶ 必讀關鍵！ ////////////////////////////////

① 當你敲擊膝蓋下方時，腳會跳起來，這種現象稱為「膝跳反射」，接著讓我們來認識膝跳反射的神經路徑。

② 首先，當敲擊膝蓋下方時，會壓到通過膝蓋下方的肌腱，使大腿的肌肉（伸肌）被拉伸，這會導致肌肉中名為肌梭的接受器變得興奮。

③ 上述的興奮會透過感覺神經傳遞至運動神經，當運動神經將興奮傳遞至伸肌時，伸肌會收縮並導致腳跳起來。

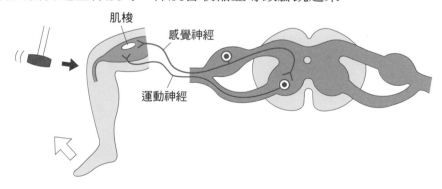

立刻實踐！

參與膝跳反射的神經在脊髓附近分為腹根和背根（下頁圖 1）。假設，如圖 2 和圖 3 所示切斷腹根或背根，並以高於閾值的強度刺激圖 2 中的 a、b 或是圖 3 中的 c、d 位置。如果興奮傳至 R 位置，請問是何處受到刺激？

b、c、d

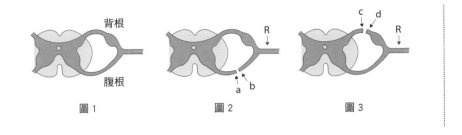

深入解析⋯⋯

神經路徑如下圖所示。

圖2的神經路徑　　　　　　　　　　圖3的神經路徑

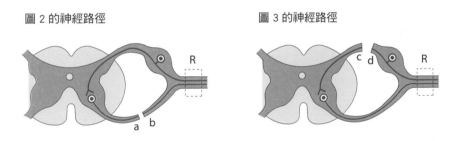

即使a受到刺激，興奮也無法從細胞體傳遞至軸突末端，因此興奮並不會傳至R；b受到刺激時，興奮會透過運動神經傳至R。

當c受到刺激時，感覺神經會興奮起來，將興奮傳遞至運動神經，並傳至R；當d受到刺激時，會在感覺神經中傳導興奮，因此也會將興奮傳至R。但是，當d受到刺激時，興奮並不會從感覺神經傳遞至肌肉，所以不會發生肌肉收縮。

因此，當b、c、d受到刺激時，興奮會傳至R。

④ 當腳在膝蓋肌腱的反射作用下跳起時，屈肌會被拉伸，因此屈肌中的肌梭會興奮起來。當興奮透過感覺神經和運動神經傳至屈肌時，屈肌便會收縮。

　　當屈肌收縮時，伸肌會被拉伸，伸肌中的肌梭會再次興奮並收縮伸肌，然後導致屈肌中的肌梭興奮起來，使屈肌收縮……。

　　如果該機制是這麼運作，腳就會不斷的重複伸展和彎曲的動作，陷入永無止境的輪迴。

　　⑤ 從伸肌的肌梭產生的興奮會透過感覺神經，同時傳給運動神經和中間神經。中間神經雖然也會將興奮傳至收縮屈肌的運動神經，但中間神經是抑制神經元，會抑制運動神經產生興奮。

　　所以，由屈肌肌梭產生的興奮無法導致運動神經興奮，因此腳不會陷入反覆伸展和彎曲的無限輪迴。

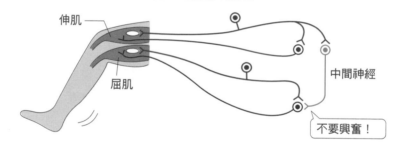

　　⑥ 接下來要認識的是從大腦開始的神經路徑，假設你的大腦發出「彎曲右手！」的命令，實際上下命令給右手的是左腦。**當訊息從左腦傳輸至延腦時，訊息會在延腦左右反轉。**

　　從左腦產生的興奮到延腦會被傳輸至右側，然後經過脊髓右側的白質（皮質），最終透過脊髓的腹根傳輸至右手的屈肌，使右手彎曲。

　　⑦ 如上所述，大腦傳輸的訊息在延腦會左右反轉，這就是為什麼當右腦受損時，會造成傷患左半身不遂，而非右半身不遂。

　　⑧ 當大腦產生手腳「很痛！」或「好燙！」的感覺時，相關的神經路徑也是左右顛倒的。

例如，當右腳踩到圖釘時，產生疼痛感覺的是左側大腦，而非右側大腦。但是，在這種情況下，發生左右反轉的地方並不一定是在延腦，也有可能是在脊髓中發生反轉。

立刻實踐！ ──────────────

有一個人在一次事故中右胸髓（胸部附近的脊髓）受損。結果導致右腳的觸覺和左腳的痛覺消失了。

① 乙

② 甲

①〔甲 觸覺／乙 痛覺〕的感覺神經在腰髓（腰部附近的脊髓）左右反轉，並連接至大腦。此外，這個人可能無法移動②〔甲 右腳 ／乙 左腳〕。

深入解析⋯⋯

由於右胸髓受損，導致通過右胸髓的神經受到損傷，無法傳達興奮。

結果造成右腳的觸覺消失，由此可得知，從右腳產生的觸覺訊息會經過右胸髓。

由於觸覺訊息是從右腳產生，並經過右胸髓，因此觸覺神經在右胸髓還未發生左右反轉。

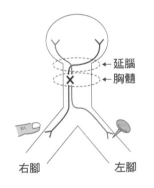

右腳的觸覺訊息由右胸髓一路往上，在延腦左右反轉，最後傳達至左腦。另一方面，由於右胸髓的損傷造成左腳痛覺消失，因此，傳達左腳痛覺的感覺神經一定有經過右胸髓。這說明了感覺神經在還沒到達胸髓前的腰髓，就已經左右反轉，因此①的答案為乙。

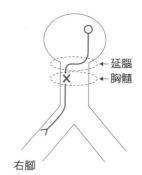

活動手腳的運動神經是從大腦往下，並在延腦左右反轉，通過右胸髓後連接至右腳。如果右胸髓通往右腳的運動神經受損，那麼右腳將無法活動。

因此②的答案為甲。

⑨ 接下來，讓我們了解眼睛的視網膜是透過何種路徑，將感知到的訊息傳輸至大腦。

當圖像通過水晶體時，會上下左右翻轉並成像於視網膜上。 如果眼前有 ●——→ 的圖像，圖像右側部分會在視網膜的左側成像。

左眼左側的視網膜收到的訊息會直接傳輸至左腦，右眼右側的視網膜收到的訊息也會直接傳輸至右腦。

但是，左眼右側的視網膜收到的訊息則會左右反轉並傳輸至右腦，右眼左側的視網膜收到的訊息也會左右反轉並傳輸至左腦。

如上述般一部分的視神經相互交叉，稱為視交叉。

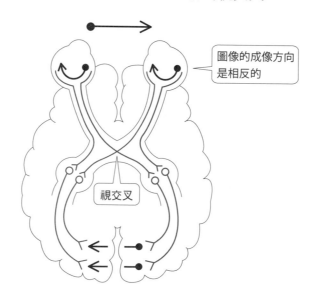

⑩ 如此一來，右側視野的物體訊息會傳輸至左側大腦的視覺皮層，左側視野的物體訊息則會傳輸至右側大腦的視覺皮層，這些訊息被進一步傳輸至大腦的聯合區，讓我們最終能識別出眼前的物體。

⑪ 右側的視覺皮層會接收來自左眼的訊息和右眼的訊息，但**兩者間有些微的差距，因此形成了遠近感。**所以當我們只用一隻眼睛觀看物體時，無法掌握遠近感和準確的距離感。

▶ **挑戰！** //

下頁圖是人類視覺路徑的俯視圖。如果分別在圖中的a、b、c三個位置切斷視神經，左眼和右眼的視野將以何種方式消失？請從甲～己中選擇適當的雙眼視野組合。

甲～己中左右一對圓圈分別表示左眼和右眼的視野，視野受損的區域以黑色表示。

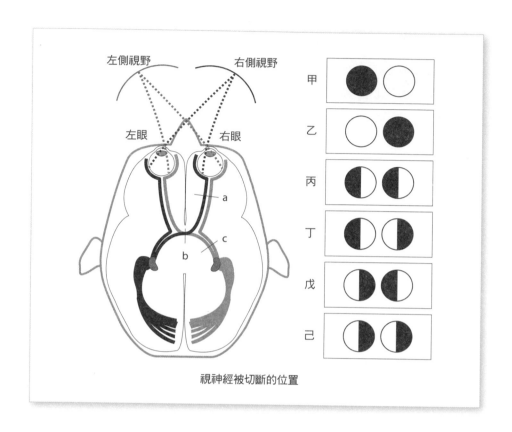

視神經被切斷的位置

▶ 按步解題！///

步驟1 讓我們和先前一樣假設眼前有 ●—→ 的圖像。

當a被切斷時，將如右圖所示。

右眼顯示的部分為左側視野和右側視野。

如果a被切斷，這些訊息都將無法傳達，故答案為乙。

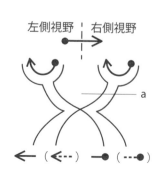

步驟2 當 b 被切斷時，將如右圖所示。

如果視交叉的部分被切斷，右眼左側視網膜上的訊息和左眼右側視網膜上的訊息將無法傳達。

由於右眼左側的視網膜接收的是右側視野的訊息，左眼右側的視網膜接收的是左側視野的訊息，當 b 被切斷時，這些訊息都將無法傳達，故答案為丁。

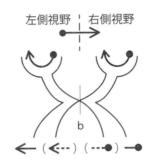

步驟3 當 c 被切斷時，將如右圖所示。

c 的部分是接收來自右眼右側的視網膜和左眼右側的視網膜的訊息。

右眼右側的視網膜接收左側視野的訊息，而左眼右側的視網膜接收左側視野的訊息。當 c 被切斷時，這些訊息都將無法傳達，故答案為丙。

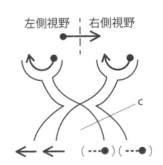

（解答）

a 乙　　b 丁　　c 丙

重點 30 肌肉

▶ 必讀關鍵！ /////////////////////////////////

① 運動神經軸突末端會釋放出作為神經傳遞物的乙醯膽鹼。

② 當乙醯膽鹼與骨骼肌的肌纖維（肌細胞）細胞膜上的受體（傳遞物敏感型鈉離子通道）結合，鈉離子就會流入細胞並傳達興奮。

③ 當此興奮最終傳至肌纖維的肌質網時，肌質網中的電位敏感型鈣離子通道將會開啟，鈣離子會順著濃度梯度從肌質網內流出至細胞質基質中。

④ 當鈣離子與肌動蛋白絲的肌鈣蛋白結合時，原肌凝蛋白會發生位移。最後，肌凝蛋白將變得可以與肌動蛋白絲上的肌凝蛋白結合位點結合。

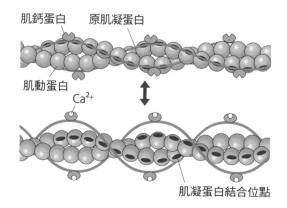

⑤ 肌凝蛋白頭部具有 ATP 分解酵素的作用，當與 ATP 頭部結

合的ATP被分解時，該能量會使肌凝蛋白頭部產生結構變化，並與肌動蛋白絲結合，使肌動蛋白絲滑動，導致肌肉收縮。

⑥ 當肌凝蛋白頭部和肌動蛋白絲結合時，肌凝蛋白會使肌動蛋白絲滑動，並產生張力。因此，肌凝蛋白頭部和肌動蛋白絲結合得愈多，張力就愈大，而結合部位如果愈少，張力就愈小。

⑦ 下圖為流程展示。

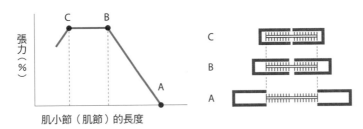

在A點，肌凝蛋白頭部沒有與肌動蛋白絲結合，因此張力為0。

在B點，所有的肌凝蛋白頭部都與肌動蛋白絲結合，因此張力為最大（100%）。

在C點，肌動蛋白絲之間為相互碰撞的狀態，如果肌節的長度變為更短，肌動蛋白絲將相互重疊，導致張力降低。

立刻實踐！

在 ⑦ 的圖表中，假設肌節的長度在 A 點為 3.6 微米，B 點為 2.3 微米，C 點為 2.0 微米，求下列的長度（微米）。

(1) 一條肌動蛋白絲的長度

(2) 一條肌凝蛋白絲的長度

(3) B 點的暗帶和 H 帶的長度

(1) 1.0 微米

(2) 1.6 微米

(3) 暗帶：1.6 微米
　　H帶：0.3 微米

深入解析……

　　(1) 將 C 點的狀態圖示化後如右圖所示。

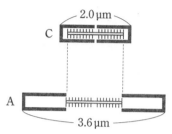

　　根據此圖，一條肌動蛋白絲的長度為 2.0 微米 $\times \dfrac{1}{2} = 1.0$ 微米。

　　(2) 將 A 點的狀態圖示化後如右圖所示。

　　根據此圖，一條肌凝蛋白絲的長度為 3.6 微米 $-(1.0$ 微米 $\times 2)$ $= 1.6$ 微米。

　　(3) 肌凝蛋白絲所在的部分是暗帶，因此，暗帶的長度與一條肌凝蛋白絲的長度相同為 1.6 微米。

　　H 帶是暗帶中肌凝蛋白絲與肌動蛋白絲未重疊的部分。

　　將 B 點的狀態圖示化後如右圖所示。

　　根據此圖，此時 H 帶的長度為 2.3 微米 $-(1.0$ 微米 $\times 2) = 0.3$ 微米

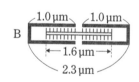

　　⑧ ATP 是可直接用於肌肉收縮的能量來源，即使 ATP 被分解，也有立即重新合成 ATP 的機制。

　　⑨ 其中一種機制，是來自磷酸肌酸的磷酸轉移，磷酸肌酸的磷酸會被轉移至 ATP 分解時產生的 ADP 上，並快速重新合成 ATP。

該過程可透過以下反應式表示：

磷酸肌酸＋ADP——→肌酸＋ATP

⑩ 此外，可以將ADP的磷酸轉移至另一個ADP來重新合成ATP，在這種情況下，給予磷酸的一方會變為AMP（單磷酸腺苷）。

綜上所述，該過程可透過以下反應式表示。

2 ADP——→ATP＋AMP

⑪ 除了這些反應外，肌肉中還儲存了肝糖，透過呼吸作用分解肝醣可以合成大量的ATP。此外，即使在氧氣不足的情況下，也可以透過糖解合成ATP。

立刻實踐！

在糖解和磷酸肌酸的磷酸轉移反應受到抑制，且缺氧的狀態下，使肌肉收縮導致 ATP 減少了 4.5 μ 莫耳。此時，AMP 增加了 1.2 μ 莫耳，請問有多少 μ 莫耳的 ATP 用於肌肉收縮？	5.7 μ 莫耳

深入解析⋯⋯

由於缺氧，所以不會發生呼吸作用。糖解作用和磷酸肌酸的磷酸轉移反應皆受到抑制，因此也無法進行糖解和磷酸肌酸的磷酸轉移，所以只能進行以下兩種反應：

(1) ATP→ADP＋磷酸

(2) 2 ADP→ATP＋AMP

AMP增加1.2μ莫耳是因為發生了(2)的反應。

如果(2)的反應產生了1.2μ莫耳的AMP，那麼也應該會同時產生1.2μ莫耳的ATP。然而，過程中卻減少了4.5μ莫耳的ATP，這是因為(1)的反應消耗了(1.2＋4.5)μ莫耳＝5.7μ莫耳的ATP。

舉例來說，你得到了120元的零用錢，但錢包卻減少了450元，那是因為你花了120＋450＝570元買東西，同樣的概念也可以用在這道題目上。

⑫ 取出與神經相連的肌肉，測量刺激神經到發生肌肉收縮之間的時間。

⑬ 從刺激神經到發生肌肉收縮的過程中，結合了以下三種類型的時間。

(1) 興奮傳導至神經末端的時間

(2) 興奮在神經和肌肉之間的突觸（神經肌肉交接處）傳遞的時間。

(3) 從興奮傳至肌肉到肌肉收縮的時間。

▶ 挑戰！///

如下頁圖所示，取出蛙類的腓腸肌和與其相連的神經，製作神經肌肉標本。當距離肌肉和神經交接處6公分的a點受到刺激時，肌肉會在7.5毫秒後開始收縮；當距離交接處2公分的c點受到刺激時，肌肉會在5.9毫秒後開始收縮；直接刺激肌肉時，肌肉會在3.1毫秒後開始收縮。

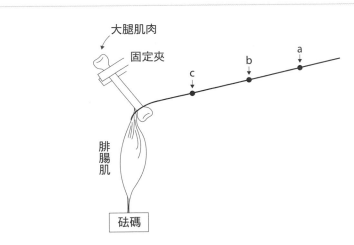

問題1 實驗如圖所示，請求出該神經的傳導速度（公尺／秒）。

問題2 請求出神經肌肉交接處所需的傳輸時間（毫秒）。

問題3 如果距離神經肌肉交接處4公分的b點受到刺激，肌肉會在多少毫秒後開始收縮？

▶ 按步解題！//

問題1 步驟1 假設 ⑬ 中列出的三種時間分別為X、Y、Z。

當a點受到刺激時，肌肉在7.5毫秒後開始收縮的詳細情況如下所示：

7.5毫秒＝6公分之間的傳導時間(X)＋Y＋Z……①

同樣，當c點受到刺激時，肌肉在5.9毫秒後開始收縮的詳細情況如下：

5.9毫秒＝2公分之間的傳導時間(X)＋Y＋Z……②

步驟2 用①減去②，

可得到 $(7.5-5.9)$ 毫秒＝ $(6-2)$ 公分之間的傳導時間。

步驟3 因此，傳導速度為 $\dfrac{(6-2)\,公分}{(7.5-5.9)\,毫秒}$ ＝ 2.5 公分／毫秒 ＝ 25 公尺／秒

如果我們在兩個點上刺激神經，並測量其反應時間，可以透過以下公式計算出傳導速度。

$$傳導速度 = \dfrac{兩點之間的距離}{反應時間的差距}$$

問題2 直接刺激肌肉並使其收縮的所需時間為 3.1 毫秒，該時間可對應於 ⑬ 中所列舉的「(3)從興奮傳至肌肉到肌肉收縮的時間（Z）」。因此，如果將 a 點的數據代入，我們可以得到以下公式。

7.5 毫秒 ＝ 6 公分之間的傳導時間 (X) ＋ Y ＋ Z

$$\dfrac{6\,公分}{2.5\,公分／毫秒} = \ + Y + 3.1\,毫秒$$

因此，Y ＝ 2.0 毫秒。

問題3 **步驟1** 由於是距離神經肌肉交接處 4 公分的 b 點受到刺激，因此我們可以得到以下公式：

4 公分之間的傳導時間 ＋ Y ＋ Z ＝ $\dfrac{4\,公分}{2.5\,公分／毫秒}$ ＋ 2.0 毫秒 ＋ 3.1 毫秒 ＝ 6.7 毫秒

步驟2 還有另一種方法可以解決該問題。

如果興奮是從 b 點傳導到 c 點，之後再過 5.9 秒將會發生肌肉收縮：

從 b 點到 c 點的傳導時間 ＋ 5.9 毫秒 ＝ $\dfrac{(4-2)\,公分}{2.5\,公分／毫秒}$ ＋ 5.9 毫秒

$$= 6.7\,毫秒$$

（解答）

問題1　25公尺/秒　　問題2　2.0毫秒　　問題3　6.7毫秒

📝**重點彙整**　　肌肉

(1)當肌質網釋出的鈣離子與肌動蛋白絲的肌鈣蛋白結合時，原肌凝蛋白的抑制作用會被解除，肌動蛋白絲變得可以與肌凝蛋白頭部結合。

(2)ATP可以透過來自磷酸肌酸的磷酸轉移、來自ADP的磷酸轉移、呼吸作用、糖解等方式進行重新合成。

(3)傳導速度 ＝ $\dfrac{\text{兩點之間的距離}}{\text{反應時間的差距}}$

重點 31 行為

▶ 必讀關鍵！ /////////////////////////////////////

① 動物行為可略分為兩種類型：從**出生就具備的先天性行為**，和**透過經驗及學習產生的後天性行為**。在先天性行為中，面對特定刺激時會產生固定行為。

② 觸發先天性行為的刺激稱為鑰匙刺激。

立刻實踐！

雄性三刺魚會在繁殖季節築巢，並攻擊接近巢穴的雄性，為研究引發攻擊行為的鑰匙刺激，故進行以下實驗。

使用各種模型靠近正在築巢的雄性，研究是否會引發攻擊行為，結果發現，三刺魚僅會針對 e 和 f 進行攻擊，在這種情況下，鑰匙刺激為何？

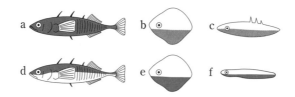

甲 整體形狀　　乙 背側為白色　　丙 雄性產生的氣味
丁 腹部有顏色　戊 腹部為紅色　　　　　　　　　　戊

深入解析……

即使形狀像a和d一樣類似三刺魚，築巢中的雄性也沒有對

其進行攻擊，因此答案不是甲。由於b和c並沒有被攻擊，因此答案不是乙和丁。實驗中使用的模型並沒有氣味，因此答案也不是丙。e和f的共同點是腹部為紅色（戊），因此，紅色腹部就是引發雄性三刺魚攻擊行為的鑰匙刺激。

③ 蜜蜂可以透過跳舞向同伴傳達覓食的地點，從較遠的覓食地返回蜂巢箱的工蜂，會在垂直豎立的巢板上重複跳著八字舞。工蜂會將以太陽為基準的覓食地方向角度，透過八字形舞蹈傳達給其他同伴。將巢板面的正上方（與重力相反的方向）對應為太陽，而八字形舞蹈直行的方向則對應為覓食地。

立刻實踐！

(1) 當太陽的方向為東南方時，在巢板上觀察到如右圖所示的舞蹈。

重力的方向

此時，從蜂巢箱觀看覓食地的方位為？

(2) 在 (1) 過了三小時後，再次觀察蜂巢箱中的蜜蜂，從覓食地返回蜂巢箱的蜜蜂會跳著什麼樣的舞蹈？

(1) 正西方
(2) 戊

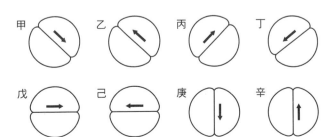

甲　　乙　　丙　　丁

戊　　己　　庚　　辛

深入解析……

　　在蜂巢箱中，正上方代表太陽的方向，而八字形舞蹈的直行方向則代表覓食地的方向。

　　(1) 若將圖中的八字形舞蹈翻成白話文就是：「在太陽右側135°的方向有覓食地喔」。

　　而實際上的太陽在東南方向，所以太陽右側的135°是正西方。

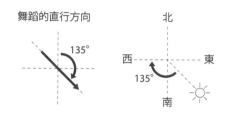

　　(2) 從地球的角度來看，太陽每天旋轉一圈，因此，太陽一小時會移動15°，三小時會由東往西移動45°。也就是說，原先在東南方的太陽，三小時後會移動至正南方。

　　由於覓食地的方位仍然是正西方，在此情況下，面對太陽的右側45°就是覓食地的方向。當蜜蜂從覓食地返回巢穴後，蜜蜂的舞蹈是將蜂巢箱的正上方作為太陽的方向，所以蜜蜂會以正上方向右傾45°的角度重複跳著八字形舞蹈，故答案為戊。

　　蜜蜂是不是比你想得聰明多了呢？

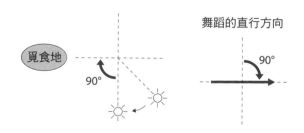

④ 海兔為軟體動物，背部有鰓和名為水管的管狀構造，可讓海水進出，當對海兔的水管施加接觸刺激時，鰓會立即縮回（鰓收縮反射）。但是，當對水管反覆施加微弱的接觸刺激時，鰓的收縮反射會減弱，最終，鰓的收縮反射會消失。

⑤ 這是一種稱為習慣化的學習，傳達水管刺激的感覺神經元與收縮鰓的運動神經元相連；**習慣化的發生，是因為重複給予刺激減少了感覺神經元末端突觸小泡的數量**，導致突觸小泡釋放的神經傳遞物數量減少。

立刻實踐！

在習慣化的過程中，神經末梢的電位敏感型鈣離子也會產生變化，請問是何種變化？

甲　比習慣化之前更加活性化

乙　比習慣化之前更加去活化

乙

深入解析……

當神經末梢的電位敏感型鈣離子通道開啟，鈣離子會流入細胞內，使突觸小泡釋放出神經傳遞物（回頭複習重點28吧！）。由於在習慣化的過程中，神經傳遞物的釋放數量減少，因此鈣離子的流入數量也應該會減少，故答案為乙。

⑥ 當海兔呈現習慣狀態時，如果轉而刺激海兔的尾巴等別的部位，之後再刺激水管，那麼將再次發生鰓收縮反射，該現象稱為去習慣化。

⑦ 此外，當尾部受到強烈刺激時，即使給予水管的刺激較

弱，也會出現較大的鰓收縮反射，該現象稱為致敏化。

⑧ 下圖為海兔一部分神經系統的示意圖。

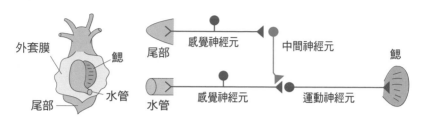

⑨ 當海兔的尾部受到刺激時，一種稱為血清素的神經傳遞物會從中間神經元的末端釋放出來，導致神經末梢的電位敏感型鉀離子通道被去活化，使鉀離子的流出量減少。

立刻實踐！

當電位敏感型鉀離子通道去活化時，在神經末梢的電位敏感型鈣離子通道開啟的時間，以及產生動作電位的時間會發生何種變化？

產生動作電位的時間　變長

電位敏感型鈣離子通道開啟的時間　變長

深入解析……

首先，電位敏感型鈉離子通道會開啟，使膜電位反轉，接著，電位敏感型鉀離子通道會打開，電位會恢復為原來的狀態（反覆複習重點28！）。

此時，如果電位敏感型鉀離子通道被去活化，變得難以開啟，那麼短時間內興奮就不會恢復為原來的狀態，導致產生動作電位的時間變長。

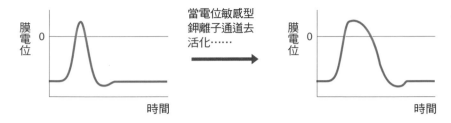

由於動作電位產生時，電位敏感型鈣離子通道會開啟，因此動作電位的持續時間越長，電位敏感型鈣離子通道的開啟時間就越長，使鈣離子流入越多。感覺神經元釋放出比平時更多的神經傳遞物，使運動神經元變得更容易興奮，因此發生致敏化。

▶ 挑戰！ ///

產生有節奏運動模式（例如昆蟲翅膀）的神經迴路，被稱為「中樞模式發生器」。中樞模式發生器的神經迴路模型如圖1所示，該神經迴路是由感覺神經元A、中間神經元B和C，以及運動神經元D和E組成。

在該迴路中，當輸入信號從神經元A同時傳輸至神經元B和C時，神經元B產生動作電位的時間比神經元C稍微早了一些。

此外，神經元B和C只能在一段固定時間內產生動作電位，並且神經元B和C之間有抑制性突觸相互連接。同時，神經元B與運動神經元D有興奮性突觸連接，神經元C與運動神經元E也有興奮性突觸連接。

在這個迴路中，當輸入信號從神經元A同時傳輸至神經元B和C時，神經元B～E產生動作電位的模式為何？請選擇最適當的一個選項。圖2為動作電位的圖例。

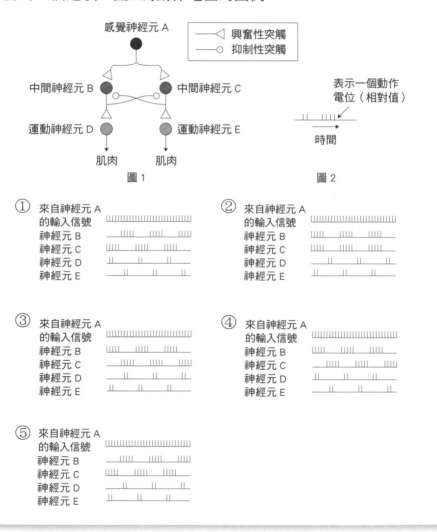

▶ 按步解題！//

步驟1 在問題文章中已表示「當輸入信號從神經元A同時傳輸至神經元B和C時，神經元B產生動作電位的時間比神經元C稍微早了一些」。因此1和5錯誤。

步驟2 首先，B會先興奮，並立即將該興奮傳給D（因此3是錯誤的）。此外，B會傳輸抑制訊息給C，換句話說，當B產生動作電位時，C並不會產生動作電位，因此2也是錯誤的。

（解答）

4

📝 重點彙整　　行為

(1) 先天性行為：從出生就具備的行為。

例如 雄性三刺魚的攻擊行為：此情況下的鑰匙刺激是紅色的腹部。

蜜蜂的八字形舞蹈：在蜂巢箱中，利用巢板正上方和八字形舞蹈的直行方向之間的夾角，表示太陽與覓食地之間的夾角。

(2) 後天性行為：透過經驗或學習產生的行為。

例如 習慣化：鈣離子通道去活化，突觸小泡數量減少

去習慣化、致敏化：血清素使電位敏感型鉀離子通道去活化

→動作電位的持續時間變長。

→電位敏感型鈣離子通道的開啟時間變長。

→鈣離子的流入數量增加。

→神經傳遞物的釋放數量增加。

重點
32

植物激素

▶ 必讀關鍵！//////////////////////////////////

① 讓我們按順序來認識典型的植物激素。

② 首先是生長素，生長素會在芽鞘和和莖的尖端產生，並被輸送至基部，具有促進尖端稍偏下方（伸長區）細胞伸長的功能。

③ 當芽鞘或莖的尖端受到光線照射時，在尖端產生的生長素會被輸送至背光側，並進一步輸送到伸長區。因此，比起向光側，背光側在生長素促進細胞伸長的情況下會生長更快，莖在生長的同時會向光照方向彎曲，這就是正向光性的機制。

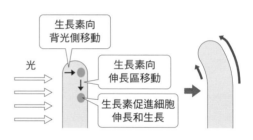

④ 這時候，接受光線的是一種稱為向光素的光受體，其主要是感知藍光。

立刻實踐！

(1) 假設進行如下頁圖所示的實驗，請識別出芽鞘向光照方向彎曲的實驗，並從下列選項中選出三個正確答案。

(2) 請選擇四個即使在沒有光照的情況下，芽鞘依然會彎曲的實驗。

(1) B、D、F
(2) A、B、E、F

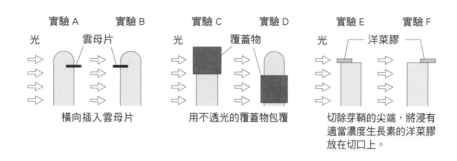

（1）A：芽鞘尖端的生長素會移動至背光側，但由於雲母片的阻擋，因此生長素無法被輸送至關鍵的伸長區。所以，芽鞘既不能彎曲，也幾乎無法伸長。

B：被輸送至尖端背光側的生長素，會進一步被輸送至伸長區的背光側，因此芽鞘會向光照方向彎曲。此外，即使沒有光線照射，在這種情況下，生長素只能被輸送至右側的伸長區，因此芽鞘還是會彎曲。

C：由於只有尖端能感知光照，並將生長素輸送至背光側，在這種情況下，生長素會平均的被輸送至伸長區，因此芽鞘不會彎曲，而會直線向上伸長。

D：由於尖端受到光照，因此生長素會被輸送至背光側，使芽鞘向光照方向彎曲。

E：洋菜膠中的生長素不會因光照而移動，然而，從洋菜膠向基部移動的生長素會促進圖中左側伸長區的細胞伸長，因此芽鞘會向右側彎曲。

F：與E相同，光照與其彎曲的方向無關，由於從洋菜膠向基部移動的生長素促進圖中右側伸長區的細胞伸長，因此芽鞘會向

左側彎曲。

(2) 在芽鞘彎曲的B、D、E、F中，D如果沒有光照，生長素濃度就不會偏向其中一側，而B、E、F即使沒有光照，生長素濃度還是會偏向其中一側，導致芽鞘彎曲。同樣的，A即使沒有光照，生長素濃度也會偏向其中一側，使芽鞘彎曲。

⑤ 生長素促進細胞伸長和生長的機制如下，由於植物細胞的細胞壁相當堅固，因此細胞無法在這種情況下變大。

生長素具有使細胞壁中纖維素間連結鬆開的作用，如此一來，細胞壁軟化後便**可促進細胞吸收水分使細胞生長**。

生長素會使纖維素間的連結鬆開

⑥ 接下來是吉貝素，吉貝素具有促進伸長和生長，並促進單性結實（即使不經受精也能結成果實）的作用。

此外，吉貝素還具有打破休眠，促進發芽的作用。

⑦ 在大麥發芽期間，從種子胚分泌的吉貝素，會促進胚乳周圍糊粉層細胞中的澱粉酶基因轉錄。

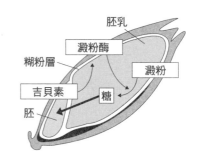

胚乳

澱粉酶

糊粉層

澱粉

吉貝素

糖

胚

生成的澱粉酶會從糊粉層分泌至胚乳中，並促進儲存在胚乳中的澱粉分解。由此產生的糖分被胚吸收，用於促進吸收水分，並作為發芽的養分，使植物發芽。

立刻實踐！

　　切割大麥種子，分為含胚側與不含胚側。然後，將切割後的種子橫切面朝下，分別放置於洋菜膠培養基上，在 25° C 下放置 24 小時。在實驗中，使用下表所示的兩種洋菜膠培養基──培養基 1 和培養基 2。在放置 24 小時後，將培養基中的大麥種子去除，並透過碘液澱粉反應觀察培養基。

　　調查去除大麥種子的部分，澱粉被分解記為「＋」，澱粉未被分解則記為「－」，請於下表的 A ～ D 中填入適當記號。

A ＋
B ＋
C －
D ＋

	培養基1： 含有澱粉	培養基2： 含有澱粉和吉貝素
含胚側	A	B
不含胚側	C	D

深入解析……

　　A：由於種子含胚，胚分泌的吉貝素會促進澱粉酶合成，澱粉會被分解。

　　B：由於培養基中有胚分泌的吉貝素與培養基自身的吉貝素，所以會合成澱粉酶，澱粉會被分解。

　　C：由於種子未含胚，因此不會分泌吉貝素，也不會合成澱粉酶，所以澱粉不會被分解。

　　D：雖然種子未含胚，但培養基中有吉貝素，因此會合成澱粉酶，澱粉會被分解。

⑧ 吉貝素促進延伸和生長的機制如下。

⑨ 接下來是離層素，吉貝素具有打破休眠的作用，但離層素具有維持休眠的作用，除此之外，離層素還具有關閉氣孔的功能。

⑩ 當**植物缺水時，就會合成離層素，並關閉氣孔以減少蒸散量**。那麼氣孔會在何種狀況下開啟呢，接下來讓我們來認識開啟氣孔的機制。

⑪ 當植物受到光照（此情況也是由向光素作為接受藍光的受體）或二氧化碳濃度過低時，鉀離子會被吸收至氣孔周圍的保衛細胞中，使細胞內的滲透壓上升。然後，水分會滲入細胞，並使細胞膨脹。

⑫ 保衛細胞的細胞壁厚度不均勻，在氣孔一側較厚。因此，當吸收水分導致膨壓上升時，氣孔的另一側會拉得更長，造成保衛細胞彎曲，並使氣孔開啟。

⑬ 相反，當離層素發揮作用時，鉀離子會從保衛細胞中流出，使保衛細胞內的滲透壓下降。結果，水分流出細胞外導致膨壓下降，保衛細胞不再彎曲，造成氣孔關閉。

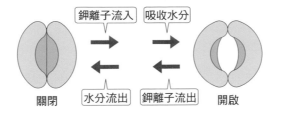

關閉　水分流出　鉀離子流出　開啟

▶ **挑戰！** //

　　從紅豆芽切下一段莖，並使其漂浮在只含有生長素的溶液，或是含有生長素與吉貝素的混合溶液上，觀察莖隨著時間伸長的狀態（長度、重量），結果如下圖所示。下列選項描述了可從圖中讀取的訊息，請從中選擇適當的選項。

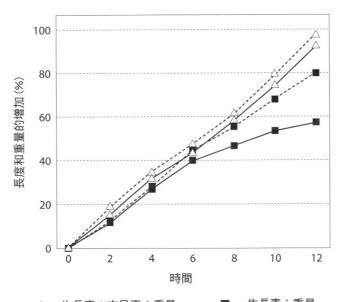

①當使用生長素與吉貝素的混合溶液時，莖的長度比只使用生長素的情況還長，但粗細保持不變。

②當使用生長素與吉貝素的混合溶液時，莖的長度比只使用生長素的情況還長，且變得更細。

③當使用生長素與吉貝素的混合溶液時，莖的長度與只使用生長素的情況相同，但變得更細。

④無論是使用生長素與吉貝素的混合溶液，或是使用只有生長素的溶液，莖的長度和粗細皆相同。

▶ 按步解題！

步驟1 讓我們先按順序比較。首先是比較莖的長度，莖在加入吉貝素的混合溶液（△）中，其長度比單獨使用生長素（■）時更長，因此選項③、④錯誤。

步驟2 接下來讓我們來看看莖的粗細。雖然沒有關於粗細的圖表，但從重量的圖表來看，單獨使用生長素的溶液，和添加吉貝素的混合溶液之間，在8小時內並沒有太大的區別。細胞成長是因為細胞會吸收水分，如果細胞吸收水分，其重量會變得更重。

因此，重量的變化表示其吸水量的變化。然而，與單獨使用生長素相比，加入吉貝素的莖的長度更長，也就是說，比起單獨使用生長素的溶液，添加吉貝素溶液的莖相對更細。

（解答）②

📝**重點彙整** 植物激素

(1) 生長素：使纖維素纖維之間的連結鬆開，透過促進細胞吸收水分來使細胞生長。

(2) 吉貝素：促進莖的生長。另外具有打破休眠，促進單性結實的作用。

(3) 離層素：具有維持休眠，關閉氣孔的作用。

(4) 開啟氣孔的機制：

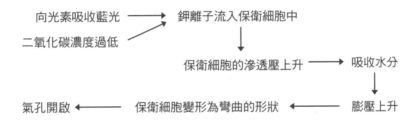

重點 33 光敏素

▶ 必讀關鍵！///////////////////////////////////////

① 向光素是一種吸收藍光的光受體，與向光性和氣孔的開啟有關。

② 同樣作為光受體的光敏素，則與種子感光發芽和花芽形成有關。

③ 光敏素分為Pr型（吸收紅光）和Pfr型（吸收遠紅光），兩種型態之間可互相轉換。

④ Pr吸收紅光後會轉變為Pfr，而Pfr吸收遠紅光後會轉變成為Pr。

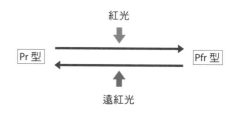

立刻實踐！

| 吸收紅光的光敏素為甲〔Pr／Pfr〕型。 | 甲 | Pr |
| 而在照射紅光後會產生乙〔Pr／Pfr〕型。 | 乙 | Pfr |

深入解析……

顧名思義，吸收紅光的光敏素稱為紅光光敏素（Pr），當Pr吸收紅光後會轉變為Pfr。

⑤ 當紅光照射需光發芽種子（萵苣、菸草等）時，會打破種

子的休眠狀態，並促進其發芽。但是，如果在照射紅光後立即照射遠紅光，遠紅光會抵消紅光的作用，所以不會促進種子發芽。

立刻實踐！ ─────────────────────

由上述作用可看出，甲〔Pr／Pfr〕具有打破休眠的作用。此外，由於照射紅光後立即照射遠紅光會產生乙〔Pr／Pfr〕，因此丙〔會／不會〕打破種子的休眠狀態。

甲	Pfr
乙	Pr
丙	不會

深入解析……

當使用紅光照射時，Pr會吸收紅光並轉變為Pfr，從而打破休眠。由此可得知，Pfr具有打破休眠的作用。

當使用遠紅光照射時，Pfr會吸收遠紅光並轉變為Pr，而Pr並不具有打破休眠的作用。

⑥ 如下圖所示，種子是否發芽是由最終照射的光所決定。

R	━━━━━━━━━━━━━━━━━━▶	發芽
R・FR	━━━━━━━━━━━━━━━━━━▶	不發芽
R・FR・R	━━━━━━━━━━━━━━━━━━▶	發芽
R・FR・R・FR	━━━━━━━━━━━━━━━━━━▶	不發芽

（R：照射紅光　FR：照射遠紅光）

⑦ 接下來，讓我們認識光敏素參與的另一個重要現象——花芽形成。

⑧ 關於花芽形成有以下三種類型：

・長日照植物：連續黑暗期小於臨界夜長，才可形成花芽的

植物。

例如：溪蔬、白蘿蔔、油菜、薺菜、菠菜、小麥。

・短日照植物：連續黑暗期大於臨界夜長，才可形成花芽的植物。

例如：蒼耳、牽牛花、煙草、大豆、菊花、水稻。

・中性日照植物：黑暗期的長短（明暗週期）與是否形成花芽無關。

例如：西洋蒲公英、茄子、蕎麥、番茄、玉米、豌豆。

立刻實踐！

某株植物在日照期 14 小時和黑暗期 10 小時的條件下生長時，並沒有形成花芽。但在日照期 13 小時和黑暗期 11 小時的條件下生長時，卻形成了花芽。

(1) 這株植物的臨界夜長（假設為 X）為〔13 ＜ X ＜ 14　10 ＜ X ＜ 11〕小時。

(2) 這株植物屬於〔長日照／ 短日照／ 中性日照〕植物。

(3) 當這株植物在日照期 12 小時和黑暗期 12 小時的條件下生長時，〔會／不會〕觀察到花芽形成。

(1) 10 ＜ X ＜ 11
(2) 短日照
(3) 會

深入解析‧‧‧‧‧‧

是否形成花芽是由黑暗期的長度決定，因此要注意的是黑暗期的長短。10小時的黑暗期無法形成花芽，但11小時的黑暗期卻

能形成花芽，因此臨界夜長是位於10小時至11小時之間（例如10小時30分鐘左右），當黑暗期（11小時）大於臨界夜長時會形成花芽，故這株植物為短日照植物。

因此，當這株植物在黑暗期12小時的條件下生長時，能夠觀察到花芽形成。

⑨ 將一株臨界夜長為10小時的短日照植物，在日照期13小時和黑暗期11小時的條件下進行栽培。由於黑暗期大於臨界夜長（10小時），因此會形成花芽。然而，如果**在黑暗期的正中間給予短時間的光照**（此處理方法稱為**光中斷**），**就會抑制花芽形成**。此時如果使用紅光中斷黑暗期，最能夠抑制植物形成花芽。

⑩ 但是，如果在使用紅光中斷黑暗期後，立即照射遠紅光，則能夠形成花芽。

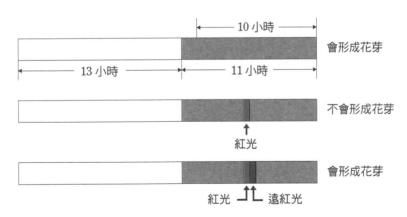

立刻實踐！

將一株臨界夜長為 10 小時的短日照植物，在日照期 13 小時和黑暗期 11 小時的條件下進行栽培，並在黑暗期的正中間照射短時間的紅光，使黑暗期中斷，抑制花芽形成。然而，如果在使用紅光中斷黑暗期後，立即照射遠紅光，則可以觀察到花芽形成。

根據以上文章，〔Pr ／ Pfr〕具有抑制花芽形成的作用。

Pfr

深入解析……

當照射紅光時，Pr 會吸收紅光並轉變為 Pfr，結果造成花芽形成受到抑制，由此可得知，Pfr 會抑制花芽的形成。照射紅光後立即照射遠紅光，Pfr 會吸收遠紅光並轉變為 Pr 。如此一來，抑制花芽形成的 Pfr 消失，所以能夠順利形成花芽。

⑪ 光敏素通常存在於細胞質內，但當 Pr 吸收紅光轉變為 Pfr 時，Pfr 會從細胞質移動到細胞核內，並與參與轉錄的蛋白質結合，調節基因的表現。

▶ 挑戰！

在陽光被其他植物遮擋的地方（例如樹蔭下），遠紅光的強度較紅光來得更強，在這種地方生長的植物，其莖的長度會比生長在陽光直射下的植物更長。

該現象是源自一種名為「遮蔭迴避效應」的適應性，在樹蔭下生長的植物會與其他植物競爭，並讓自己伸長至陽光直射的區域，該遮蔭迴避效應與光敏素有關。

有一株無法合成光敏素的突變體，該突變體即使暴露在直射陽光下，莖也會長得很長。

請根據以上資訊，從下列①～④的選項中選擇一個最適當的答案。

① Pr會促進莖伸長

② Pr會抑制莖伸長

③ Pfr會促進莖伸長

④ Pfr會抑制莖伸長

▶ 按步解題！

步驟1 在樹蔭這種遠紅光強度比紅光更強的地方，會因為遠紅光較強而產生較多Pr。生長在樹陰下的植物，莖會長得比較長，由此可判斷②「Pr會抑制莖伸長」是錯誤的。

此外，Pr較多就代表Pfr會比較少，而植物在該情況下長出的莖會比較長，因此③「Pfr會促進莖伸長」也是錯誤的。

步驟2 接下來只剩下選項①和④了。

由於莖在Pr增加時伸長，因此你可能會認為1「Pr會促進莖伸長」是正確的。但是換個角度想，莖是在Pfr減少時伸長，因此也可以解釋為Pfr會抑制莖的伸長。

由於遠紅光較強而導致Pfr減少，Pfr的抑制作用解除，使植物的莖可以伸長。因此④「Pfr會抑制莖伸長」也可能是正確的。

步驟3 這時候就要來看另一條線索了。

在題目的最後有提到無法合成光敏素的突變體，該突變體無法合成光敏素，因此植物體中並不存在Pr和Pfr。當突變體暴露在直射的陽光下時，莖依然會伸長，也就是說，該突變體的莖在沒有Pr的狀況下依然可以伸長，因此①「Pr會促進莖伸長」是錯誤的。

選項④為「Pfr會抑制莖伸長」，沒有Pfr的突變體並無法抑制莖伸長，所以該突變體即使暴露在直射陽光下，莖依然會伸長，故答案為④。

（解答）④

🖋️ 重點彙整　　植物的光受體

(1) 光敏素：吸收紅光和遠紅光。
　　與需光發芽種子的發芽和短
　　日照植物的花芽形成有關。

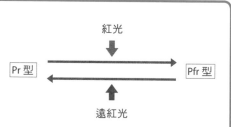

(2) 向光素：吸收藍光，與向光性和氣孔開啟有關。

重點

34

花芽形成

▶ **必讀關鍵！** //

① 讓我們更進一步了解花芽形成的過程吧。

② 當葉子感應到適當的光週期時，葉子會生成一種促進花芽形成的物質（開花素），開花素會透過篩管到達莖頂，並在莖頂促進花芽形成。

立刻實踐！

　　如下圖所示，準備三株種植於盆栽的蒼耳（短日照植物，臨界夜長 9 小時）在長日照條件下進行栽培，並使用以下條件栽培 A～E 的分枝。請問 A～E 的分枝中，哪些不會形成花芽？

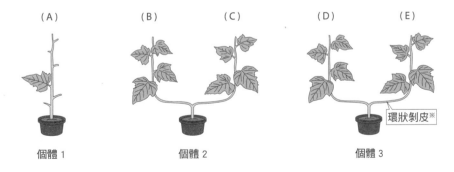

（A）　　　（B）　　　（C）　　　　（D）　　　（E）

個體 1　　　　個體 2　　　　　　個體 3

環狀剝皮※

※以環狀方式剝除形成層外側的組織

- 個體1：留下分枝A的一片葉子，並在黑暗期12小時的環境中進行栽培。

- 個體2：在黑暗期8小時的環境中栽培分枝B的葉子，並在黑暗期12小時的環境中栽培分枝C的葉子。

- 個體3：在黑暗期8小時的環境中栽培分枝D的葉子。在圖中標示的部位，以環狀剝皮的方式處理分枝E，並在黑暗期12小時的環境中栽培分枝E的葉子。

深入解析……

由於蒼耳是一種臨界夜長為9小時的短日照植物，當葉子感應到9小時以上的連續黑暗期時，就會生成開花素，開花素會透過篩管移動至莖頂，促進花芽形成。

A：即使分枝A只有一片葉子，一樣能感應到9小時以上的連續黑暗期，並生成開花素，形成花芽。

B、C：分枝B並沒有達到形成花芽的必要條件。但分枝C的葉子有感應到花芽形成的必要條件，因此分枝C的葉子會生成開花素。其生成的開花素除了會透過篩管移動至分枝C的莖頂，還會移動至分枝B的莖頂。因此，分枝B和分枝C都會形成花芽。

D、E：分枝E的葉子會感應到花芽形成的必要條件，因此分枝E的葉子會生成開花素，其生成的開花素將移動至E的莖頂，並在E形成花芽。但是，E分枝的下方有以環狀剝皮的方式進行處理，正如同題目中所敘述，環狀剝皮是剝除形成層外側的組織。

那麼形成層外側的組織是什麼呢？其實就是包含篩管的韌皮部。也就是說，環狀剝皮會剝除韌皮部，導致物質無法透過篩管移動。因此，分枝E的葉子生成的開花素，無法移動至分枝D，故

分枝D不會形成花芽。

　③ 開花素多年來一直未被發現，但直到近年，開花素的真面目終於被揭示。在其他植物中也發現了相當於開花素的物質，例如，長日照植物阿拉伯芥的FT蛋白，與短日照植物水稻的Hd3a蛋白。

　④ 當葉子感應到適當的光週期時，會生成上述種類的蛋白質，該蛋白質會透過篩管移動至莖頂，並在莖頂促進與花芽形成有關的基因表現。

立刻實踐！

　將綠色螢光蛋白基因（GFP 基因）連接在水稻的 Hd3a 基因的後方，並將該基因置入幼苗中。當該幼苗在短日照條件下生長時，依序在幾個組織中觀察到了綠色螢光，請問觀察到螢光的部位依序為何？請從下列選項中選擇適當的答案。

　甲　莖頂→篩管→葉子

　乙　葉子→篩管→莖頂

　丙　篩管→莖頂→葉子

乙

深入解析……

　當Hd3a基因表現時，GFP蛋白會與Hd3a蛋白一同產生，並發出螢光。

　因此，螢光會跟著Hd3a蛋白一起移動。由於Hd3a蛋白是在葉子中生成，並透過篩管到達莖頂，所以首先會在葉子中觀察到

螢光，接著是篩管，最後則是莖頂。

　　⑤ 重新複習一次，長日照植物在連續黑暗期小於臨界夜長時會形成花芽，短日照植物在連續黑暗期大於臨界夜長時會形成花芽，中性日照植物是否形成花芽則與光週期無關。

立刻實踐！

　　圖中的 A、B、C 分別為長日照植物、短日照植物和中性日照植物的其中一種，該圖簡略顯示了一日中黑暗期的長短，與發育至開花所需的天數之間的關係。請問 A、B、C 分別為何種類型的植物？

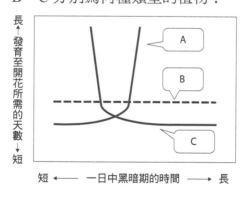

A　長日照植物

B　中性日照植物

C　短日照植物

深入解析……

　　A 的曲線顯示，隨著黑暗期越長，發育至開花所需的天數就越長（代表難以形成花芽）。相反，如果黑暗期的長度短於一定時間，就會在一定的天數內形成花芽。因此，A 是長日照植物，曲

線相反的C則是短日照植物。

　　另一方面，由於B無論黑暗期的長短，都會在達到一定的天數時開花，因此B是中性日照植物。

　　⑥ 假設你在一年中的不同時期播下某株植物的種子，並調查種子何時開花。接著發現，無論是在3月、4月還是5月播種，種子都會在7月開花。請問這株植物是長日照植物、短日照植物還是中性日照植物？

　　⑦ 在剛剛的圖表中，中性日照植物是否開花並不受黑暗期的長度影響。如果以相同的方式思考──無論在什麼時候播種，種子都會在固定的時期（7月）開花，所以答案就是中性日照植物。如果你這麼想的話就大錯特錯了！

　　⑧ 3月播種的種子在7月開花，在這種情況下，需要4個月的時間才能開花。而4月播種的種子需要3個月才能開花，5月播種的種子則需要2個月才能開花。從播種到花芽形成的天數是完全不固定的。

　　⑨ 開花之前必須先形成花芽，所以適合花芽形成的光週期是在7月之前（例如6月左右）。

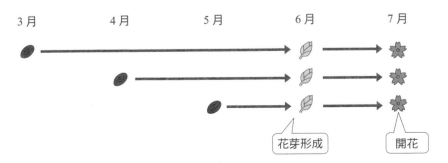

⑩ 從3月到6月，白天變長（6月是夏至，白天最長）；也就是說，夜晚變短了。

這株植物是透過感應季節的變化而形成花芽，因此，該植物屬於長日照植物。

▶挑戰！ ///

在3月至10月的不同時期種下某株植物的種子，並於室外的溫室中恆溫栽培，觀察子葉展開至開花所需的天數與光週期之間的關係，結果如下圖所示。假設該植物的子葉在展開後就能立即感應光週期。

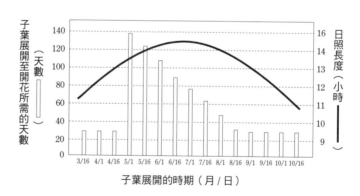

問題1　子葉於5月16日（甲）、7月16日（乙）、9月16日（丙）展開的個體，將分別在什麼時期開花？請從下列選項中選擇適當的答案。

① 7月20日　② 8月15日　③ 9月17日　④ 10月15日

問題2 下列是關於該植物光週期性的描述,請從選項中選擇一
個最適當的答案。

①我們能判斷該植物為短日照植物,但無法估計花芽形成所需
的黑暗期長度。

②我們能判斷該植物為長日照植物,但無法估計花芽形成所需
的黑暗期長度。

③當日照期的長度大於約13小時,就會形成花芽。

④當黑暗期的長度小於約13小時,就會形成花芽。

⑤當黑暗期的長度大於約11小時,就會形成花芽。

▶ 按步解題！//////////////////////////////////////

問題1 直接讀取直條圖的數值即可。

甲　如果子葉在5月16日展開,大約需要120天才能開花。

由於開花日是5月16日之後的120天,所以最接近的答案為9
月17日③。

乙　如果子葉在7月16日展開,大約需要60天才能開花。

由於開花日是7月16日之後的60天,所以最接近的答案也是
9月17日③。

丙　如果子葉在9月16日展開,大約需要30天才能開花。

由於開花日是9月16日之後的30天,所以最接近的答案為10
月15日④。

問題2 讓我們靜下心來仔細看看圖表。

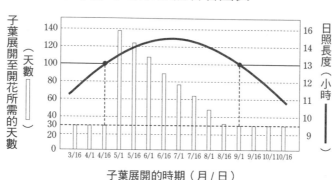

子葉展開的時期（月/日）

步驟1 從3月16日至4月16日與9月1日至10月16日，從子葉展開到開花大約需要30天。

如同題目中所提到，子葉在展開後就能立即感應光週期，由此可得知，在這個時期展開的子葉，其生長環境的光週期適合花芽形成。

因此我們可以判斷，從花芽形成到開花大約需要30天。從圖表中讀取該時期的日照時間，可得出大約是13小時。

步驟2 例如，如果子葉在6月16日展開，大約90天後會開花，因此會在6月16日之後約3個月，也就是約9月16日開花。

從開花日反推回去，在開花前30天的8月16日會形成花芽，換句話說，8月16日左右的光週期適合花芽形成。

從圖表可得知，在8月16日之前的日照時間都超過13小時以上，因此可判斷日照期超過13小時無法形成花芽。

步驟3 日照期小於13小時，即黑暗期大於11小時是適合花芽形成的條件，故答案為⑤。

（解答）

問題1　甲　③　　乙　③　　丙　④　　問題2　⑤

☑ 重點彙整　　花芽形成

(1) 葉子能夠感應光週期，並在葉子中生成開花素。

(2) 開花素會透過篩管移動至莖頂，促進花芽形成。

(3) 阿拉伯芥的FT蛋白，與水稻的Hd3a蛋白都是開花素一種。

重點
35

族群

▶ 必讀關鍵！ /////////////////////////////////

① 同種生物形成的團體稱為族群，**族群的大小以每單位空間的個體數表示，稱為族群密度。**

② 標誌重捕法（捉放法）是了解族群大小（構成族群的個體數）的一種方法。

③ 在第一次捕獲時標記個體並放回，之後以相同條件進行第二次捕捉，並統計其中被標記的個體數量。如果第一次捕獲時，被標記的個體在放回之後有分散在原始族群中，則以下等式應該成立。

$$\frac{\text{第一次捕獲時標記之個體數}}{\text{族群總個體數}} = \frac{\text{第二次捕獲個體中有記號之個體數}}{\text{第二次捕獲之個體數}}$$

立刻實踐！

在一個池塘（面積為 500 平方公尺）中捕獲 150 條鯽魚，將這 150 條鯽魚做標記後放回池塘。幾天後，在同一池塘中捕獲 200 條鯽魚，其中有 10 條是被標記的個體。請求出該池塘中鯽魚的族群密度（個體數／平方公尺）。

6 隻個體／平方公尺

深入解析……

假設該池塘中的鯽魚總個體數為 X，可得出以下等式。

$$\frac{150}{X} = \frac{10}{200} \text{，} X = 3000 \text{隻個體}$$

由於所求為族群密度，因此可得出

$$\frac{3000 \text{隻個體}}{500 \text{平方公尺}} = 6 \text{隻個體／平方公尺。}$$

④ 利用標誌重捕法估計個體數，需要達成以下必要條件：在**調查過程中標記絕不能脫落；被標記的個體必須與未標記的個體均勻混合；個體數在調查期間不能發生變動**。

立刻實踐！

利用標誌重捕法估計個體數時，調查對象必須是移動甲〔快速／緩慢〕的生物，所以可使用乙〔蜻蜓／藤壺〕作為實驗對象。

此外，在標記個體後，個體丙〔捕獲率不變／變得較容易捕獲〕也是必要條件之一。

甲	快速
乙	蜻蜓
丙	捕獲率不變

深入解析……

如果被標記的個體沒有與未標記的個體混合，就無法利用標誌重捕法估計個體數。因此，當實驗對象為蜻蜓和蝴蝶這種能在一定程度上快速移動的生物時，可透過標誌重捕法估計其個體數，但**移動非常緩慢的蝸牛或固定生活的藤壺等生物，則無法使用標誌重捕法估計族群的個體數**。

此外，如果標記後會導致個體移動速度變慢，使該個體較容易被捕獲，那麼也無法正確估計個體數。因此，**被標記個體和未標記個體的捕獲率必須相同**。

⑤ 構成族群的個體數增加稱為**族群成長**。

族群的成長狀態如右圖所示，該曲線稱為族群**成長曲線**。

⑥ 起初，個體增加的速度與理論上的成長曲線幾乎相同，但隨著個體數增加，由於食物短缺、生活空間不足、排泄物造成的環境惡化等原因，族群的成長受到阻礙，最後，個體的總數會維持在一定數量，形成S型曲線。

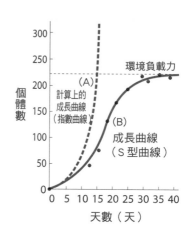

在某一特定環境中，所能存在的最大個體數量，稱為**環境負載力**。

立刻實踐！

將五隻草履蟲放入裝有 0.5 毫升培養液（含有可作為草履蟲食物的細菌）的試管中進行增殖，草履蟲的個體數變化如右圖所示。

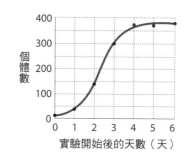

問題 1 哪個時期的增殖狀態與理論上的成長曲線幾乎相同？

甲 第 0～1 天　乙 第 2～3 天　丙 第 4～5 天

問題 2 第幾天的增殖速度最快？

甲 第 1 天　乙 第 2 天　丙 第 5 天

問題 3 哪個時期的個體數成長率最高？

甲 第1～2天　乙 第2～3天　丙 第3～4天

問題 4 將一開始放入試管的草履蟲個體數增加為兩倍進行實驗，請問個體數的上限值會產生何種變化？

甲 不會改變　乙 增加為約兩倍　丙 減少約一半

問題1	甲
問題2	乙
問題3	甲
問題4	甲

深入解析……

　　問題1　只有在開始培養的初期階段，才會表現出與理論上幾乎相同的增殖狀態，故答案為甲。

　　問題2　當橫軸是時間，縱軸是個體數時，線形的斜率表示增殖的速度，換句話說，傾斜度最大的地方就是增殖速度最快的時期，故答案為乙。

　　問題3　你知道問題3與問題2之間有什麼不同嗎？

　　問題2求的是增殖速度（單位時間內個體增加的數量），但問題3求的成長率（$\frac{現有個體數}{原有個體數}$）。

　　例如，在第2天到第3天之間，個體數從150增加至300左右。也就是說，一天增加了150隻個體，因此增殖速度是150隻個體／天。

　　另一方面，成長率則為$\frac{300}{150} = 2$倍。

　　而第1天到第2天之間，個體數從50增加至150左右。

　　因此增殖速度是100隻個體／天，成長率是$\frac{150}{50} = 3$倍。
　　故答案為甲。

　　問題4　將一開始的草履蟲個體數增加為兩倍，最後的個體數也會成長為兩倍，如果你這麼想那就錯了！假設該培養液中所能

承載的上限為400隻個體，此為該培養液的環境負載力。那麼即使最初的個體數增加為兩倍，甚至增加為十倍，最後的個體數依然會幾乎相同，故答案為甲。

⑦ 隨著族群密度的變化，出生率、死亡率、個體的發育等也會發生改變。個體因族群密度的變化而受到影響，此現象稱為**密度效應**。

⑧ 將同一物種的其他個體排除在外的空間稱為領域（領地）。擁有的領域越大利益就越大，但同時，維持領域所需付出的勞力也越大。領域的運作機制如右圖所示，利益減去勞力後為最大值的位置就是最合適的領域大小。

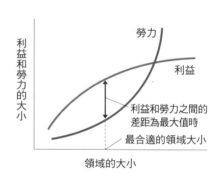

立刻實踐！

在 ⑧ 的圖中，當族群密度增加時，最合適的領域大小會產生何種變化？

甲　變大　　乙　變小　　丙　不變

乙

深入解析⋯⋯

當族群密度增加時，侵入領域的個體將會增加，因此需要付出更多勞力來維護領地。在右圖中，b是一開始需要付

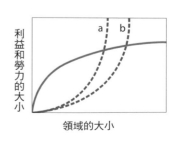

出的勞力，a是族群密度增加後所需付出的勞力。結果顯示，最合適的領域大小變得更小。

⑨ 當動物個體聚集在一起統一行動時，這樣的群體被稱為族群。透過組成族群，動物們可以有效率的覓食，還可以迅速發現外敵並保護自己。然而，隨著族群規模的擴大，族群內為爭奪食物而發生的衝突也會隨之增加，上述情形如右圖所示。

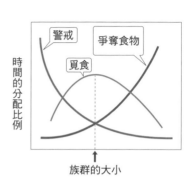

⑩ 如果用於警戒和爭奪食物的時間總合為最少，則可以花費更多時間在覓食上，達成以上條件就是最合適的族群大小。

立刻實踐！

在下列條件下，最合適的族群大小會產生何種變化？

條件 1：當天敵增加時。

條件 2：當人類給予族群食物時。

甲　變大　　乙　變小　　丙　不變

條件 1　甲
條件 2　甲

深入解析......

條件 1：當天敵增加時，警戒所需的時間就會增加，該情形的圖表如右圖所示。故答案為甲。

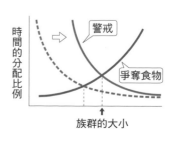

條件2：當人類給予族群食物時，為爭奪食物而發生的衝突就會減少，該情形的圖表如右圖所示。故答案為甲。

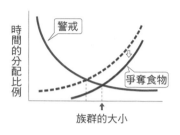

▶挑戰！ //

　　實驗對象是一種名為綠豆象的昆蟲，觀察其親代的成蟲數量，和每隻雌性親代的平均子代羽化數，結果發現，當親代的密度增加時，每隻雌性親代的平均子代羽化數就會減少，產生密度效應。

　　造成密度效應的原因有兩種可能性，一種是與空間的密度有關，另一種是與每隻綠豆象的平均食物量有關。為了調查原因，進行了以下實驗：

　　在各種不同條件下培養綠豆象，例如改變綠豆象的培養容器大小；調整作為綠豆象食物的紅豆數量；改變容器中成蟲的數量。

　　調查其子代羽化數並繪製成如右頁所示的圖表。容器上方的數字代表容器內綠豆象的個體數，圓形圖樣代表紅豆的數量。當培養條件隨著→方向改變時，綠豆象子代羽化數的變化如右側圖表所示。

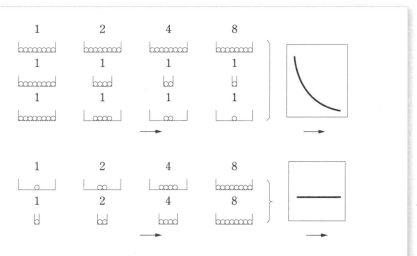

問題 根據實驗的結果，在這種情況下，造成密度效應的原因為以下哪一個選項？

①空間的大小。

②每隻綠豆象的平均食物量。

③空間的大小和食物的數量。

▶ 按步解題！//

步驟1 讓我們依序來分析吧。在最上方一列的圖示中，一開始是一隻綠豆象配有八顆紅豆，之後變成八隻綠豆象配有八顆紅豆（一隻平均有一顆紅豆），結果導致子代羽化數減少。

在第二列和第三列的圖示中，同樣是每隻綠豆象的平均食物量逐漸減少，從每隻平均八顆減少到每隻平均一顆，結果導致子代羽化數減少。

步驟2 另一方面，在第四列的圖示中，一開始是一隻綠豆象配有一顆紅豆，之後變成八隻綠豆象配有八顆紅豆（一隻平均有一顆紅豆），每隻綠豆象的平均食物量保持不變。

但隨著綠豆象個體數的增加，容器大小卻沒有改變，因此每隻綠豆象的平均空間大小減少了。然而，即使每隻綠豆象的平均空間變小，其子代羽化數卻沒有降低。

步驟3 因此，在這種情況下，造成密度效應的原因與空間大小無關，而是與每隻綠豆象的平均食物量有關。故答案為②。

順帶一提，第五列的圖示中，每隻綠豆象的平均食物量和平均空間大小都沒改變。

（解答）②

📝 重點彙整　　族群

(1) 利用標誌重捕法估計族群個體數

$$\frac{第一次捕獲時標記之個體數}{族群總個體數} = \frac{第二次捕獲個體中有記號之個體數}{第二次捕獲之個體數}$$

(2) 成長曲線呈現 S 型。

(3) 最合適的領域大小是，利益減去勞力後為最大值的位置。

(4) 最合適的族群大小是，用於警戒和爭奪食物的時間總和為最小值的位置。

(5) 個體因族群密度的變化而受到影響，稱為密度效應。

重點
36

生物群集和生態系

▶ 必讀關鍵！ ////////////////////////////////

① 棲息於同一地區並相互影響的所有族群稱為**生物群集**。

② 族群之間透過各種交互作用而產生關聯，例如掠食者−被掠食者的相互關係、種間競爭、互利共生、片利共生、寄生等。

③ 一個物種在食物鏈中的位置，以及該物種的生活場所、活動時間、所需食物等資源的利用方式稱為生態位（區）。

④ 當兩個物種占有相似的生態位時，物種間競爭就會更加激烈，其中一個物種也將被淘汰，此現象稱為**競爭排除**（競爭排除原則）。

立刻實踐！ ────────────────

使用 A 種、B 種、C 種三種草履蟲進行以下實驗，三種草履蟲都吃同一種食物，實驗結果如下方圖表所示。

實驗一： 將相同數量的 A 種和 B 種草履蟲分別放入不同的容器中，每天分別提供相同數量的食物，將兩種草履蟲分開培養。

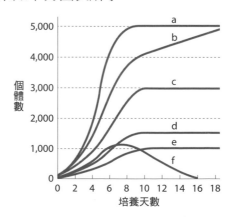

實驗二：將實驗一所使用的兩種草履蟲，以相同數量放入同一容器中，每天餵食定量的食物將其混合培養。結果發現，A種草履蟲的增殖速度比單獨培養時還要快一些，而B種則在第六天左右開始減少。

實驗三：使用與實驗一相同的方法，分開培養B種和C種草履蟲，然後按照實驗二的方法將兩者混合培養，一開始時，兩種草履蟲之間會爭奪食物和相互干擾，但最終會分開生活在培養液的上層和下層，分別達到穩定狀態，兩者的個體數都比分開單獨培養時還要少。

問題 1 所有實驗中的培養液量皆為五毫升。當實驗一達到穩定狀態時，請問B種草履蟲的族群密度？

問題 2 在實驗二中A種和B種草履蟲的種間關係，與實驗三中B種和C種草履蟲的種間關係分別為何，請分別從下列選項中，選擇一個與上述兩種關係最相似的例子。

問題1
600隻個體／毫升
問題2
實驗2　戊
實驗3　丁

甲 在含有沉積物的容器中，將櫛毛蟲和草履蟲混合培養。櫛毛蟲會將上層澄清液體中的草履蟲全部捕食殆盡，然後櫛毛蟲會因缺乏食物而滅絕。之後，隱藏在沉積物中倖存下來的草履蟲，會在整個容器中增殖。

乙 將兩種綠豆象混合培養，當使用紅豆餵養時，其中固定一方總是能存活下來，但當使用大豆餵養時，兩種綠豆象間的關係會變得不穩定，甚至可能逆轉。

丙 海鸕鶿和普通鸕鶿都會吃魚或小型海洋動物，當進入繁殖
　期時，兩者都會在同一海域覓食，海鸕鶿主要捕獵玉筋魚
　和鯡魚，而普通鸕鶿則捕獵比目魚和蝦。

丁 淡水魚的平頜鱲和縱紋鱲都是吃河底相同的藻類，但當這
　兩種魚生活在同一條河川的中游時，平頜鱲會在水流湍急
　的河川中心覓食，縱紋鱲則會在水流緩慢的岸邊覓食。

戊 將兩種淡水水蚤混合培養，當使用綠藻餵食時，增殖率較
　高的水蚤會增加，而增殖率較低的水蚤則會逐漸減少，最
　終滅絕。

深入解析······

　　問題1 首先，讓我們來判斷哪條線形是哪個實驗的結果。在
實驗二中，B種草履蟲「在第六天左右開始減少」，因此可判斷實
驗二中B種草履蟲的線形為「f」。在實驗三中，由於「兩者的個
體數都比實驗一還要少，且達到一種穩定狀態」，因此實驗三的線
形為「d」和「e」。

　　實驗二中A種草履蟲「增殖速度比單獨培養時還要稍快一
些」，因此，實驗一中A種草履蟲的線形為「b」，實驗二中A種草
履蟲的線形為「a」。

　　而最後剩下的「c」則是實驗一的B種草履蟲。在「c」的線
形中，穩定狀態時的個體數為3,000，培養液量為5毫升，因此族
群密度為 $\dfrac{3{,}000\,\text{隻個體}}{5\,\text{毫升}} = 600$ 隻個體／毫升。

　　問題2 在實驗二中，由於兩種草履蟲的生態位相似，因此發
生了激烈的種間競爭，最終B種草履蟲被排除，發生了競爭排除

的現象。故最相似的選項為戊。

在實驗三中，兩種草履蟲稍微改變了各自的生活位置，分開生活在培養液的上層和下層，兩者間達到共存。故最相似的選項為丁。

在甲中，櫛毛蟲會捕食草履蟲，因此兩者間是掠食者-被掠食者的關係。乙是種間競爭的關係，兩者的競爭關係會因食物的類型而改變。丙和丁相同，兩者皆迴避了種間競爭，但丙並不是透過改變生活的場所迴避種間競爭，而是改變食物的類型。

⑤ 當族群之間的關係有所改變，且原因並非來自於直接的競爭關係或掠食關係時，該現象稱為間接效應。

⑥ 例如，如果存在物種A捕食物種B，與物種B捕食物種C的關係，則物種A和物種C之間並沒有直接關係。

A種 ◀━━━━━ B種 ◀━━━━━ C種

但是，當物種A增加時，會造成物種B被大量捕食而減少，結果物種C被物種B捕食的數量減少，使物種C的數量增加。

A種 ◀━━━━━ B種 ◀━━━━━ C種

（增加）　　　（減少）　　　（增加）

立刻實踐！

(1) 物種 A 和物種 B 都補食物種 C，物種 D 會捕食物種 B。當物種 D 增加時，物種 A 會增加還是減少？

(2) 物種 A 會捕食物種 B 和物種 C，物種 B 會捕食物種 D。當物種 C 減少時，物種 D 會增加還是減少？

(1) 增加

(2) 增加

深入解析……

(1) 將物種間的關係圖示化後如下圖所示。

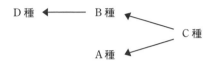

由於物種A和物種B都會捕食物種C，因此A和B之間是競爭關係，兩者為競爭對手；當物種D增加時，物種B會減少，隨著競爭者數量的減少，物種A的數量會增加。

(2) 將物種間的關係圖示化後如下圖所示。

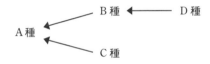

當物種C減少時，物種A會捕食更多的物種B，導致物種B減少；當物種B減少時，物種D就會增加。

⑦ **生物群集和其周遭的非生物環境統稱為生態系**，非生物環境對生物群集的影響稱為作用，而生物群集對非生物環境的影響稱為**環境形成作用**。

⑧ 生產者合成有機物，或消費者在攝取有機物後合成新的有機物，該現象稱為**物質生產**。

⑨ 生物體在某一特定時間點的乾重（或是能量）稱為現存量。**生產者在一定時間內生產的有機物總量稱為總初級生產量**，總初級生產量減去呼吸作用消耗的量（呼吸量）所得出的就是淨**初級生產量**。淨初級生產量的一部分會被消費者吃掉（被食量），或以枯葉和枯枝的形式流失（枯死量）。將淨初級生產量減去被食

量和枯死量後即為**成長量**。

⑩ 將上述關係圖示化後如下：

現存量	成長量	被食量	枯死量	呼吸量

淨初級生產量

總初級生產量

⑪ 該成長量會與最初的現存量合併，成為下一次的現存量。

舉例來說，你的錢包最初有 1,000 日圓（最初的現存量），打工一天賺了 1 萬日圓（總初級生產量），之後吃了豪華的一餐花了 2,000 日圓（呼吸量），並花費 4,000 日圓購物（枯死量），還償還了 2,500 日圓的債務（被食量），扣除以上費用後，當天賺得的薪水還有 1,500 日圓（成長量）。將這 1,500 日圓放進錢包裡，第二天你的錢包中就會有 2,500 日圓。

1,000 日圓	1,500 日圓	2,500 日圓	4,000 日圓	2,000 日圓

8,000 日圓

10,000 日圓

如上圖，第二天的現存量＝ 1,000 ＋ 1,500 ＝ 2,500 日圓。

⑫ 同樣的道理也可應用在初級消費者上，首先，初級消費者會吃生產者（攝食量），但是，其中一部分未被消化就會被排出體外（未消化排出量）。

將攝食量減去未消化排出量所得到的部分稱為同化量，**同化量相當於生產者的總初級生產量**。

⑬ 將同化量減去呼吸量可得到生產量，將生產量減去被食量和死亡量可得到成長量。將成長量與現存量合併，就會成為下一

次的現存量。

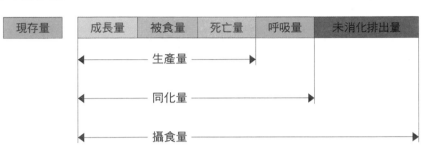

▶挑戰！ ///

在某個潮溼的熱帶地區中，存在年輕的森林和接近極相的森林，兩個森林中植物群集的碳收支相關數值如下表所示。

兩個森林中植物群集的碳含量（kg 碳／m2）

	森林 A	森林 B
目前的現存量	9.8	25.8
一年前的現存量	8.4	25.7
一年的呼吸量	3.6	7.2
一年的枯死量	0.3	1.0
一年的被食量	0.1	0.2

問題1　請求出森林A的成長量和淨初級生產量。

問題2　接近極相的森林是森林A還是森林B？

▶ 按步解題！///

問題1　由於森林A一年前的現存量是8.4，目前的現存量是9.8，因此成長量為9.8－8.4＝1.4。

淨初級生產量＝成長量＋被食量＋枯死量，因此是1.4＋0.1＋0.3＝1.8。淨初級生產量再加上呼吸量的3.6後所得出數值（1.8＋3.6＝5.4）就是總初級生產量。

問題2　以同樣的方式計算森林B的成長量，得出25.8－25.7＝0.1。

正如同我們在生物的基礎課程中學到的，隨著群集的消長和變遷，最終**群集會達到穩定狀態**，而該狀態稱為**極相**。

年輕森林的成長量較大，但接近極相的森林，其成長量則幾乎為零。由此可得知，森林B是接近極相的森林。

此外，我們也可以從年輕森林的枯死量較少來進行判斷。

（解答）

問題1　成長量　1.4　淨初級生產量　1.8　問題2　森林B

📝重點彙整　　生物群集和生態系

(1) 一個物種在食物鏈中的位置，以及該物種的生活場所、活動時間、所需食物等資源的利用方式稱為生態位。當兩個物種占有相似的生態位時，種間競爭就會變得更加激烈。

(2) 生產者的成長量＝總初級生產量－呼吸量－枯死量－被食量
初級消費者的成長量＝攝食量－未消化排出量－呼吸量－死亡量－被食量。

重 點
37　**生物的變遷**

▶ 必讀關鍵！ /////////////////////////////

① 從地球形成岩石到現在的這段時期稱為**地質年代**。

② 科學家認為在生物出現之前，生物體所需的各種物質就已經出現，此過程被稱為**化學演化**。

海底有海底熱泉，會噴出含有硫化氫、甲烷、氫等成分的熱水，科學家認為化學演化可能就發生在這種地方。

③ 如今地球上**所有的生物都具有作為遺傳物質的**DNA，這樣的世界被稱為DNA世界。在DNA世界中，DNA的複製與表現都需要酵素（蛋白質），而合成該蛋白質則需要DNA。

另一方面，遺傳物質為RNA的世界被稱為RNA世界。

立刻實踐！

　　請選擇一個關於初期生物的正確敘述。

甲　首先出現的是只具有 DNA 的生物，然後出現了帶有蛋白質的生物。

乙　首先出現的是只具有蛋白質的生物，然後出現了帶有 DNA 的生物。

丙　首先出現的是只具有 RNA 的生物，該 RNA 僅具有遺傳訊息儲存功能。

丁　首先出現的是只具有 RNA 的生物，該 RNA 具有催化和遺傳訊息儲存共兩種功能。

丁

深入解析……

DNA製造蛋白質時必須有酵素，所以只有DNA並無法產生生命現象（故甲錯誤）。

同樣，如果缺少遺傳訊息，光靠蛋白質並無法進行自我複製（故乙也錯誤）。

相同道理，如果RNA僅具有遺傳訊息儲存功能，該RNA並無法進行自我複製（故丙也錯誤）。

也就是說，最初出現的應該是具有RNA的生物，且該RNA同時具有催化和遺傳訊息儲存的功能。

④ 如上所述，科學家認為首先出現的是RNA世界，之後，生物將催化作用交給蛋白質，並將遺傳訊息儲存功能交給了**比RNA還穩定的**DNA，最終演變為如今的生物。

⑤ 科學家在38億年前的地層中發現了最古老的生物痕跡，因此人們認為，**最早的生物可能出現在大約四十億年前。**

⑥ 然而，最早出現的生物是自營生物還是異營生物呢？此問題至今仍是未解之謎。

立刻實踐！

如果最早出現的生物是異營生物，那麼地球上的環境需要滿足何種條件？

甲　有足夠的氧氣

乙　已形成臭氧層

丙　有足夠的二氧化碳

丁　富含有機物

戊　氣溫非常高

丁

深入解析⋯⋯⋯

　　異營生物必須以其他生物為食，但地球的早期階段還未存在其他生物，因此，海洋環境中必須富含由化學演化所產生的大量有機物。

　　⑦ 假設最早出現的生物是自營生物，首先出現的可能是化能合成細菌，接著出現的是不產生氧氣的光合作用細菌（紫硫菌、綠硫菌等），而在這之後出現的是能進行產氧光合作用的生物——藍綠菌。

　　⑧ 一種名為疊層石的岩石，是由死亡的藍綠菌堆砌而成，該岩石在大約二十七億年前的地層中被發現。

　　⑨ 大約在二十億年前，藍綠菌行光合作用產生的氧氣，與海水中的鐵發生反應，產生了大量的氧化鐵，該氧化鐵沉積後形成了帶狀鐵礦層。當溶解於海水中的鐵減少後，氧氣便被釋放到大氣中。

　　⑩ 科學家們認為存活於這個時期的生物應該是原核生物，細胞中並不包含被核膜或膜區隔開的胞器。最終，該原核生物與好氧性細菌共生，形成粒線體，之後進一步與藍綠菌共生，形成葉綠體，最終演化為具有這些胞器的真核生物。

立刻實踐！

　　在下圖的系統樹中，A～C分別為植物、動物、原核生物的其中一種，此外，←——代表存在內共生現象。請問A～C分別是植物、動物、原核生物中的哪一種？

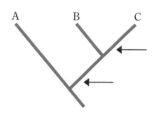

A　原核生物
B　動物
C　植物

深入解析……

　　原核生物首先是與好氧性細菌發生內共生，接著是與藍綠菌發生內共生。因此，下方的←表示好氧性細菌的內共生，上方的←表示藍綠菌的內共生。

　　原核生物並沒有經歷內共生，故A為原核生物。藍綠菌經過內共生後成為葉綠體，故C為植物，最後剩下的B則是動物。

　⑪ 大約在十億年前，單細胞生物演化為多細胞生物。

　　但在大約七億年前，整個地球被冰雪覆蓋，呈現雪球地球的寒冷狀態。最終，在這個酷寒時期結束後，倖存下來的生物開始迅速演化。

　⑫ 科學家認為，大約在六億年前，名為埃迪卡拉生物群的各種多細胞生物曾發展繁盛。

　　上述內容皆發生於約五・四億年前，該時期稱為前寒武紀。

⑬ 從五・四億年前至二・五億年前的這段時期稱為古生代。

古生代又可進一步細分為寒武紀、奧陶紀、志留紀、泥盆紀、石炭紀和二疊紀。

⑭ 在寒武紀時期，各式各樣的動物迅速增加，該現象稱為寒武紀大爆發。

當時繁盛的動物群被稱為伯吉斯頁岩動物群和澄江動物群，現代絕大部分的動物門在寒武紀時期都已經出現。

⑮ 奧陶紀出現無顎的無顎類，志留紀出現了有顎魚類，軟骨魚類和硬骨魚類則出現於泥盆紀，並發展繁盛。

⑯ 光合生物釋放的氧氣使大氣中的氧氣濃度增加，在寒武紀末期形成了臭氧層。臭氧層阻擋了來自太陽的有害紫外線，創造了一個能讓生物生活的陸地環境。

⑰ 苔蘚植物出現於奧陶紀，蕨類植物出現於志留紀。最古老的陸地植物化石是在志留紀地層中發現的頂囊蕨，而頂囊蕨還不具有維管束。

之後出現的萊尼蕨則具有維管束。在泥盆紀末期，出現原始的種子植物（種子蕨），而在石炭紀，名為樹蕨的大型蕨類植物形成了大片森林。

⑱ 最早出現在陸地上的動物是節肢動物，兩棲類出現於泥盆紀，爬蟲類則出現在石炭紀。

⑲ 最終，在古生代末期（二疊紀末期）發生了大滅絕，科學家認為90%以上的動物物種在這時期都被滅絕，其中包括繁盛於整個古生代的三葉蟲。

⑳ 古生代之後是中生代，中生代又分為三疊紀、侏羅紀和白堊紀。

㉑ 在三疊紀出現了哺乳類，侏羅紀則是恐龍類的全盛時期，在侏羅紀時期，從有羽毛的恐龍中還演化出了鳥類。

㉒ 裸子植物繁盛於整個中生代，當進入白堊紀之後則出現了被子植物。

㉓ 接著，在大約六千六百萬年前，地球再次發生了規模龐大的大滅絕，恐龍類以及繁盛於整個中生代的菊石都隨之滅絕。

㉔ 最後來到了新生代，而新生代又分為古近紀、新近紀和第四紀。

在新生代，哺乳類發展迅速且多樣化，並從中出現了靈長類（靈長目）。

在新近紀，靈長類中出現了沒有尾巴的類人猿（長臂猿、紅毛猩猩、大猩猩、黑猩猩等）。

㉕ 人類（南猿）大約在七百萬年前出現於非洲大陸。之後，大約在兩百萬年前（第四紀），出現了直立人（直立猿人）等人屬動物。

現代人類（智人）大約在二十萬年前出現在非洲，約十萬年前從非洲遷徙至歐亞大陸，之後擴大分布於澳大利亞大陸與美洲大陸。

㉖ 直到大約三萬年前，尼安德塔人（早期智人）還生活在西亞至歐洲的區域，其中一部分尼安德塔人可能還有與現代人類進行雜交。從南猿的時代到尼安德塔人滅絕的期間，人類總是存在許多個物種，但現在只存在智人這一個物種。

以上為濃縮精簡版的40億年地球生物變遷史！

▶ 挑戰！///

作為化石發現的生物數量（以科為單位）變化如下圖所示，虛線為被子植物，實線為爬蟲類。

此外，箭頭C代表類人猿出現的時期。

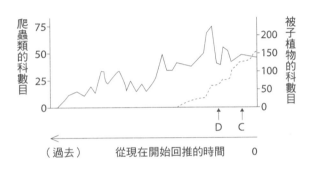

在箭頭D的時期發生了什麼事件？請從下列選項中選擇一個最適當的答案。

① 菊石類滅絕 ② 無顎類出現

③ 哺乳類出現 ④ 智人出現

⑤ 鳥類出現 ⑥ 三葉蟲滅絕

⑦ 埃迪卡拉生物群發展繁盛 ⑧ 寒武紀大爆發

▶ 按步解題！///////////////////////////////////

步驟1 被子植物出現於中生代白堊紀（為虛線的起點）。

因此，我們可以立即排除發生於古生代奧陶紀的②、古生代

二疊紀末期的⑥、前寒武紀的⑦以及古生代寒武紀的⑧。

步驟2 同樣的，我們可以排除中生代三疊紀的③和中生代侏羅紀的⑤。

由於C是出現類人猿的新近紀，因此發生於第四紀的④也可以排除。

故剩下的①為正確答案，①是發生於中生代的白堊紀末期。

（解答）①

📝 重點彙整　　8大重要事件總整理

1 埃迪卡拉生物群的繁盛時期：前寒武紀。
2 伯吉斯頁岩動物群的繁盛時期：古生代寒武紀。
3 蕨類植物出現：古生代志留紀。
4 樹蕨形成大片森林：古生代石炭紀。
5 哺乳類出現：中生代三疊紀。
6 鳥類出現：中生代侏羅紀。
7 南猿出現：新生代新近紀。
8 智人出現：新生代第四紀。

族群遺傳

▶ 必讀關鍵！////////////////////////////////////

① 生活在某一地區的族群所擁有的全部基因稱為**基因庫**，基因庫中**各個等位基因的比例稱為等位基因頻率**。

② 當滿足以下條件時，基因庫中的等位基因頻率便不會隨著世代推移而發生變化，其稱為哈溫定律。

哈溫定律成立的條件：

(1) 族群必須夠大。

(2) 族群內為隨機交配。

(3) 不會因表現型不同而發生天擇。

(4) 沒有發生新的突變。

(5) 沒有個體遷出或遷入。

③ 主要有兩種計算等位基因頻率的方法。

方法1：計算基因的實際數量。

例子1：假設某一族群由30隻基因型為AA的個體、40隻Aa的個體、50隻aa的個體所組成。讓我們求出該族群中A的等位基因頻率。

解法1：基因型為AA的個體有2個A，而基因型為Aa的個體則有1個A。因此，A的數量為（30隻個體×2）＋（40隻個體×1）＝100個。

另一方面，由於每隻個體都有兩個A或a的基因，所以該族群

內A和a的基因總數為（30隻個體＋40隻個體＋50隻個體）×2＝240個。

因此，A基因的比例（等於等位基因頻率）為$\frac{100}{240} ≒ 0.42$。

立刻實踐！────────────────

　　請求出上例中 a 的等位基因頻率。　　　　　│ 0.58

深入解析⋯⋯⋯

　　a的基因數量為40隻個體×1＋50隻個體×2＝140個。

　　因此，$\frac{140}{240} ≒ 0.58$。或者你可以從整體中減去A的等位基因頻率，$1-0.42 = 0.58$。

④ 讓我們來看看另一種方法。

方法2：透過隱性同型合子的比例反推。

例子2：有兩種類型的種子，分別為圓形種子和皺皮種子。圓形種子是由R基因控制，而皺皮種子則是由r基因控制，其中R基因為顯性基因。假設一個族群中有84株圓形種子的個體和16株皺皮種子的個體，請求出該族群中R的等位基因頻率。

解法2：由於R是顯性基因，所以基因型RR和Rr都會產生圓形種子，我們並不知道84株圓形種子的個體中混合了多少RR和Rr。因此在這種情況下，我們無法使用方法1解決這個問題，必須換個思考方式。

將R、r的等位基因頻率設為p、q（p＋q＝1），假設該族群為隨機交配所產生。由於隨機交配是發生在R和r以$p：q$的比例所

混合的族群中，所以該族群中存在的基因型，及其比例應如下表所示。

	pR	qr
pR	p^2RR	$pqRr$
qr	$pqRr$	q^2rr

因此，$RR : Rr : rr = p^2 : 2pq : q^2$

隨機交配所產生的族群，其基因型和其比例可透過以下公式得出。

$(pR+qR)^2 = p^2RR + 2pqRr + q^2rr$

讓我們將重點放在隱性同型合子的比例上，在這種情況下，皺皮種子是隱性同型合子。由於皺皮種子的比例為$\frac{16}{84+16} = 0.16$，所以$q^2 = 0.16$，q $= 0.4$

因此，R的等位基因頻率為$p = 1-0.4 = 0.6$。

立刻實踐！

　　某個族群中包含 91 株圓形種子的個體和 9 株皺皮種子的個體，請求出 R 的等位基因頻率。

0.7

深入解析……

該族群的基因型及其比例如下所示：

$(pR+qR)^2 = p^2RR + 2pqRr + q^2rr$

$RR : Rr : rr = p^2 : 2pq : q^2$

由於皺皮種子的比例為$\frac{9}{91+9} = 0.09$，所以$q^2 = 0.09$，$q = 0.3$

因此，R的等位基因頻率為$p = 1-0.3 = 0.7$。

⑤ 如果滿足②的五個條件，即使世代更替，等位基因頻率也不會改變。

讓我們來看看以下的例子。

例子3：假設某一族群由50隻基因型為AA的個體、20隻Aa的個體、30隻aa的個體所組成，且該族群內為隨機交配，請問下一個世代中A和a的等位基因頻率為多少？

解法3：第一步是求出原始族群的等位基因頻率，這時候可以使用方法1。

A的等位基因頻率$=\dfrac{50\times2+20\times1}{(50+20+30)\times2}=0.6$

a的等位基因頻率$=1-0.6=0.4$

因此，$A:a=0.6:0.4=3:2$

由於該族群內為隨機交配，

所以$(3A+2a)^2=9AA+12Aa+4aa$

最後求出$AA:Aa:aa=9:12:4$

因此下一個世代中A的等位基因頻率$=\dfrac{9\times2+12\times1}{(9+12+4)\times2}=0.6$

a的等位基因頻率$=1-0.6=0.4$

下一個世代中A和a的等位基因頻率與原始族群是相同的！

立刻實踐！

圓形（R）相對於皺皮（r）為顯性，某個族群中包含51％圓形種子的個體和49％皺皮種子的個體。假設該族群內進行隨機交配，請確認下一個世代中R的等位基因頻率與原始族群中R的等位基因頻率是否相同。

請參照深入解析……

深入解析……

我們可使用方法2，$(pR+qr)^2 = p2RR + 2pqRr + q^2rr$

由於皺皮種子的個體比例為49％，所以$q^2 = 0.49$ $q = 0.7$

p $= 1-0.7 = 0.3$

因此，$R : r = 0.3 : 0.7 = 3 : 7$

如果該族群隨機進行交配並產生下一代，$(3R + 7r)^2 = 9RR + 42Rr + 49rr$

下一代中R的等位基因頻率 $= \dfrac{9\times2+42\times1}{(9+42+49)\times2} = 0.3$

下一個世代中R的等位基因頻率和原始族群是相同的！

⑥ 如果滿足哈溫定律的五個條件，等位基因頻率就不會改變，所以不會發生演化。但在現實中，由於無法滿足上述的五個條件，因此等位基因頻率會改變並發生演化，例如，讓我們來實際看看，當發生天擇時，等位基因頻率是否真的會產生變化。

例子4：假設某一族群由25隻基因型為AA的個體、50隻Aa的個體、25隻aa的個體所組成，請求出該族群中A的等位基因頻率。此外，如果該族群中所有基因型為aa的個體皆被淘汰，剩餘的族群個體間隨機進行交配後產生下一代，請求出下一個世代中A的等位基因頻率。

解法4：原始族群中A的等位基因頻率為$\dfrac{25\times2+50\times1}{(25+50+25)\times2} = 0.5$

在淘汰基因型為aa的個體後，族群中還有25隻AA的個體和50隻Aa的個體，所以該族群中A的等位基因頻率為$\dfrac{25\times2+50\times1}{(25+50)\times2} = \dfrac{2}{3}$，$a$的等位基因頻率為$1 - \dfrac{2}{3} = \dfrac{1}{3}$

因此 $A : a = \dfrac{2}{3} : \dfrac{1}{3} = 2 : 1$

該族群經過隨機交配產生的下一個世代為 $(2A + 1a)^2 = 4AA + 4Aa + 1aa$

所以下一個世代中 A 的等位基因頻率變為 $\dfrac{4 \times 2 + 4 \times 1}{(4 + 4 + 1) \times 2} \fallingdotseq 0.67$

下一代中 A 的等位基因頻率為 0.67，與原始族群中 A 的等位基因頻率為 0.5 相比，確實產生了變化。

立刻實踐！

如果上例中產生的 $AA : Aa : aa = 4 : 4 : 1$ 的族群中，所有基因型為 aa 的個體再次被淘汰，剩餘的族群個體間隨機進行交配後產生下一代，請問下一個世代中 A 的等位基因頻率為多少？	0.75

深入解析⋯⋯

如果從 $AA : Aa : aa = 4 : 4 : 1$ 的族群中淘汰所有基因型為 aa 的個體，族群將變為 $AA : Aa = 4 : 4 = 1 : 1$。該族群中 A 的等位基因頻率為 $\dfrac{1 \times 2 + 1 \times 1}{(1 + 1) \times 2} = \dfrac{3}{4}$，a 的等位基因頻率則為 $1 - \dfrac{3}{4} = \dfrac{1}{4}$，因此 $A : a = 3 : 1$。經過隨機交配產生的下一代為 $(3A + 1a)^2 = 9AA + 6Aa + 1aa$

下一個世代中 A 的等位基因頻率為 $\dfrac{9 \times 2 + 6 \times 1}{(9 + 6 + 1) \times 2} = 0.75$。

⑦ 為什麼「族群必須夠大」這一項條件是必要的呢？這是因為，當產生一個小族群時，等位基因頻率可能會偶然發生改變，此現象稱為遺傳漂變。

⑧ 在大族群中，這種偶然的變化不太會造成影響，但在小族群中，偶然的變化會帶來較大的影響。

舉例來說，一個罐子裡放有100顆紅球和100顆白球，如果從中取出100顆球，紅球和白球的比例幾乎會是1：1。但如果你只拿出5顆球，則可能會偶然拿到4顆紅球和1顆白球。

從上述例子中可以很清楚的發現，當個體數較少時，偶然的變化會帶來較大的影響。

▶ 挑戰！ //

當構成血紅素的其中一個胺基酸發生變化，就會造成血紅素異常，異常的血紅素會在紅血球中形成不溶性集合體，使紅血球無法正常運輸氧氣，導致鐮形血球貧血症發生。

當具有異常血紅素基因 h 的同型合子時（基因型為 hh），會導致惡性貧血，許多人在成年之前就會死亡。

當具有異常血紅素基因 h 的異型合子時（基因型為 Hh），會導致輕度貧血，但並不致命。此外，在這種情況下反而不容易被瘧原蟲感染，所以在瘧疾流行地區是有利於生存的。

某個瘧疾流行地區中，異常血紅素基因 h 的等位基因頻率在0.1時達到平衡狀態。請問該地區中，基因型為 Hh 的個體之存活率是基因型為 HH 的個體的多少倍？假設所有基因型為 hh 的個體都在成年前死亡，並且未留下後代。

▶ 按步解題！//

步驟1

由於 h 的等位基因頻率為 0.1，因此 H 的等位基因頻率為 0.9。

也就是說 $H : h = 9 : 1$，經過隨機交配可產生

$(9H + 1h)2 = 81HH + 18Hh + 1hh$。

步驟2

其中，基因型為 hh 的個體在成年前就會死亡，所以能存活至成年的人是 $HH : Hh = 81 : 18 = 9 : 2$。

如果 HH 和 Hh 的死亡率相同，那麼當兩者達到成年時也會是 $HH : Hh = 9 : 2$，但在這種情況下，h 的等位基因頻率並不是 0.1

（實際計算 h 的等位基因頻率 $= \frac{2 \times 1}{(9+2) \times 2} \fallingdotseq 0.09$）。

h 的等位基因頻率會在 0.1 時達到平衡狀態，是因為 HH 和 Hh 的死亡率並不相同。

步驟3

假設 Hh 的存活率是 HH 的 x 倍，在兩者實際達到成年時的比例則為 $HH : Hh = 9 : 2x$。

達到成年的族群中，h 的等位基因頻率為 0.1，

所以 $\frac{2x \times 1}{(9+2x) \times 2} = 0.1$，$x = 1.125$。

如上所示，基因 h 看似對生存不利，但在瘧疾流行地區卻可以以 Hh 的形式保留下來。

（解答）

1.125 倍

📝**重點彙整** 族群遺傳

(1) 等位基因頻率可通過以下兩種方法計算。

方法①：計算基因的實際數量。

方法②：透過隱性同型合子的比例反推。

(2) 哈溫定律成立的條件

①族群必須夠大。

②族群內為隨機交配。

③不會因表現型不同而發生天擇。

④沒有發生新的突變。

⑤沒有個體遷出或遷入。

(3) 等位基因頻率因偶然發生的變動而改變，稱為遺傳漂變。

重點 39　演化機制

▶ **必讀關鍵！**

① 演化的發生涉及許多種因素。

② 首先，必須隔離族群以阻礙隨機交配。

例如，當族群被山脈或海洋等障礙隔離開來時（這種隔離稱為**地理隔離**），被隔離的族群將無法與原先的族群進行隨機交配。

③ 兩個被隔離開的族群將各自發生突變和遺傳漂變，兩者的等位基因頻率會隨著其適應各自的環境而產生變化。

如此一來，即使兩個族群之間的障礙在多年後消失，使兩者再次相遇，兩個族群間也無法交配產生後代，該現象則稱為**生殖隔離**。

④ 能夠在自然的狀態下相互交配，並產生具有生殖能力的後代，該群體稱為**物種**。發生生殖隔離就代表產生新的物種，當一個物種以這種方式分化為多個不同的物種時，稱為**種化**。

⑤ 由於地理隔離而發生種化稱為異域種化，在相同環境中發生種化則稱為同域種化。

⑥ 例如，當生物染色體數目倍增時，即使沒有地理隔離，也可能發生種化。

⑦ 目前廣為栽培的普通小麥，被認為是透過以下的過程演化而來。

首先，一粒小麥（AA）與野生小麥（BB）進行雜交，產

生雜種小麥（*AB*），該雜種小麥多倍體化後產生了二粒小麥
（*AABB*）。

　　而二粒小麥與節節麥（*DD*）進行雜交，產生雜種小麥
（*ABD*），該雜種小麥進一步多倍體化後，產生了現在的普通小麥
（*AABBDD*）。

　　⑧ 在⑦ 中介紹的 A 或 B 代表每種小麥的基因組，因此，普通
小麥具有多個物種的基因組。

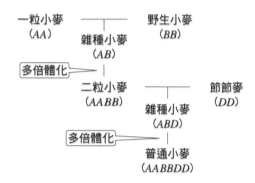

　　⑨ 基因型為*AB*的雜種小麥具有不同的基因組，在減數分裂
過程中染色體不會相互配對和複製，因此無法進行正常的減數分
裂，也無法產生後代。

　　但是，當染色體數目倍增為*AABB*時，*A*基因組中與*B*基因組
中的同源染色體之間會相互配對並複製，產生四分體，因此能夠
正常進行的減數分裂，成功留下後代。

立刻實踐！

一粒小麥（*AA*）與野生小麥（*BB*）進行雜交產生 F_1（*AB*），在其減數分裂過程中的第一次分裂中期，我們觀察到了 14 對不相互配對和複製的染色體。

將基因型為 *AB* 的 F_1 染色體多倍體化後，產生了二粒小麥（*AABB*），在其減數分裂過程中觀察到了 14 對完成相互配對和複製的四分體。

四分體
7 個
不相互配對和
複製的染色體
7 條

那麼，將二粒小麥（*AABB*）與一粒小麥（*AA*）進行雜交，產生雜種小麥（*AAB*），在其減數分裂過程中的第一次分裂中期，將會產生多少個四分體？此外，又會產生多少條不相互配對和複製的染色體？

深入解析……

由於一粒小麥為 2n ＝ 14，所以 n ＝ 7，也就是說，*A* 基因組是由 7 條染色體組成。同樣，野生小麥的 *B* 基因組也是由 7 條染色體組成。雖然染色體數目相同，但染色體類型卻存在差異，所以 *A* 基因組的染色體和 *B* 基因組的染色體並無法相互配對和複製。

因此，在 F_1（*AB*）的減數分裂過程中，會觀察到 14 對不相互配對和複製的染色體。另一方面，在具有 *AAB* 基因組的雜種小麥中，*A* 基因組的 7 對同源染色體會相互配對和複製，產生 7 個四分體；但 *B* 基因組的 7 條染色體之間卻無法相互配對和複製。

⑩ 透過上述方式，觀察是否存在同源染色體相互配對和複製

的現象，就能確定染色體中是否具有不同的基因組，進而研究演化的過程。這種分析方法被稱為**基因組分析**。

⑪ 某個個體所留下的後代中，**達到生育年齡的個體數量稱為適應度**，而**生物的演化就是為了提高適應度**。

然而，在鳥類和哺乳類中，有些個體本身並不繁殖，而是負責照顧弟弟妹妹們，協助父母進行繁殖，這種個體被稱為幫手。

⑫ 由於幫手自身並不進行繁殖，因此幫手的適應度為零。然而，如果幫手的弟弟妹妹留下了後代，即使幫手自身不繁殖，也能透過親屬將與自己相同的基因傳給後代。將自己後代以外的親屬後代也合併在內的適應度，稱為整體適應度。

⑬ 工蜂（勞動者）不具有生殖能力，但卻會幫忙照顧姊妹。幫手和勞動者雖然不會留下自己的後代，但會**協助親屬進行繁殖**，該行為稱為**利他行為**。

⑭ 兩個個體擁有共同祖先，且具有來自共同祖先的同一基因之機率稱為親緣係數。接下來，讓我們基於親緣係數來思考利他行為演化至今的機制。

⑮ 讓我們以一般的二倍體（染色體套數為 2n）生物為例。

以某個孩子（哥哥）具有的 A 基因為中心來進行思考，該 A 基因可能來自於父親或母親，而 A 基因來自母親的機率為 $\frac{1}{2}$。換句話說，母親具有孩子的 A 基因之機率（母子之間的親緣係數）為 $\frac{1}{2}$。

⑯ 由於該生物為二倍體，因此這位母親將 A 基因傳給弟弟的機率是 $\frac{1}{2}$。

所以，兄弟同時具有來自母親的 A 基因之機率為：

$$\frac{1}{2} \times \frac{1}{2} = \frac{1}{4}$$

立刻實踐！

　　假設哥哥的 A 基因來自父親，請求出弟弟具有 相同基因的機率。　　$\frac{1}{4}$

深入解析⋯⋯

　　哥哥的 A 基因來自父親的機率為 $\frac{1}{2}$，父親將 A 基因傳給弟弟 的機率為 $\frac{1}{2}$，因此，兄弟同時具有來自父親的 A 基因之機率為：

$$\frac{1}{2} \times \frac{1}{2} = \frac{1}{4}$$

⑰ 因此，兄弟間的親緣係數為 $\frac{1}{4} + \frac{1}{4} = \frac{1}{2}$。

⑱ 親子之間的親緣係數也是，這意味著，只要兄弟姊妹存活 下來並留下後代，即使自己沒有小孩，也能夠透過兄弟姊妹留下 自己的基因。

⑲ 接下來，讓我們來思考蜜蜂的情況。在蜜蜂中，蜂后產 生的卵（染色體套數為 n）和雄蜂產生的精子（染色體套數為 n） 受精會產生受精卵，大部分的受精卵會產生工蜂（染色體套數為 2n），所有工蜂都是雌性。

　　一部分的受精卵會被餵食蜂王漿等營養豐富的食物，並成長 為下一代蜂后。無論如何，受精卵只會產生雌性蜜蜂。

⑳ 另一方面，沒有和精子受精的卵子則會發育為雄蜂。

立刻實踐！─────────────────────────

雄蜂具有幾套染色體？　　　　　　│ n（一套）

───────────────────────────────────────

深入解析……

由於雄蜂是由卵子（n）直接發育而成，因此雄蜂的染色體套
數和卵一樣也是n。

㉑ 將其圖示化後下圖所示。

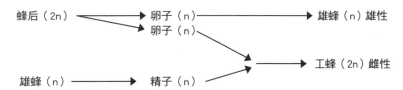

㉒ 某隻工蜂的Ａ基因來自母親（蜂后）的機率為 $\frac{1}{2}$，由於
母親為二倍體，所以母親將Ａ基因傳給其他姊妹的機率為 $\frac{1}{2}$，因
此，姊妹間同時具有來自母親的Ａ基因之機率為 $\frac{1}{2} \times \frac{1}{2} = \frac{1}{4}$。到目
前為止的計算方式都與一般的二倍體生物相同。

㉓ Ａ基因來自父親的機率也是 $\frac{1}{2}$，但由於父親（雄蜂）為單
倍體，所以當父親具有Ａ基因時，該基因也一定會傳給其他雌性
工蜂。

㉔ 換句話說，姊妹間同時具有來自父親的Ａ基因之機率為 $\frac{1}{2}$
$\times 1 = \frac{1}{2}$。

立刻實踐！

　　以蜜蜂為例，請求出工蜂的姊妹間同時帶有某 $\frac{3}{4}$
個基因的機率（即姊妹間的親緣係數）。

深入解析……

　　答案為 $\frac{1}{4}+\frac{1}{2}=\frac{3}{4}$。

　　㉕ 工蜂的姊妹之間親緣係數為 $\frac{3}{4}$，高於母女之間的親緣係數 $\frac{1}{2}$。在雄性為單倍體（染色體套數為 n）的生物中，姊妹之間的親緣係數會高於母女之間的親緣係數。

　　㉖ 然而，這被認為是蜜蜂以勞動分工作為其性狀演化至今的原因。

▶ 挑戰！//

以蜜蜂為例，請求出下列關係的親緣係數：

(1) 工蜂（姊姊）與雄蜂（弟弟）之間的親緣係數。

(2) 雄蜂（父親）與雄蜂（兒子）之間的親緣係數。

▶ 按步解題！//

(1) 步驟1 姊姊帶有的某個特定基因來自母親的機率為 $\frac{1}{2}$，母親將該特定基因傳給弟弟的機率也是 $\frac{1}{2}$；因此，姊姊和弟弟同時帶有特定基因，且該特定基因皆來自於母親的機率為 $\frac{1}{2} \times \frac{1}{2} = \frac{1}{4}$。

步驟2 該特定基因來自於父親的機率為 $\frac{1}{2}$，但是，父親的基因並無法傳給弟弟（因為雄蜂是由未受精卵發育而產生的）。

也就是說，姊姊和弟弟同時帶有某個特定基因，且該特定基因皆來自於父親的機率為0。

因此，姊姊和弟弟之間的親緣係數為 $\frac{1}{4} + 0 = \frac{1}{4}$。

(2) 雄蜂帶有的特定基因來自父親的機率為0。

因此，兩者間的親緣係數也是0！

〔解答〕

(1)$\frac{1}{4}$　　(2)　0

📝 **重點彙整**　　演化機制

(1) 地理隔離→遺傳漂變＋突變＋天擇→生殖隔離→種化
(2) 調查是否存在同源染色體相互配對和複製的現象，就能確定染色體中是否具有不同的基因組。
(3) 即使自己不留下後代，也可以透過撫養兄弟姊妹、幫助牠們繁殖，留下自己的基因。

重點 40　分子系統樹

▶ **必讀關鍵！** ///

① DNA有一定的機率會發生隨機突變，因此，DNA**的鹼基序列和蛋白質的氨基酸序列會隨著世代變遷而產生變化。**

② 細胞分子如上述般發生改變稱為**分子演化。**

③ 當DNA的鹼基序列和蛋白質的氨基酸序列中，具有重要功能的部分發生突變時，往往會不利於個體生存，增加個體被天擇淘汰的可能性。

立刻實踐！

請在下列選項中，選擇一項不利於生存的突變。

甲　構成酵素蛋白活性部位的氨基酸序列發生變化。

乙　胰島素由 A 鏈和 B 鏈組成，但作為胰島素前體的胰島素原除了 A 鏈和 B 鏈外還含有 C 肽。當胰島素原轉化為胰島素時，C 肽會被去除。假設該 C 肽的氨基酸序列發生變化。

丙　基因中內含子的鹼基序列發生變化。

丁　DNA 中非轉錄區域的鹼基序列發生變化。

甲

深入解析……

甲：酵素蛋白的立體結構中，最重要的部分是與基質結合的活性部位；如果該部分的氨基酸序列發生變化，使活性部位的立

體結構產生改變，那麼就無法與基質結合，並難以進行酵素的催化反應，對生存極為不利。

乙：由於C肽最終會被去除，因此C肽的氨基酸序列發生變化並不影響胰島素的作用。

丙：由於內含子在轉錄後會經由剪接被移除，因此，即使內含子的鹼基序列發生變化，對蛋白質的氨基酸序列也幾乎不產生影響。

丁：即使非轉錄區域的鹼基序列發生變化，由於產生變化的部分不會被轉錄，因此幾乎不會造成影響。

④ 相反的，有時即使鹼基序列和蛋白質的氨基酸序列發生改變，也可能不會對生存產生不利影響。例如，當某個鹼基被另一個鹼基取代（稱為置換）時，其對應的氨基酸種類有可能不會發生改變，這種置換被稱為同義置換（請參考第132頁）。

立刻實踐！

| 一個密碼子是由三個鹼基所組成，當密碼子的第幾個鹼基發生變化時，胺基酸被改變的可能性為最低？ | 第三個 |

深入解析……

舉例來說，鹼基序列為ACG的密碼子是對應蘇胺酸。當第一個鹼基由A變為G時，GCG會對應丙胺酸；當第二個鹼基由C變為A時，AAG會對應離胺酸。

然而，當第三個鹼基發生變化時，無論是變為ACA、ACC、

ACU，這三個密碼子同樣都是對應蘇胺酸。如上所示，在許多情況下，即使密碼子的第三個鹼基發生變化，該密碼子依然會對應相同的胺基酸。

⑤ 由於上述的突變不受天擇影響，因此很容易傳給後代並累積起來。這種不受天擇影響的突變稱為中性突變。換句話說，由於天擇對中性突變並不起作用，因此中性突變會以一定的速度在分子中持續累積。

⑥ **細胞分子發生中性突變的速度稱為分子鐘**，分子鐘可以用來**估算兩個物種在演化過程中分化（稱為分歧）的年代**。

⑦ 不受天擇影響的中性突變會以一定的速度在分子中累積，然而，對於其他會受到天擇影響的突變來說，即使發生了突變也不太可能保留下來，因此，在經過漫長的歲月後，個體中保留下來的突變數目，會比實際發生的突變還要少。

⑧ 假設有一個鹼基序列為 ATTGCCGA 的祖先生物，且該生物每一萬年會發生一次突變。

$$\text{ATTGCCGA} \xrightarrow{\ 1\ \text{萬}\ \text{年}\ } \text{ATT}\boxed{\text{A}}\text{CCGA}$$

而當然，鹼基序列中發生突變的位置是隨機的，所以也有可能會發生以下的突變。

$$\text{ATTGCCGA} \xrightarrow{\hspace{3cm}} \boxed{\text{C}}\text{TTGCCGA}$$

⑨ 將突變後產生的 ATTACCGA 與 CTTGCCGA 進行比對，會發現有兩個位置不同。

如上所示，當祖先生物的鹼基序列各自在一個位置發生突變時，兩者的鹼基序列之間就會有兩個位置不同。反之，如果兩者的鹼基序列之間有兩個位置不同，就能推斷自共同祖先之後，兩者的鹼基序列各自發生了一個突變。

⑩ 同樣，如果兩個生物的鹼基序列中有十個位置不同，就代表自共同祖先之後其各自產生了五個突變。也就是說，兩個生物的鹼基序列中，鹼基相異的數目 $\times \frac{1}{2}$，就是兩個生物自共同祖先之後各自發生的突變次數。

立刻實踐！

物種 X 的一部分 DNA 鹼基序列為 TAGT-CCAGTT，物種 Y 的同一部分 DNA 鹼基序列為 TAAGCGAGAT，請問這兩個物種的鹼基序列在共同祖先之後各自在幾個位置發生了突變？	2 個位置

深入解析……

將 TAGTCCAGTT 與 TAAGCGAGAT 進行比對，會發現有四個位置不同。因此，這兩個物種在共同祖先之後各自產生了 $4 \times \frac{1}{2}$ ＝ 2 個突變。

⑪ 當我們調查物種 X、物種 Y、物種 Z 同一段 DNA 鹼基序列中存在的相異數目時，發現物種 X 和物種 Y 之間有 20 個位置不同，物種 X 和物種 Z 之間有 6 個位置不同，物種 Y 和物種 Z 之間有

20個位置不同,結果如下表所示。

	物種 X	物種 Y	物種 Z
物種 X		20	6
物種 Y			20
物種 Z			

⑫ 兩個物種分歧後經過的時間越短,鹼基序列之間相異的數目就越少,因此,物種X和物種Z分歧後經過的時間應較短,兩者之間關係最為接近。

物種X的鹼基序列和物種Z之間有6個位置不同,因此,物種X和物種Z自共同祖先之後各自產生了3個突變。

⑬ 物種Y與物種X、物種Y與物種Z之間分別有20個位置不同,由此可得知,在物種X～物種Z的共同祖先之後其各自產生了10個突變。

⑭ 將以上的結果圖示化後如下:

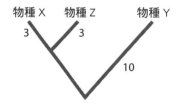

⑮ 此類圖像被稱為分子系統樹。

如果上述的鹼基序列中,需要1萬年才能發生一個突變,我們則可估計,物種X和物種Z是在3萬年前分歧,而物種X和物種Z的共同祖先則是與物種Y在10萬年前分歧。

立刻實踐！

調查物種 W、物種 X、物種 Y、物種 Z 同一段 DNA 鹼基序列中存在的相異數目，調查結果如下表所示，請根據結果完成物種 W～物種 Z 的分子系統樹。此外，假設該鹼基序列需要 1 萬年才能發生一個突變，請估算物種 W～物種 Z 的共同祖先在多少萬年前發生第一次分歧？

分子系統樹
請參照深入解析……
分歧的時代
9萬年前

	物種 W	物種 X	物種 Y	物種 Z
物種 W		12	4	18
物種 X			12	18
物種 Y				18
物種 Z				

深入解析……

首先，讓我們從物種間差異最小的地方開始。

物種 W 和物種 Y 的鹼基序列之間有 4 個位置不同，也就是說，自共同祖先之後其各自產生了 2 個突變。

接下來，物種 X 和物種 Y 關係較接近，自共同祖先之後其各自產生了 6 個突變。

最後是物種Z，由於物種Z的鹼基序列與其他物種之間有18個位置不同，因此，自共同祖先之後其各自產生了9個突變。

這四個物種的第一次分歧估計是發生在9×1萬年＝9萬年前。

▶ 挑戰！

調查物種W、物種X、物種Y、物種Z同一段DNA鹼基序列中存在的相異數目，調查結果如下表所示，請根據結果完成物種W～物種Z的分子系統樹。

此外，假設該鹼基序列需要一萬年才能發生一個突變，請問計物種W～物種Z的共同祖先在多少萬年前發生第一次分歧？

	物種 W	物種 X	物種 Y	物種 Z
物種 W		46	47	45
物種 X			31	29
物種 Y				8
物種 Z				

▶ 按步解題！

步驟1 首先，物種Y和物種Z的關係最接近，兩者自共同祖先之後各自產生了4個突變。

步驟2 與物種Y和物種Z的共同祖先關係較接近的物種為物種X，但物種X的鹼基序列和物種Y之間有31個位置不同，物種Y和物種Z之間有29個位置不同，其結果存在偏差。

理論上，如果經過的年數相同，鹼基序列之間的差異數應該也是相同的，當調查結果存在偏差時，我們可取其平均值。

所以可得出 $\frac{31+29}{2} = 30$。

由於平均有30個位置不同，因此物種X、Y、Z自共同祖先之後各自產生了15個突變。

步驟3 最後是物種W，物種W的鹼基序列與其他物種之間的差異數也存在偏差，所以讓我們來計算平均數吧！

可得出 $\frac{46+47+45}{3} = 46$。

由於平均有46個位置不同，因此物種W、X、Y、Z自共同祖先之後各自產生了23個突變。

步驟4 由於需要一萬年才能發生一個突變，因此這四個物種的共同祖先第一次分歧估計是發生在23×1萬年＝23萬年前。

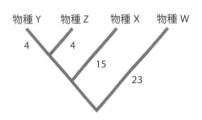

（解答）

分子系統樹　請參照上圖　　第一次分歧的時代　23萬年前

✎ 重點彙整　　分子系統樹

(1) 細胞分子發生改變稱為分子演化。

(2) 當 DNA 或蛋白質中具有重要功能的部分發生突變時，往往會不利於個體生存，增加個體被天擇淘汰的可能性。

(3) 不受天擇影響的突變稱為中性突變，細胞分子發生中性突變的速度稱為分子鐘。

(4) 兩個生物的鹼基序列中，鹼基相異的數目 $\times \dfrac{1}{2}$，就是兩個生物自共同祖先之後各自發生的突變次數。

第 2 部

題型應試對策

重點 01　尋找對照實驗！

▶ 必讀關鍵！ ////////////////////////////////////

① 將某種「藥物Ａ」溶解在生理食鹽水中，並注射在小鼠身上，結果小鼠死亡。

② 是「藥物Ａ」造成的！雖然不免直覺這麼想，但原因也可能是出在溶解藥物Ａ的生理食鹽水上，或是注射行為本身。

③ 為了確認這點，就必須進行對照實驗。

假如思考「如何證明問題不是出在生理食鹽水上⋯⋯」似乎會越想越複雜。其實這邊可以將問題更加簡化。

④ 舉例來說，現在加入Ｘ、Ｙ、Ｚ等三個實驗，結果為＋，假如想驗證Ｘ是否為其原因，就拿掉Ｘ，然後在相同的條件下進行實驗，也就是對照實驗。假設在拿掉Ｘ的情況下進行實驗，得出結果為－，即可知Ｘ為其原因。

$$X + Y + Z \longrightarrow +$$
$$Y + Z \longrightarrow -$$

⑤ 除了要確認的內容（本例中為Ｘ）外，都必須控制在相同的條件下實驗。也就是說，不能添加另一個Ｗ來取代Ｘ；除了一個主要驗證對象以外，所有實驗都必須在同樣的條件下進行。

$$X + Y + Z \longrightarrow +$$
$$Y + Z + W \longrightarrow -$$

⑥ 假如像以上這樣加入另一個 W，就沒辦法得知 − 的結果是因為拿掉 X，還是因為新加進來的 W 所造成的。

⑦ 在將「藥物 A」溶解在生理食鹽水中，並注射到小鼠身上的實驗中，假如不投入「藥物 A」，只注射生理食鹽水，結果小鼠沒有死，就能得知死亡原因是出自「藥物 A」。

立刻實踐！

　　透過手術從蝌蚪身上切除甲狀腺之後，蝌蚪不再發生變態反應。請選出最適合證明原因在於切除甲狀腺的一項對照實驗。

① 什麼都不做
② 切除蝌蚪的甲狀腺，並給予甲狀腺激素。
③ 不切除蝌蚪的甲狀腺，並且給予甲狀腺激素。
④ 進行相同流程的手術，但不切除甲狀腺。

④

深入解析……

　　由於想確認切除甲狀腺是否為不再發生變態反應的原因，所以當然不會再切除蝌蚪的甲狀腺。不過，要是什麼都不做就無法進行對照實驗了。

　　在切除甲狀腺的手術中，必須切開皮膚，也可能損害血管和神經組織。這類傷害可能導致蝌蚪不再發生變態反應。

　　作為對照實驗，除了切除甲狀腺之外，其他實驗流程應當在

相同的條件下進行。假如在同樣的手術流程後，蝌蚪發生變態反應，就可以判斷原因是出在切除甲狀腺這個步驟上。

切開皮膚＋血管和神經損傷＋切除甲狀腺 ──不發生變態反應

切開皮膚＋血管和神經損傷 ── 發生變態反應

⑧讓我們複習一下生物的基礎，甲狀腺會分泌甲狀腺素，這對兩棲動物有促進變態反應的效果，而促使甲狀腺分泌甲狀腺素的是腦下垂體前葉所分泌的促甲狀腺激素。

立刻實踐！

將小蝌蚪分為 4 個組別（A ～ D）進行不同的手術，在 3 種不同條件（I ～ III）下，給予充分的食物進行飼養後，獲得下表的結果。

發生變態反應時以＋表示，未發生變態時以－表示。此外，沒有接受任何手術的蝌蚪，在 I 及 II 的條件下全部都有發生變態反應。

組別 ＼ 飼養條件	Ⅰ 使用一般的水來飼養	Ⅱ 使用含有青蛙甲狀腺激素的水來飼養	Ⅲ 將青蛙的腦下垂體移植至蝌蚪皮下，再使用一般的水來飼養
A 只切除甲狀腺	甲 －	乙 ＋	丙 －
B 只切除腦下垂體	丁 －	戊 ＋	己 ＋
C 同時切除甲狀腺及腦下垂體	庚 －	辛 ＋	壬 －
D 跟 C 組進行同樣流程的手術，但不切除甲狀腺及腦下垂體	＋	＋	＋

「用來移植的青蛙腦下垂體，會與在發生變態反應前的蝌蚪的腦下垂體發揮同樣的作用」。

根據沒有接受任何手術的蝌蚪，全部都有發生變態反應的結果來看，對照飼養條件，從表格中 A、B、C 這 3 組在甲～壬的實驗結果中，選出 2 個最適合證明以上推論的選項。

丁和己

深入解析……

D 是其他 3 組實驗的對照實驗。

B 只切除腦下垂體，由於腦下垂體前葉不再分泌促甲狀腺激素，即使蝌蚪的甲狀腺仍然存在，也不會分泌甲狀腺素，使用一般的水來飼養時，就不會發生變態反應。

即使同時切除蝌蚪的甲狀腺和腦下垂體，如果使用含有甲狀腺激素的水來飼養，也會發生變態反應（乙／戊／辛）。

由於這裡要證明的項目是「移植的腦下垂體」，因此在移植腦下垂體的飼養條件Ⅲ中，發生變態反應的己，是證明此推論的實

驗結果。

　　另一方面，對照實驗除了不移植腦下垂體以外，都維持相同的條件，因此得出丁的結論。

▶挑戰！ //

　　將某胡蘿蔔的韌皮部切成薄片，在洋菜平面（有蓋培養皿）中進行無菌培養，誘導切片中看似木質部，與導管相似的細胞（導管細胞）形成。

　　右頁表中的第1欄，在各自的實驗當中，於培養皿內添加不同的植物激素（也有未添加的部分），第2欄則表示光線條件，第3欄是在培養數天之後，觀察是否形成導管細胞的結果，形成時以＋來表示，未形成時以－表示。

　　此外，培養皿中都充分含有生長所需的營養成分。

　　從下表的實驗結果中可以看出，想培養胡蘿蔔的韌皮部切片，誘導導管細胞的形成，a必須有（甲）的存在，但b只靠（甲）還不夠，（乙）也是必要的。推論c（乙）的效果可以被（丙）所取代。

實驗編號	第1欄	第2欄	第3欄
1	（未添加）	黑暗	－
2	（未添加）	光線	－
3	生長素	黑暗	－
4	生長素	光線	＋
5	細胞分裂素	黑暗	－
6	細胞分裂素	光線	－
7	生長素＋細胞分裂素	黑暗	＋
8	生長素＋細胞分裂素	光線	＋

問題1 從以下①～⑥當中，選擇1個最適用於文章中甲～丙的
詞彙組合。

　　　　　　甲　　　　　　乙　　　　　丙

① 生長素　　　　　細胞分裂素　　　光線

② 生長素　　　　　光線　　　　　　細胞分裂素

③ 細胞分裂素　　　生長素　　　　　光線

④ 細胞分裂素　　　光線　　　　　　生長素

⑤ 光線　　　　　　生長素　　　　　細胞分裂素

⑥ 光線　　　　　　細胞分裂素　　　生長素

問題2 回答與下底線部分a～c的相關問題。

(1) 從①～⑨當中選出3組最適合的實驗，以表示下底線a部分
和對照實驗間的組合。

① 實驗1 — 實驗3　② 實驗2 — 實驗5　③ 實驗3 — 實驗5

④ 實驗3 — 實驗7　⑤ 實驗4 — 實驗2　⑥ 實驗4 — 實驗3

⑦ 實驗7 — 實驗4　⑧ 實驗7 — 實驗5　⑨ 實驗8 — 實驗6

(2) 從(1)的①～⑨當中選出1組最適合的實驗，以表示下底線b部分和對照實驗間的組合。

(3) 選出2個可證明下底線c部分的實驗。

① 實驗1 ② 實驗2 ③ 實驗3 ④ 實驗4

⑤ 實驗5 ⑥ 實驗6 ⑦ 實驗7 ⑧ 實驗8

問題3 關於誘導導管細胞形成的作用機制乙，提出了以下假設。為了證實這項假設，要進行什麼樣的實驗，結果又會是什麼？從下述1～6當中選出最適合的選項，並從1～6中選出1組對照實驗。假設：乙在切片中產生丙，丙以甲的存在為前提，誘導導管細胞的形成。

① 在以實驗編號1為條件培養的切片萃取物中添加生長素，在黑暗條件下培養，不會形成導管細胞。

② 在以實驗編號1為條件培養的切片萃取物中添加生長素，在光照條件下培養，會形成導管細胞。

③ 在以實驗編號1為條件培養的切片萃取物中添加細胞分裂素，在黑暗條件下培養，會形成導管細胞。

④ 在以實驗編號2為條件培養的切片萃取物中添加生長素，在黑暗條件下培養，會形成導管細胞。

⑤ 在以實驗編號2為條件培養的切片萃取物中添加生長素，在黑暗條件下培養，不會形成導管細胞。

⑥ 在以實驗編號2為條件培養的切片萃取物中添加細胞分裂素，在光照條件下培養，會形成導管細胞。

▶ 按步解題！//

問題1 步驟1 以＋來表示的是實驗 4、7、8，這三者的共同點是添加了生長素。由此可得知甲為生長素。

步驟2 即使添加了生長素，實驗3仍呈現－，這表示不僅需要生長素，也需要光線。由此可得知乙為光線。

步驟3 但在實驗7中，就算沒有光線也呈現＋。實驗7不僅添加生長素，也加入了細胞分裂素。因此可將細胞分裂素視作光線的替代品。由此可得知丙為細胞分裂素。

問題2 (1) 步驟1 預設生長素是必要的情況下，添加生長素後為＋的實驗有4、7、8。實驗4的對照實驗不會添加生長素，除了這點之外，條件相同的就是實驗2（⑤）。

步驟2 實驗7的對照實驗，是除了不添加生長素之外，所有條件都相同的實驗5（⑧）。實驗8的對照實驗，是除了不添加生長素以外，所有條件都相同的實驗6（⑨）。

(2) 預設光線是必要的及其對照實驗，在照射光線的條件下為＋（實驗4），黑暗條件下為－（實驗3）的組合，因此是⑥。

(3) 為了在實驗中，驗證「細胞分裂素能夠取代光照效果」，因此選擇即使沒有光線，只要有細胞分裂素即呈現＋的實驗7，以及不提供細胞分裂素，但保持光照的實驗4。

在這種情況下，實驗4不是實驗7的對照實驗。問題也只提到可充分證明的實驗，而非對照實驗。

問題3 假設「光線在切片中引起細胞分裂素的生成，細胞分裂素在生長素的存在下導致導管細胞的形成。」首先需要進行的是光照實驗。

　　此時若是添加各種植物激素，就無法區分是光照產生的，還是一開始就添加的植物激素，因此必須在未添加激素的條件下進行光照實驗（實驗2）。

　　假如切片中產生細胞分裂素，那就是在具備生長素的前提下，導致導管細胞的形成，因此要進行在實驗2培養的切片萃取物中添加生長素的實驗。

　　由於已經產生細胞分裂素，不再需要光線，因此在黑暗條件下進行培養。假如導管細胞形成（④），就表示假設是正確的。

　　相對來說，對照實驗就必須在無添加、不照射光線的實驗1所培養的切片萃取物中添加生長素的培養皿進行，在黑暗條件下培養，並且確認導管細胞是否生成（①）。

（解答）

問題1 ②　問題2 (1)⑤、⑧、⑨
(2)⑥ (3)④、⑦ 問題3 ④、對照實驗 ①

重 點
02

資料比較

▶ 必讀關鍵！ ////////////////////////////////

① 當一次看到大量且陌生的資料出現時，總是會頓時不知該如何反應。

② 處理這些資料的訣竅，不是一次看所有的東西，而是逐項進行比較。 現在，就讓我們來實際練習以下的問題。

立刻實踐！

已知細胞凋亡（細胞程序性死亡）與屬於蛋白質的細胞色素 c 具有關聯性。細胞色素 c 自粒線體釋放出來後，形成一個機制，存在於細胞內名為 Caspase-3 的蛋白質被阻斷，啟動細胞凋亡模式。

如果給出必要的因子，這個現象能夠在試管內部重現。下頁表 1、表 2 顯示出實驗結果，透過添加人類細胞所獲得的細胞分離 A（分離 A）、細胞色素 c，及各種核苷酸進行實驗。

以○、✕來表示試管內是否有添加因子。結果為－，表示 Caspase-3 的蛋白質沒有阻斷，＋表示稍微阻斷，＋＋則表示有明顯的阻斷。此外，使用的物質如下：

ATP（腺嘌呤＋核糖＋磷酸＋磷酸＋磷酸）

ADP（腺嘌呤＋核糖＋磷酸＋磷酸）

dATP（腺嘌呤＋去氧核糖＋磷酸＋磷酸＋磷酸）

dTTP（胸腺嘧啶 + 去氧核糖 + 磷酸 + 磷酸 + 磷酸）

dCTP（胞嘧啶 + 去氧核糖 + 磷酸 + 磷酸 + 磷酸）

dGTP（鳥嘌呤 + 去氧核糖 + 磷酸 + 磷酸 + 磷酸）

表 1

試管編號	1	2	3	4	5
分離 A	○	○	○	○	○
dATP	✕	○	✕	✕	✕
dTTP	✕	✕	○	✕	✕
dCTP	✕	✕	✕	○	✕
dGTP	✕	✕	✕	✕	○
細胞色素 c	○	○	○	○	○
阻斷 Caspase-3	－	＋	－	－	－

表 2

試管編號	1	2	3	4
分離 A	○	○	○	○
ADP	✕	○	✕	✕
ATP	✕	✕	○	✕
dATP	✕	✕	✕	○
細胞色素 c	○	○	○	○
阻斷 Caspase-3	－	－	＋	＋＋

問題 從以下選擇一個正確的實驗考察結果。

甲　細胞凋亡的啟動不會在分離 A、dATP、細胞色素 c 以外的組合中發生。

乙　從非人類細胞所獲得的細胞分離 A 當中，凋亡的為不可能發生。

丙　反應液中核苷酸所含的鹼基種類會影響凋亡的啟動程度。

丁　反應液中核苷酸所含的糖的種類不會影響凋亡的啟動程度。

戊　反應液中核苷酸所含的磷酸數量不會影響凋亡的啟動程度。

丙

深入解析……

步驟1 細胞凋亡，細胞色素 c，Caspase-3……？ 先別被這些看似困難的用語給嚇倒了。其實就結果來說，只要能夠解讀「只

要 Caspase-3 被阻斷，就會啟動細胞凋亡」這個訊息就夠了。

步驟2 表1中，只有試管編號2中的 Caspase-3 被阻斷，添加核苷酸的只有 dATP。

步驟3 表2中除了添加 dATP 的試管編號4以外，在添加 ATP 的試管編號3中，也發現少許 Caspase-3 的阻斷情況。

步驟4 接下來，讓我們一一思考選項的內容。

甲：添加 ATP 而非 dATP，即使只有些微程度，Caspase-3 也會受到阻斷，因此錯誤。

乙：由於沒有使用過從非人類細胞獲得的細胞分離 A 來進行實驗，因此無法確定使用其他生物的分離 A 是否會啟動凋亡。

丙：鹼基在腺嘌呤的 dATP 和 ATP 中，可看到 Caspase-3 的阻斷情況，含有除此之外的鹼基的核苷酸，則不會出現阻斷的情況，因此可推論核苷酸所含的鹼基種類，與凋亡的啟動程度有所關聯。

丁：糖在去氧核糖的 dATP 中，Caspase-3 明顯被阻斷，但糖在核糖的 ATP 中，Caspase-3 只稍微受到阻斷，由此可推論糖的種類會影響凋亡的啟動程度。

戊：由於3個磷酸的 ATP 與2個磷酸的 ADP 所產生的結果大不相同，因此磷酸的數量也會影響凋亡的啟動程度。

③ 接下來再讓我們繼續練習看看！

立刻實踐！

　　以味覺細胞的動作電位發生頻率，來測量味覺細胞對味覺刺激所產生的反應。味覺刺激方面，分別將蔗糖（甜味）、氯化鈉（鹹味）、鹽酸（酸味）、奎寧（苦味）分別添加進蒸餾水中，給予味覺細胞 a～d。此外，也進行了只給予蒸餾水的實驗。結果如以下圖表。

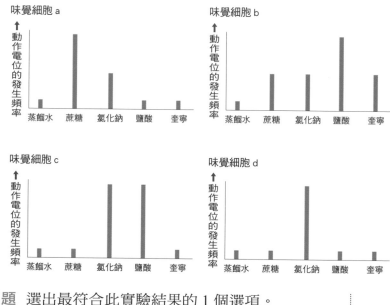

問題　選出最符合此實驗結果的 1 個選項。

甲　只有味覺細胞 a 對甜味有反應。

乙　味覺細胞 c 對鹹味的反應比味覺細胞 b 大。　　　乙

丙　所有味覺細胞對 4 種味覺刺激都有反應。

丁　沒有任何味覺細胞只對一種味覺刺激有反應。

深入解析……

　步驟1　讓我們回憶一下在第二部重點01中接觸過的對照實

驗。在這道問題中，對照實驗即是給予味覺細胞不具味覺刺激的蒸餾水。從圖表中可以發現，即使蒸餾水不具味覺刺激，也會產生少量的動作電位。由此可以判斷，與蒸餾水相同程度的反應，即表示不具味覺刺激。

步驟2 接下來，讓我們一一思考選項的內容。

甲：對於甜味（蔗糖），除了味覺細胞a以外，味覺細胞b也有所反應，所以錯誤。

乙：從圖表可以看出，對於鹹味（氯化鈉）的反應，味覺細胞c確實比味覺細胞b要來得大。

丙：由於與蒸餾水相同程度的反應，不能視作對味覺刺激有反應，因此如果是味覺細胞a，則只對蔗糖和氯化鈉這2種味覺刺激有所反應。

丁：味覺細胞d有所反應的味覺刺激只有鹹味（氯化鈉）。

④ 接下來，讓我們回頭複習真核生物的基因表現調控吧。

⑤ 在第一部的重點15中，我們學習了原核生物的基因表現（轉錄的調節）。在原核生物中，當一個調節區域的多個基因群被一起轉錄時，該基因群被稱為什麼呢？

……想起來了吧！這種基因群被稱為操縱組。

⑥ 然而，在真核生物中，一個調節區域只會有一個基因被轉錄，並不會同時轉錄多個基因。

⑦ 在原核生物中，與作為調節蛋白的抑制蛋白結合DNA區域稱為操作子。但在真核生物中，與調節蛋白結合的區域並非操作子，而是存在於真核生物中的許多轉錄調節區域。轉錄調節區域會與抑制蛋白或活化因子（活化蛋白）結合，從而促進或抑制轉錄。

⑧　在原核生物和真核生物中，基因的前端具有啟動子，當啟動子與RNA聚合酶結合，就會開始進行轉錄。

然而，在真核生物的情況下，RNA聚合酶需要一種稱為通用轉錄因子的蛋白質才能與啟動子結合。當通用轉錄因子與RNA聚合酶一起與啟動子結合時，就會開始進行轉錄。

⑨　在真核生物中，DNA會纏繞在一種名為組織蛋白的蛋白質上，形成核小體，之後進一步多次折疊形成染色質纖維。然而在細菌等原核生物中，DNA並不會與組織蛋白結合。

在真核生物中，由於RNA聚合酶無法與多次折疊後形成的染色質纖維結合，因此轉錄會受到抑制。除非染色質纖維解開，否則無法進行轉錄。

⑩　如上所述，真核生物的轉錄比原核生物更加複雜，並以多個層次調節是否進行轉錄。

⑪　在真核生物中，有多個轉錄調節區域，各個轉錄調節區域與各種轉錄調節因子結合，不僅可以調控是否進行轉錄，還能調節轉錄的數量。

接著就讓我們來挑戰關於轉錄調節區域的問題吧！

▶ 挑戰！ //

如下頁圖左側所示，將某個基因上游區的轉錄調節區域分為不同的長度，並將這些基因與作為發光酶的螢光素酶基因結合，製作出基因A～I。

　　然後，將含有基因A～I的質體置入培養細胞中，二十四小時後，從培養細胞中取得含有螢光素酶的蛋白質提取物。將取得的蛋白質與螢光素酶的基質螢光素進行反應，所測得的發光強度結果如下圖右側所示。

　　在這個實驗中，假設置入培養細胞的每種基因比例皆相同，且每一個細胞的轉譯效率也是相同的。此外，轉錄調節區域之間的結合並不存在協同效應。

問題　在基因上游區的轉錄調節區域1～8中，促進或抑制轉錄的區域分別為哪些區域？請從1～8中選擇促進或抑制轉錄的區域，並以編號作答。

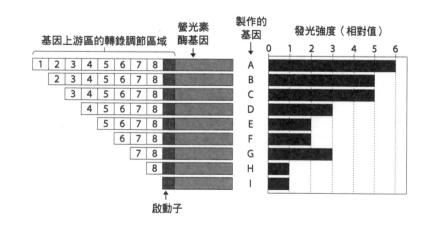

▶ 按步解題！///////////////////////////////////////

步驟1 讓我們來逐一進行比較吧。

在實驗中，如果有越多基因表現並合成一種名為螢光素的酵素，發光強度就會越強，因此我們可將其視為「發光強度越強＝基因的轉錄量越多」。

步驟2 基因A含有完整的轉錄調節區域1～8，而基因B與基因A相比少了調節區域1，導致其發光強度由6降低至5。在沒有調節區域1的情況下，基因B的轉錄量減少，因此調節區域1是促進轉錄的區域。

步驟3 基因B和基因C的區別在於是否含有轉錄調節區域2。結果發現，無論有沒有調節區域2，基因B和C的發光強度都維持在5。因此，調節區域2並沒有促進或抑制轉錄的作用。

步驟4 含有轉錄調節區域3的基因C發光強度為5，而不含調節區域3的基因D發光強度則降低為3。因此，調節區域3是促進轉錄的區域。

步驟5 含有轉錄調節區域4的基因D發光強度為3，而不含調節區域4的基因E發光強度則降低至2。因此，調節區域4是促進轉錄的區域。

步驟6 含有轉錄調節區域5的基因E，與不含調節區域5的基因F，兩者的發光強度皆為2，因此調節區域5並不具有促進或抑制轉錄的作用。

步驟7 含有轉錄調節區域6的基因F發光強度為2，但不含調節區域6的基因G發光強度卻提升為3。在沒有調節區域6的情況下，反而促進了轉錄，因此調節區域6是抑制轉錄的區域。

步驟8 含有轉錄調節區域7的基因G發光強度為3，而不含調節區域7的基因H發光強度則降低至1。因此，調節區域7是促進轉錄的區域。

步驟9 含有轉錄調節區域8的基因H，與不含調節區域8的基因I，兩者的發光強度皆為1，因此調節區域8並不具有促進或抑制轉錄的作用。

（解答）

促進　1、3、4、7　　抑制　6

重點 03　假設驗證

▶ 必讀關鍵！ //////////////////////////////////

① 為了解釋生物的某種現象，首先要做好「如果這麼做的話……」的假設，接著就是驗證假設是否正確。

② 例如要調查某個反應跟哪種物質有所關連。

假設加了物質Ａ後沒有反應，加了物質Ｂ後也沒有反應，加了物質Ｃ後發生反應。從這邊我們可以馬上知道這個反應需要物質Ｃ。

③ 但這代表跟物質Ａ或物質Ｂ無關了嗎？

為了證明這點，我們設定實驗結果是同時加入物質Ａ跟Ｂ會發生反應。要說明這種現象，應該建立怎麼樣的假設呢？一起思考看看吧。

④ 僅加入Ａ跟僅加入Ｂ都不會發生反應，但同時加入Ａ跟Ｂ後就發生反應，或許可以建立下面的假設。

假設１：Ａ跟Ｂ混合後成為了Ｃ。

⑤ 也或者可以假設如下。

假設２：Ａ有著讓Ｂ變成Ｃ的作用。

假設３：Ｂ有著讓Ａ變成Ｃ的作用。

⑥ 不論哪種假設都能毫無矛盾說明這個狀況。

那麼來想想為了驗證假設１～３，應該進行怎麼樣的實驗呢？

⑦ 首先來調查混合Ａ跟Ｂ後會產生什麼樣的物質。不論何種

假設都會產生物質C才是。為了調查A、B量的變化,我們設定實驗結果是B的量幾乎不變,只有A大幅減少,促使C的產生。

⑧ 假設1的話應該是A、B雙方都同時減少,假設2的話由於B變成C,B的量應該減少。因此假設3能很好的說明A減少後產生了C這點。

立刻實踐!

某種魚在繁殖期間,其雄魚會呈現婚姻色。與此關聯的可能是內分泌腺 A 跟 B,已知內分泌腺 A 會分泌激素 a,內分泌腺則是會分泌激素 b。

實驗1:同時去除內分泌腺 A 與 B,則婚姻色消失。

實驗2:僅去除內分泌腺 A,婚姻色也消失。

實驗3:僅去除內分泌腺 B,婚姻色也消失。

根據上述的實驗結果,統整出下列的假設。

假設 1:因激素 a 跟激素 b 的作用,才使得婚姻色出現。

假設 2:婚姻色是由激素 a 或激素 b 其中一方的作用得以出現。

假設 3:由於激素 a 在內分泌腺 B 的作用,使得內分泌腺 B 得以分泌激素 b,呈現婚姻色。

假設 4:由於激素 b 在內分泌腺 A 的作用,使得內分泌腺 A 得以分泌激素 a,呈現婚姻色。

請問假設 1 ～ 4 中,何者與實驗結果沒有互相矛盾?

假設
1、3、4

深入解析……

步驟1 首先將上述假設繪製成圖吧。

假設1

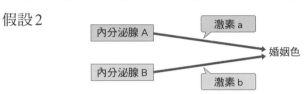

這是均有激素a與激素b的情況下才得以呈現婚姻色的假設。

假設2

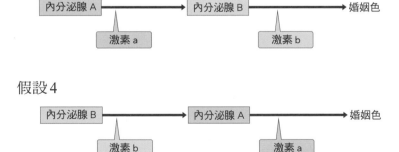

這是僅有激素a或激素b的情況下,都能呈現婚姻色的假設。

假設3

內分泌腺 A ⟶ 內分泌腺 B ⟶ 婚姻色
　　激素 a　　　　　　激素 b

假設4

內分泌腺 B ⟶ 內分泌腺 A ⟶ 婚姻色
　　激素 b　　　　　　激素 a

步驟2 由實驗2中僅去除內分泌腺A(並未去除內分泌腺B),及實驗3中僅去除內分泌腺B(並未去除內分泌腺A),均無法呈現婚姻色,可知假設2提到僅透過單方的激素,就能呈現婚姻色這點有誤。

步驟3 假設1提到因僅有激素b的關係，無法呈現婚姻色這點，跟實驗2只去除內分泌腺A這點吻合。

步驟4 假設3也提到當失去內分泌腺A時，因缺乏刺激內分泌腺B的激素a，使得激素b無法分泌這點是正確的。

步驟5 假設4提到失去內分泌腺A的關係，激素a無法順利被分泌，使得婚姻色無法呈現這點是正確的。

步驟6 上述跟實驗1、實驗3驗證過也相同。也就是說，除了假設2以外，所有實驗結果都與假設相符。

⑨ 接著我們追加以下的實驗。

實驗4：對已去除內分泌腺A的雄魚，注射激素b後也不會出現婚姻色。

實驗5：對已去除內分泌腺B的雄魚，注射激素a後會出現婚姻色。

立刻實踐！

請從實驗4、5的結果，推斷假設1、3、4何者正確？ ｜ 假設4

深入解析……

在實驗5中，因為已經把內分泌腺B去除，在缺乏激素b下應該無法呈現婚姻色，由此可知假設1有誤。

在實驗4中，即使已經沒有內分泌腺A，只要有激素b應該會呈現婚姻色，由此可知假設3有誤。

而假設4透過實驗4中，沒有內分泌腺A就無法產生激素a，故無法呈現婚姻色這點已經被證明。同樣的透過實驗5，在即使沒

有內分泌腺B，只要投入激素a，最後仍能透過激素a的作用呈現婚姻色這點也被證明清楚。

▶ 挑戰！ //

昆蟲的孵化過程裡，在體節形成之後，透過同源異形基因製造出的轉錄因子的作用，使得各體節沿著胚的前後體軸，演化出特有的形態。

這時黑腹果蠅的突變種，由於胸部的第3體節（第3胸節）中的同源異形基因X失去作用，使得原本不會長有翅膀的第3體節，變得跟長有翅膀的第2體節相同。結果讓原本是果蠅的牠，變得跟蝴蝶一樣，成了有著2對翅膀的個體。

請從下列假設1～3說明蝴蝶擁有2對翅膀的理由中，與黑腹果蠅的基因X的作用相較，選出1個沒有相互矛盾的選項。

假設1：蝴蝶沒有基因X。
假設2：並未於蝴蝶的胸部第3體節發現基因X。
假設3：於蝴蝶的胸部第3體節發現基因X，但其製造出的轉錄因子所作用的基因簇，與黑腹果蠅並不相同。

（1）假設1　　　　（2）假設2　　　　（3）假設3
（4）假設1跟假設2　（5）假設1跟假設3　（6）假設2跟假設3
（7）假設1跟假設2跟假設3

▶ 按步解題！///////////////////////////////////////

步驟1 由於黑腹果蠅的基因X失去作用，導致翅膀變成2對。也就是說原本應在第3體節發現的基因X失去作用，使得翅膀變成2對，而蝴蝶原本就是2對翅膀。

步驟2 如同假設1所述，若蝴蝶原本就沒有基因X，就跟黑腹果蠅的基因X失去作用一樣，這充分說明了沒有基因X翅膀就變成2對。

步驟3 如同假設2所述，即便蝴蝶擁有基因X，但在第3體節沒有發現的話，就跟沒有基因X或是基因X失去作用相同。因此在第3體節沒有發現基因X，也能充分說明翅膀變成2對這點。

步驟4 假設3提到基因X製造出的轉錄因子所作用的基因簇與黑腹果蠅不同，這到底是什麼意思呢？黑腹果蠅的基因X在正常作用下，是不會有另1對翅膀，可以想見基因X產生的轉錄因子，是用來抑制翅膀形成的基因簇。

那麼蝴蝶的基因X產生的轉錄因子，不是作用於抑制翅膀形成的基因簇，而是其他基因簇的話（例如促進翅膀形成的基因簇），就充分說明了蝴蝶有著2對翅膀。

步驟5 其實這個問題的答對率，在模擬測驗中僅有7.8％。經過了上述的解析後，想必各位都能了解了吧？

（解答）

（7）

重點 04　圖表分析 + 實驗設定

▶ 必讀關鍵！ ///////////////////////////////

① 當出現從未看過的圖表時，相信讀者心裡都曾有過「怎麼辦，好難……？」的緊張想法吧。請嘗試回想起第二部重點2的資料比較，我們學習過圖表不是全部一起看，而是邊把它拆成數個段落，並同時跟對照圖表進行比較。

② 接著來實際練習一下吧。

立刻實踐！

狗與牠們祖先狼的不同處，始於在一萬多年前至今跟人類建立的羈絆，而這個羈絆是由「相互注視」的行動所形成。

下面的實驗1、實驗2，是為了驗證相互注視的行動，會與下視丘分泌出一種名為催產素的激素，使得兩者產生強烈互補關係的假設；而被分泌的催產素進入血液產生作用後，便會隨著尿液排出。

實驗1：把飼養在家中的家犬，以及跟飼養牠的人類很親近的狼，以飼主跟他們養的動物為一組的方式，分別送進實驗室，觀察動物們30分鐘的行動。觀察結果發現有長時間注視飼主的狗（長狗），以及短時間的狗（短狗）；狼則是完全沒看過飼主（如右頁圖1）。

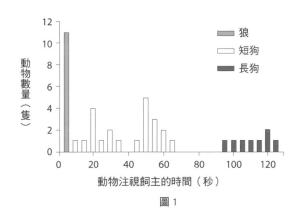

圖1

實驗2：接著分別對飼主與動物在30分鐘的觀察行動前後採取
尿液，在檢測催產素量後，其結果如下圖2。

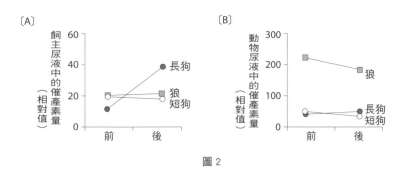

圖2

問題 請根據圖2的實驗結果，從下列甲～戊的選項中，
選出一個最適當的答案。

甲 只要注視宿主，那麼狗與狼尿液中的催產素量便會
增加。

乙 尿液中催產素量越多的動物，注視飼主的時間越長。

丙 被狗長時間注視的飼主，尿液中的催產素量較多。

丁 被飼主長時間注視的狗，尿液中的催產素量較少。

戊 被飼主長時間注視的狼，尿液中的催產素量較多。

丙

深入解析……

步驟1 「看圖表前請務必確認橫軸與縱軸，並仔細確認圖表是完成何種實驗後繪製的。」

這段話曾在第一部的重點5「酵素1」的「挑戰！」內的解說中出現過，不知道各位還記得嗎？

步驟2 圖1顯示的是「動物」看著飼主的時間，不論長狗或短狗，顯示的也是「狗」看著飼主的時間長短。

這裡面並沒有「飼主」看著狗的時間。從這邊就可以刪去選項丁跟戊。

步驟3 剩下的部分，就讓我們按部就班來分析。

甲：由於討論的是狗、狼尿液中催產素的量，那麼看的圖表便是圖2-B。從圖中可以知道注視前後的催產素量並沒有變化，且狼的量反而減少了。因此這個選項錯誤。

乙：這裡討論的也是動物尿液中的催產素量，因此也是看圖2-B。雖然狼尿液中的催產素量偏多，但狼並沒有看過飼主，所以這個選項也是錯的。

丙：這裡討論的是飼主尿液中的催產素量，所以看的是圖2-A。被長時間看著飼主的長狗所注視的飼主，其尿液中的催產素量確實增加了，因此這個選項正確。

③ 就像上述問題，閱讀圖表最基本且重要的事情，就是要確認清楚縱軸、橫軸所代表的東西。

④ 常遇到完成某種實驗，接著看到「從這個結果中了解了些什麼？」的問題，相信各位都在這本書中反覆練習過了。

⑤ 但反過來被問到「為了確認這件事情應該進行什麼樣的實

驗？」這樣的問題時，或許各位多數時候會慌張的想「該怎麼辦呢⋯⋯」對吧。

⑥ 最好的應對方式，就是平常要多做實驗類問題，不要光對答案感到滿足，嘗試思考各種不同的實驗設定，抱持「原來如此～做這樣的實驗就可以了吧」的態度進行學習。

⑦ 接下來就當作複習第一部重點5曾學習過的酵素，順便看看下面的問題吧。

立刻實踐！

| 在有著一定量的雙氧水試管中加入過氧化氫酶會產生氧，過一陣子反應便停止了。在停止產出氧的試管中重新加入過氧化氫酶也沒有產生氧，但重新加入雙氧水後便重新產生氧了。試問氧停止產生的原因是？ | 因為雙氧水耗盡了。 |

深入解析⋯⋯

重新加入過氧化氫酶無法再次產生氧，但重新加入雙氧水後便產生氧，由此可知原因便是雙氧水耗盡。

⑧ 像這樣循序漸進的累積練習每個基本實驗，之後遇到反問的情況也沒有問題了。

立刻實踐！

在有著一定量的雙氧水試管中加入過氧化氫酶會產生氧，過一陣子反應便停止了。想確認造成這個原因是否跟雙氧水消耗殆盡有關的話，應該進行何種實驗，達成何種結果才是最正確的？

重新加入雙氧水後再次產生氧即可。

深入解析……

為了確認原因是否在雙氧水耗盡這點，只要重新加入雙氧水後若再次產生氧就沒錯了。

上述的問題曾在第一部重點5出現過喔！

⑨ 像上述的問題是要調查「雙氧水」，思考方向往使用雙氧水進行的實驗就可以了。

⑩ 而想要了解A就使用A來進行實驗的想法，有時候不一定是使用A，也有排除A進行實驗的方式。

例如：

添加了A、B、C後產生反應。為了確認產生反應的要素有A，請問該進行怎麼樣的實驗？

→拿掉A，只加入B、C，若結果沒有產生反應，則可以確定A就是要素。

⑪ 那麼嘗試看看接下來這個問題吧。

添加了A、B、C後產生反應，為了確認產生反應的要素僅有

A，請問該進行怎麼樣的實驗？

　　⑫ 跟上一題不同，實驗要驗證的是「僅有 A」這點。

　　把 A 拿掉後沒有發生反應，確實可以知道 A 就是要素，但問題是「僅有 A＝是不是跟 B 或 C 也有關聯」這點上面，因此這次實驗的中心要以 B 或 C 為主。

　　那麼接著進行排除 B 及排除 C 的實驗。

　　如果排除 B 後產生反應，則表示跟 B 沒有關聯。

　　但若排除 C 後沒有發生反應，表示 A 及 C 都是發生反應的必須要素，因此就能印證反應要素不只有 A。

　　⑬ 下面是接續 ② 的問題。

立刻實踐！

　　　為了驗證相互注視的行動與催產素的分泌之間，能使兩者產生強烈互補關係的假設，除了前述的實驗 1、2 之外，還需要什麼情報？

甲　測量飼主尿液中催產素的量，是否對飼主注視自己養的狗的時間產生影響。

乙　在飼主不在場的條件下，測量其他人被長狗所注視後，是否對其尿液中催產素量產生影響。

丙　在狗跟飼主單獨相處的條件下，狗的催產素量，是否因狗注視飼主的時間產生影響。

丁　在狗跟非其飼主單獨相處的條件下，狗的催產素量，是否因狗注視非飼主的時間產生影響。

甲

深入解析⋯⋯⋯

　　實驗1、2是「狗」注視著飼主，來觀察飼主及狗中尿液裡催產素量的變化，所想證明的是「強化了雙方關係」；因此這次的實驗，應該以「飼主」注視著狗的實驗為主。

　　而提到「飼主」注視著狗的內容是⋯⋯只有甲！

　　其實這個問題的答對率，僅有11％，但筆者認為各位很快就能回答吧！

▶ 挑戰！ ///

　　一種名為 X 的除草劑有著抑制麩胺醯胺合成酶的效果。麩胺醯胺合成酶為一種用於 NH_4^+ 和麩胺酸合成麩醯胺酸時的反應催化劑，產生的麩醯胺酸與 α-酮戊二酸作用後，會形成2分子的麩胺酸。

　　麩胺酸中胺基的移轉與製造各種不同的有機含氮化合物息息相關，因此一旦麩胺醯胺合成酶受到抑制，（a）將會因為無法生成有機含氮化合物，並（b）蓄積有毒物質 NH_4^+。

問題　若下列實驗完成後，可得出底線部分（a）或（b）為 X 所導致之植物死亡重要原因的訊息者，請以 ○ 標示，沒有辦法的，請以 ✕ 標示。

甲　以高濃度的 X 水溶液均勻噴霧後，同時觀察投入麩胺酸及未
　　投入的情況下，植物到枯萎為止的所需時間。

乙 以高濃度的X水溶液均勻噴霧後，同時觀察投入 α-酮戊二酸及未投入的情況下，植物到枯萎為止的所需時間。

丙 以不進行X水溶液噴霧的狀況下，投入高濃度的NH_3水溶液，確認是否僅靠NH_3會使植物枯死。

▶ 按步解題！

步驟1 問題內容雖提到了氮同化作用的機制，但因為這是必要知識，讓我們再複習一下（請參考第99頁）。

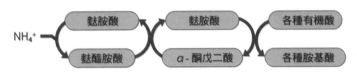

NH_4^+ 麩胺酸　麩醯胺酸　麩胺酸　α-酮戊二酸　各種有機酸　各種胺基酸

所謂各種有機酸，指的是丙酮酸、或是草醯乙酸等等，這些都是呼吸作用產生的物質。

步驟2 主要目的為調查「原因為X所導致的枯死」，當然X為必要條件。因此若進行丙不給予X的實驗，則無法調查「原因為X所導致的枯死」。因此丙為 ✕ 。這麼一來是不是就能做出判斷了呢。

步驟3 甲的作法會因為麩醯胺酸合成受到抑制，造成NH_4^+的蓄積，但加入麩胺酸後會跟各種有機酸產生反應，生成各種不同的胺基酸，進而製造出許多不同的有機含氮化合物，便不會陷入缺乏的狀況。

因此這作法能判斷出枯死原因為NH_4^+的蓄積，或是缺乏有機

含氮化合物的關係。答案便是○。

步驟4 乙雖然加入 α-酮戊二酸，但因 X 抑制麩醯胺酸的合成，在缺乏跟 α-酮戊二酸產生反應的麩醯胺酸下，自然麩胺酸也無法產生。結果除了造成 NH_4^+ 的蓄積，也同時出現缺乏有機含氮化合物的情況，無法查出原因在哪。因此答案是 ✕。

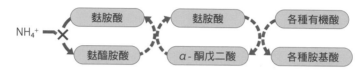

（解答）

甲　○

乙　✕

丙　✕

對話問題

▶ 必讀關鍵！ ////////////////////////////////

① 在測驗中，有時會出現一些對話型式的問題，是想用輕鬆點的對話，舒緩一下考生們緊張的情緒嗎？

那怎麼可能！

② 舉例來說，對話如下。

小明說出自己對某件事的看法，小美聽了出言反駁。小明回答：「原來如此，但妳不能否認也是有這種方法吧？」於是小美提議：「如果進行這樣的實驗，或許就能得知答案了。」小明附議：「實驗要是得出這個結果，那就可以證明我的想法是對的了。」

③ 就這樣，在兩人一來一往的討論間，問題逐步獲得解決。在這個過程中，無論是否認同對方的意見，都會發現矛盾點和新的問題，並且相互提出解決問題的方法與新的知識。

④ 溝通中，不該堅持「無論如何，我說的才是對的！」在尊重他人意見的同時，重點在於培養討論及延伸想法的能力。

⑤ 為此，請仔細聽取（閱讀）他人的意見，了解對方的想法，以此為基礎，考慮待解決的問題及矛盾點；換句話說，必須掌握對話導向及討論的進度。

立刻實踐！

　　小明和小美談到他們在課堂上學到的光週期。

小明：植物 A 在明期約 10 小時或 12 小時會形成花芽，但到了
　　　14 小時花芽就不會出現了。

小美：那就可以得知，這種植物是屬於臨界夜長大約 甲 小
　　　時的 乙 植物。

小明：植物 B 在明期約 10 小時、12 小時和 14 小時都會形成
　　　花芽喔。

小美：這樣植物 B 就是 丙 植物了呢。

小明：是這樣嗎？雖然確實有可能是 丙 植物，但也可能是
　　　臨界夜長大約 丁 小時的長日照植物吧？

小美：確實。那麼，植物 B 也有可能是臨界夜長是 戊 小時
　　　左右的 乙 植物吧。

問題　選出最適合甲～戊的數值及名詞組合。

① 13　短日　日中性　9 15

② 13　長日　短日　15 9

③ 13　短日　日中性　15 9

④ 13　長日　短日　9 15

⑤ 11　短日　日中性　9 15

⑥ 11　長日　短日　15 9

⑦ 11　短日　日中性　15 9

⑧ 11　長日　短日　9 15

⑦

深入解析⋯⋯

甲：乙植物在明期約12小時形成花芽，14小時不會形成，由此可得知，會在明期13小時以下的時間形成花芽。

也就是說，臨界夜長大約有11小時，當暗期比這個時間長時，即可得知是會形成花芽的短日照植物。

丙：即使明期是10小時或14小時，光憑形成花芽這一點來說，也很難判斷是什麼類型的植物。不過，小美認為是丙植物，在後來的談話中，小明也提到有可能是長日照植物，所以可以推論小美可能太早下結論了。

丁：假如是長日照植物，當明期大約9小時時，可能無法形成花芽。換句話說，有可能是臨界夜長約15小時的長日照植物。

戊：相反的，當明期到達15小時，也可能無法形成花芽；也就是說，有可能是臨界夜長約9小時的短日照植物。

⑥ 你跟上了嗎？

讓我們再練習看看其他例子。

立刻實踐！

小透和幸子發現，有機化合物的產量會因生物群系而有所不同，於是開始討論起大氣層中二氧化碳濃度的變化與生態系統的相關性。

小透：由於生產者行為，二氧化碳被有機物吸收，所以有機物產量較大的生態系統，應該也比較能抑制大氣層中二氧化碳的濃度上升吧？

幸子：確實，如果只考慮到生產者行為，情況可能就是這樣。

但是，生產的有機物會經由食物鏈被消費者一一消耗，而消費者會透過呼吸，將有機物中含有的碳返回二氧化碳中。

因此，無論生產者生產多少有機物，假如消費者的呼吸作用頻繁，就沒辦法有效抑制大氣層中二氧化碳的濃度上升吧。

小透：原來如此。假設觀察到某生態系統中的有機物產量是 甲 ，就表示那個生態系統能夠減少大氣層中二氧化碳的濃度了，對吧？

幸子：觀察到大氣層中的氧氣濃度是 乙 也可以。

小透：可以從能量的流動來思考。生產者將光能轉化為有機物的能量，但如果這種有機物的能量會 丙 ，那就表示生態系統能夠有效抑制大氣層中二氧化碳的濃度上升。

問題 1 各選擇 1 個適合填入甲、乙中的句子。

① 逐年增加 　　②逐年遞減

③ 每年維持一定值

問題 2 選擇 1 個適合填入 丙 中的句子。

① 全部成為熱能

② 部分不成為熱能而留下

③ 全部成為光能

④ 部分成為光能，其餘變為熱能

問題1
甲 ① 乙 ①
問題2
②

深入解析⋯⋯⋯

別遺漏了幸子一開始的談話內容。

即使生產者透過光合作用吸收 CO_2，假設各種生物透過呼吸

作用釋放CO_2，就無法有效抑制大氣層中二氧化碳濃度的上升。也就是說，生產者對CO_2的吸收量（總產量）必須＞生物群系的CO_2釋放量（呼吸量）。

　　問題1　甲：假如總產量減去生物群系的呼吸量後，數值為正，就等於大氣層中CO_2的吸收量較高，因此能有效抑制二氧化碳的濃度上升。如果總產量－生物群系的呼吸量＞0，生物群系中的有機物應該會逐漸增加。

　　乙：光合作用會釋放出O_2，O_2會透過呼吸作用被吸收，因此只要生產者O_2的釋放量－生物群系透過呼吸作用的O_2吸收量＞0，也能夠有效抑制大氣層中二氧化碳的濃度上升。

　　問題2　生產者透過光合作用，將光能轉換為有機物的化學能，有機物擁有的化學能，最終會透過呼吸成為熱能，並釋放到外太空。此時，假如一部分未成為熱能（未用於呼吸作用），那就等於總產量＞生物群系的呼吸量，能夠抑制大氣層中二氧化碳濃度的上升。

　　⑦ 有時候，缺乏空間的對話（沒有設問的對話）也可能成為重要的提示，所以要仔細聽對方說了些什麼！

▶ 挑戰！ ///

「被子植物的花，在A、B、C這3種等級的基因作用下，花萼、花瓣、雄蕊、雌蕊這4種花器官，各自形成了I、II、III、IV區域。」學習到花器官會形成A、B、C等級的惠也和怜子，決定就近觀察身邊植物的花朵。

惠也：我們在課堂上學到的A、B、C等級，真的適用於所有植物嗎？舉個例子來說，鬱金香看起來好像沒有花萼，而且花瓣似乎有兩層耶。

怜子：真的耶。如果真是這樣，那區域I就 甲 了？還是其實在區域I不是 甲 ？

惠也：對耶。不過，就算在區域I不是 甲 ，而 乙 ，就可以說明花瓣為什麼有兩層了。

怜子：我嘗試分解睡蓮花，發現介於花萼和花瓣之間的花器官，還有介於花瓣和雄蕊之間的花器官。這又該怎麼解釋呢？

惠也：難道是B基因失去作用了？

怜子：如果是的話，從區域I開始，就應該已經依序形成 丙 了才對。

惠也：也是。由於介於三者中間的花器官已經成形，以睡蓮花的狀況來說，你不覺得可能是 丁 嗎？

怜子：原來如此！

問題1 為甲、乙各自選擇1個適合填入的單詞。

① 只有A基因表現

② 只有B基因表現

③ 只有C基因表現

④ A和B基因表現

⑤ B和C基因表現

問題2 選擇適合填入 ┃ 丙 ┃ 的花器官組合。

① 花萼、花萼、雌蕊、雌蕊

② 花萼、花瓣、花瓣、花萼

③ 雌蕊、雄蕊、雄蕊、雌蕊

④ 花瓣、花瓣、雄蕊、雄蕊

問題3 選擇最適合填入 ┃ 丁 ┃ 的句子。

① A和B基因沒有發揮作用。

② A基因在所有區域都會發揮作用。

③ A、B、C基因都沒有發揮作用。

④ 所有區域的界線都變得不明確。

▶ 按步解題！/////////////////////////////////

問題1 步驟1 這邊需要的是關於A、B、C基因的基本知識。讓我們來複習一下第1部的重點26。每個區域表現的基因如

下圖所示。

步驟2

甲：在區域I中表現的是A基因。

乙：花瓣由A基因和B基因兩者的表現形成。

　鬱金香由於沒有形成花萼，花瓣也有兩層，由此可以推測，無論在區域I或II，都會表現出A和B基因。

　問題2 假如B基因沒有發揮作用，則區域I中只會表現 A 基因，區域II也只會表現A基因，區域III只會表現C基因，區域IV也只會表現C基因。所以從區域I開始依序為「花萼、花萼、雌蕊、雌蕊」。

　問題3 讓我們依序思考選項的內容。

　① 假如A基因和B基因都沒有發揮作用，區域I～區域IV就只會表現C基因，則應該會成為雌蕊、雌蕊、雌蕊、雌蕊。

　② 假如A基因在所有區域都會發揮作用，C基因就不會表現在區域III和IV中，則應該會成為花萼、花瓣、花瓣、花瓣。

　③ A、B、C基因假如都沒有發揮作用，則不會形成花器官。在這個例子中會形成葉子，花本來就是由葉生成的。與形成花器官有關的基因，可以透過表現將葉子分化成花。

　④ 因此剩下的④是正確答案。

　順利掌握這些對話了嗎？

（解答）

問題1 甲 ①　乙④　問題2 ①　問題3 ④

國家圖書館出版品預行編目（CIP）資料

名師這樣教 生物考高分：日本最強生物參考書，
基礎觀念＋邏輯解題，快速貫通生物，應考就讀這
本！／大森徹著；林佑純譯. -- 初版. -- 臺北市：大
是文化有限公司，2021.11

384面；17×23公分. --（Style；55）

ISBN 978-986-0742-79-4（平裝）

1.生物　2.中等教育

524.36　　　　　　　　　　　110012072

Style 055

名師這樣教　生物考高分
日本最強生物參考書，基礎觀念＋邏輯解題，快速貫通生物，應考就讀這本！

作　　　者／大森徹
譯　　　者／林佑純
責任編輯／張祐唐
校對編輯／林盈廷
美術編輯／林彥君
副總編輯／顏惠君
總 編 輯／吳依瑋
發 行 人／徐仲秋
會　　　計／許鳳雪
版權專員／劉宗德
版權經理／郝麗珍
行銷企劃／徐千晴
業務助理／李秀蕙
業務專員／馬絮盈、留婉茹
業務經理／林裕安
總 經 理／陳絜吾

出 版 者／大是文化有限公司
　　　　　臺北市 100 衡陽路 7 號 8 樓
　　　　　編輯部電話：（02）23757911
　　　　　購書相關資訊請洽：（02）23757911 分機 122
　　　　　24 小時讀者服務傳真：（02）23756999
　　　　　讀者服務 E-mail：haom@ms28.hinet.net
郵政劃撥帳號／ 19983366　戶名／大是文化有限公司

法律顧問／永然聯合法律事務所
香港發行／豐達出版發行有限公司　Rich Publishing & Distribution Ltd
地址：香港柴灣永泰道 70 號柴灣工業城第 2 期 1805 室
Unit 1805, Ph.2, Chai Wan Ind City, 70 Wing Tai Rd, Chai Wan, Hong Kong
電話：（852）2172-6513　傳真：（852）2172-4355
E-mail：cary@subseasy.com.hk

封面設計／林雯瑛
內頁排版／陳相蓉
印　　　刷／鴻霖印刷傳媒股份有限公司
出版日期／ 2021 年 11 月初版
定　　　價／ 499 元（缺頁或裝訂錯誤的書，請寄回更換）
I S B N ／ 978-986-0742-79-4
電子書 ISBN ／ 9786267041093（PDF）
　　　　　　　 9786267041116（EPUB）
Printed in Taiwan

DAIGAKU NYŪGAKU KYŌTSŪ TEST SEIBUTSU GA 1-SATSU DE SHIKKARI WAKARU HON
by Toru Omori
Copyright © 2020 Toru Omori
Original Japanese edition published by KANKI PUBLISHING INC.
All rights reserved
Chinese（in Complicated character only）translation rights arranged with KANKI PUBLISHING INC.
through Bardon-Chinese Media Agency, Taipei.